KB048578

미래지향 현대인을 위한

미래 인문학

미래를 읽는 퓨처리스트를 위한
새로운 가능성 제시

윤석만 지음

(주)광문각출판미디어

서문

신체를 기계로 대체하거나, 뇌에 칩을 심은 사람을 우리는 어떻게 불러야 할까요? 인공지능AI과 사랑에 빠지면 어쩌죠? 영화 〈터미네이터〉처럼 로봇이 전쟁을 일으키면요? 지금은 허무맹랑한 이야기처럼 들릴지 모르지만, 조만간 우리가 진지하게 생각해 봐야 할 문제입니다. 기술의 발달은 우리가 생각한 것보다 훨씬 빠르고, 신기술이 상용화된 뒤 생겨난 문제점을 그때 가서 대응하면 이미 늦기 때문입니다. 그래서 우리에겐 '창의적 인문학'이 필요합니다.

지금까지 기술 발달은 인간의 신체를 확장하는 것이었습니다. 다리를 대신해 수레에서 자동차, 비행기, 우주선까지 다양한 교통수단이 생겨났습니다. 눈이 확장돼 모니터와 스마트폰, 망원경 등이 만들어졌죠. 그러나 앞으로의 기술혁명은 인간의 몸이 아니라 뇌를 대신하게 될 겁니다. 생각과 판단, 논리와 추론 같은 지적 능력이 AI에 의해 대체되는 거죠. 그 시대에 인간은 지금까지와는 다른 새로운 형태의 인류, '포스트 휴먼'으로 진화하게 될 것입니다.

10년 후 미래에는 어디까지가 인간이고 무엇부터 로봇인지 구분하는 것조차 힘들 수 있습니다. 일론 머스크의 '브레인 칩' 기술이 이미 인간 대상 임상시험에 들어갔듯, '포스트 휴먼'은 상상이 아닌 현실입니다. 지금까지 인류는 열심히 앞만 보고 달려왔지만 그 앞에 무엇이 있는지, 우리가 가고 있는 방향이 어디인지 정확히 모르고 있습니다.

기술의 발달이 인류의 삶에 축복이 될지, 아니면 재앙이 될지도 모른 채 무작정 뛰어가고 있을 뿐이죠.

그렇기 때문에 우리에겐 인문학적 상상력이 필요합니다. 단지 과거의 지혜와 전통, 관습에서 오늘의 해법을 찾는 게 아니라 내일을 향한 상상력을 바탕으로 미래를 새롭게 조망하고 그려 내는 거죠. 다시 말해 고전 속 선조들이 남긴 지혜로 내일의 해법을 찾되, 오늘을 사는 현대인들의 상상력이 가미된 미래지향적 인문학이 있어야 한다는 이야기입니다. 그것이 바로 지금 여러분이 손에 들고 있는 《미래 인문학》입니다.

이 책은 우리가 경험하게 될 미래는 어떤 모습이며, 그 안에서 새롭게 생겨날 수 있는 갈등과 혼란은 무엇인지 생각해 보고 그 대비책을 함께 고민해 보는 것이 목적입니다. 아직 펼쳐지지 않은 미래를 그리다 보니 SF적 상상이 많이 동원됐습니다. SF는 'science fiction'만이 아니라 'social fiction'까지 포함합니다. 우리가 마주해야 할 미래는 과학과 기술 그 자체가 아니라, 이를 통해 변화될 문명과 사회이기 때문입니다.

물론 이 책을 과거의 제사장들이 청동거울을 통해 미래를 내다봤던 '예언서'와 같은 것으로 생각해선 안 됩니다. 오랜 시간 필자가 저널리스트이자 연구자로서 써 왔던 글처럼 철저히 사실과 논증에 근거해 미래를 조망했습니다. 특히 역사와 철학 등 인문 고전의 지식들을 바탕으로 영화와 소설, 예술 작품 등의 다양한 읽을거리를 담았습니다. 그런 의미에서 이 책은 '미래 인문학'이라는 새로운 키워드를 이해할 수 있는 대중적 교양서라고 볼 수 있습니다.

우리 앞에 펼쳐질 눈부신 기술혁명의 시대에 사회는 어떻게 변하고, 인간은 어떻게 진화할지 궁금증과 호기심을 느낀다면 지금 당장 저와 함께 여행을 떠나 보시죠. 과거와 현재, 미래를 넘나드는 지식과 교양의 타임머신이 여러분의 탑승을 기다리고 있습니다. 미래를 향한 티켓 가격은 한 끼 식사와 커피값에 불과하지만, 책을 통해 얻을 수 있는 창조적 경험과 인사이트는 당신의 지적 역량을 더욱 빛나게 만드는 데 충분할 겁니다.

책을 내기까지 많은 분들의 도움과 조언이 있었습니다. 놀라운 인사이트로 언제나 깊은 영감을 주시는 이광형 KAIST 총장님, 항상 새로운 관점으로 역사와 사회를 바라볼 수 있게 만들어주시는 진양곤 HLB 회장님, 언론계의 대선배로서 늘 애정 어린 조언을 아끼시지 않는 이규연 미래학회장님께 감사 말씀드립니다.

아울러 기술 변화의 최첨단에서 시장의 흐름을 읽고 환경의 변화를 세밀하게 낚아챌 수 있도록 도와주신 김병규 넷마블 대표님과 오상훈 럭스로보 파운더님께도 고마운 마음을 전합니다. 다른 관점에서 다양한 시각과 생각의 거리들을 던져 주신 최혜정 한겨레신문 논설위원님께도 감사함을 느낍니다.

특히 지난 10여 년 동안 단단한 신뢰와 지지의 마음을 보내 주신 정의화 전 국회의장님과 늘 새로운 도전으로 열정을 일깨워 주신 김세연 전 의원님께도 감사 말씀드립니다. 덧붙여 시대를 읽는 혜안으로 지식 사회를 이끌고 계신 박정태 광문각 회장님과 책 편집에 열성을 다해 주신 출판사 식구들께도 고마움을 표합니다.

▶ 이광형 KAIST 교수

인공지능도 사랑할 수 있을까. 인간의 범위는 어디까지일까. 이와 같은 도발적 질문을 던지고 그에 대한 답변까지 제시할 수 있는 사람은 흔치 않다. 저널리스트이자 연구자로 오랫동안 과학·기술의 발전과 인류문명의 전환을 고민해온 저자이기 때문에 가능한 일이다. '미래인문학'의 창안자답게 그의 시선은 늘 내일에 머무르면서도 어제의 지혜와 오늘의 문제의식으로 항상 미래를 준비하고 있다.

중앙일간지 논설위원이자 사회학자이기도 한 독특한 이력은 과학과 인문을 넘나드는 통찰력으로 기술의 발전이 가져올 우리의 미래를 깊이 있게 조망할 수 있도록 한다. 전작 『보통의 과학』에서 빅뱅부터 양자역학까지 핵심 과학이론을 흥미롭게 설명했던 빼어난 스토리텔링 솜씨는 이번에도 유감없이 발휘된다. 영화와 소설, 철학, 역사를 넘나드는 통섭의 글쓰기가 독자들의 지적 영감을 불러일으키기에 충분하다.

가볍게 읽히지만, 메시지는 묵직한 것도 큰 강점이다. 시간가는 줄 모르고 읽다보면 지난 10년간 과학·기술의 발전을 인간의 관점에서 고민해온 저자의 깊은 내공이 느껴진다. 인스턴트 지식이 범람하는 시대에 『미래인문학』은 미래의 인간과 인류의 내일을 엿볼 수 있는 최고의 책이 될 것이다. 성인들에겐 다가올 미래를 준비하는 든든한 참고서로, 청소년들에겐 과학과 인문 교양을 통섭으로 배울 수 있는 훌륭한 교과서가 될 수 있다. 통찰어린 그의 시선이 어디로 향할지 계속 기대된다.

　저자는 우리가 직면한 기술과 세상의 변화, 그리고 그 변화가 가져올 다양한 현상들에 대해 질문하고 성찰해보자고 한다. 우리 인식에 자리 잡은 당연한 개념들을 재정의하는 근본적인 것들부터 질문을 던져보자는 것이다. 예컨대 인간의 본질, 사랑, 시민권, 자유 등의 개념에 대해 다시 생각하고 새로 정의해야만 로봇과 공존할 수 있는 길을 모색할 수 있다는 것이다.

　인생은 벡터 값이니 방향과 크기를 아는 사람이 불확실한 미래에 더 나은 선택을 할 수 있다. '하늘 아래 새로운 것은 없다'는 말을 하듯 저자는 신화와 철학, 영화, 예술에 이르기까지 다양한 인문학적 소재들을 쏟아내며 우리가 더 나은 길을 모색하도록 돕는다. 지식인으로서 친절하고 따스한 마음이 느껴지는 부분이다.

　플라톤의 아틀란티스로 시작된 이야기가 AI·로봇과 트랜스휴먼, 그리고 타이탄 기업과 초국가 체제 등으로 이어지는 인문학적 향연은 유인원의 싸움에서 날아오른 돌도끼가 우주선의 장면으로 전환되며 시작되는 영화 <2001 스페이스 오딧세이>처럼 숨 가쁘게 이어진다.

　그러면서 저자는 단언한다. "역사의 변곡점마다 있었던 기술혁명에 대해 인간이 어떻게 대처했느냐에 따라 문명의 진전과 후퇴는 결정되었다"고. 비록 우리 모두가 거대 담론의 해결자를 자처하진 않더라도 다가올 변화를 직시하고 근본적인 질문을 던지며, 그 질문을 통해 자신만의 길과 문명, 역사를 만들어가야 할 책임이 있음을 강조한다.

　자신의 삶을 책임지며 미래사회를 대하는 우리의 자세로 저자는 열린 마음과 협업, 공존하려는 노력을 제안한다. 인문학적 성찰, 또는 문화력이라고도 부를 수 있다. "로마제국과 진나라가 싸운다면 로마제국이 이겼을 것"이라며 개방과 관용의 정신으로 표상되는 문화력의 힘을 강조한다.

책을 읽다가 특별히 좋아하는 문구를 만나는 것은 길을 걷다가 오랜 친구를 만나는 것처럼 반가운 일이다. "진리를 위해 죽을 수 있는 자를 경계하라" 움베르토 에코 <장미의 이름>는 표현을 만났을 때 그러했다.

옛 성현은 덕을 이루는 방법 세 가지를 말했다. 가장 고상한 방법인 숙고를 통해서, 가장 고통스러운 방법인 경험을 통해서, 그리고 가장 쉬운 방법인 모방을 통해서. 저자는 다양한 사례를 통해 모방과 경험을 넘어 성찰과 숙고의 기회를 제공하고 있으니, 그리하여 길은 조금씩 열리는 것이리라.

▶ 정의화 19대 국회 국회의장

인공지능을 필두로 한 과학·기술의 발전은 눈부시다. 급속한 변화의 한편에선 '우리 사회의 편리성과 효율성을 높이기 위해 인간성이 희생되어도 괜찮은가'라는 의문이 계속 들었다. 미래 변화를 과학·기술만이 아니라 인문의 관점에서 바라본 저자의 혜안에 적극 공감한다.

오랫동안 곁에서 지켜봐온 저자는 언론인으로서의 날카로운 시각 못지않게 깊이 있는 인사이트로 사회를 바라보는 연구자로서의 면모 또한 뛰어나다. 그가 제시하는 미래 변화의 모습과 여러 생각할 거리들은 내일을 고민하는 교양 있는 시민들의 큰 자양분이 될 것이다.

미래에 관심 있는 사람이라면 저자가 말하는 Social Fiction의 역량이 필수다. 내일을 대비하는 인문학적 상상력이 있어야만 우리 사회를 밝게 비출 수 있기 때문이다. 그런 의미에서 『미래인문학』은 더 나은 내일을 꿈꾸는 리더와 리더를 꿈꾸는 이들의 필독서라고 할 수 있다.

이 책은 과학·기술 혁명이 가져올 미래의 복잡한 길을 안내하는 희망의 나침반이다. AI가 인간을 대체할 노동의 미래, 로봇이 사람의 감정과 사랑까지 재현할 문명의 전환을 다양한 지식과 문화코드로 다채롭고 생생하게 그려낸다.

아울러 과학·기술의 발전이 초래할 정치·경제·사회 체제의 극적인 변화를 깊이 있는 인사이트로 밀도 있게 전망한다. 타임머신처럼 과거와 현재 미래를 오가며 여러 학문의 경계를 넘나드는 지식의 향연은 독자들에게 풍부한 지적 체험을 선사할 것이다.

이 책은 마치 미래에 펼쳐질 퍼즐 조각들을 모아 치밀하고 거대한 예술 작품을 만들어 놓는 듯하다. 한발 앞서 인류에게 펼쳐질 미래를 먼저 감상할 수 있는 것은 동시대를 살아가는 우리에게 큰 행운이 될 것임을 확신한다.

퓨처리스트 매니페스토! 개인이 자신의 견해와 입장을 대중 앞에 선언하기란 그리 쉬운 일이 아니다. 특히 스스로 미래학자라고 칭하려면 적지 않은 용기를 내야 한다. 미래학을 단선적 예측 위주의 학문으로 바라보기 쉬운 대한민국에선 더더욱 그렇다.

그럼에도 필자는 용기를 냈다. 미래인문학자임을 당당히 선언한다. 미래학의 시작이 과학기술 분야일지는 몰라도, 그 종착지는 철학을 포함한 인문학이어야 한다. 그래야만 담대하고 선택 가능하며 바람직한 담론이 나온다.

필자는 새로운 인류 종의 탄생, 트랜스휴먼, 6번째 대멸종 등 다양한 미래인문학적 주제들을 놓고 과감하고 다양하게 미래를 조망한다. 제2, 제3의 퓨처리스트 매니페스토가 이어지길 바라며.

▶ 김병규 넷마블 대표

영화 <Her>는 한 남성이 인공지능 OS와의 사랑에 빠지는 스토리를 다뤘다. 처음 이 남성은 OS가 스스로를 '사만다'라고 소개하자 단지 프로그램에 불과하면서 사람처럼 고유한 이름이 있다는 게 어색하다고 말한다. 그러자 '사만다'가 이야기한다. "인공지능에 대한 이해가 부족한 사람의 관점에서는 그렇게 생각할 수도 있음을 이해한다"고 말이다.

'사만다'의 설명처럼 우리는 여전히 인공지능에 대한 이해가 부족하다. 그렇기 때문에 인공지능 혁명이 가져올 미래가 우리의 삶을 구체적으로 어떻게 바꿔놓을지 어색한 기대와 걱정이 혼재한다.

이에 대해 저자는 '미래인문학적 상상력'을 제안한다. 인문학적 지혜를 바탕으로 미래를 바라보며 인간과 사회, 기업 그리고 국가에 대한 다양한 가설을 제시한다. 흥미롭게 펼쳐지는 지식의 축제는 독자들에게 즐겁고 값진 경험을 제공할 것이다. 책을 펴는 순간부터 여러분은 각자의 인문학적 소양을 바탕으로 저자의 상상력을 탐색하고 검증하는 소중한 기회를 가져보길 바란다.

▶ 오상훈 럭스로보 파운더

로봇공학을 연구하는 사람으로서 늘 인간과 기술의 관계에 큰 관심을 가져 왔다. 인류문명이 트랜스휴먼을 넘어 포스트휴먼의 시대로 넘어가고 있는 상황에서 『미래인문학』은 바로 그 접점에 처한 현대인들의 문제와 새로운 도전의 기회를 조망하고 있다.

특히 저자는 과학과 인문학의 상호작용을 통해 창출되는 문명의 새로운 방향을 탐구하며, 과거의 지혜와 미래의 상상력을 어떻게 결합할 수 있을지 생각하게 만든다. 기술이 인류의 삶을 어떻게 향상시키고, 우리는 어떤 윤리·철학적 고민을 해야 하는지 사고의 기회를 제공한다.

로봇 연구자 입장에서 이 책은 인간의 삶에 어떤 방식으로 기술을 접목해야 할지 깊은 통찰을 준다. 인공지능과 로봇, 미래의 인류 문명이 궁금하다면 이 책을 꼭 읽어야 한다. 『미래인문학』은 인류가 포스트휴먼의 시대로 나아가는 데에 새로운 나침반이 될 것이다.

▶ 최혜정 한겨레신문 논설위원

이 책은 기술혁명을 인문학의 관점에서 성실히 탐구해 온 저자가 인류가 곧 맞닥뜨릴 '혁명적 미래'를 한 발 앞서 고민한 결과의 총화다.

그는 인공지능이 인간의 능력을 뛰어넘는 시대가 다가오겠지만, 그럴수록 인류가 오랜 시간 쌓아온 학문과 문화, 공공선의 미덕을 미래의 설계도에 촘촘히 반영해야 한다고 역설한다. 제 아무리 과학기술이 발달해도 그 안에 영혼을 불어넣는 것은 결국 인간의 몫이기 때문이다.

저자는 인문 고전부터 현대의 대중문화, 역사와 철학 등을 자유자재로 넘나들며 '인간과 미래'라는 화두에 구체성을 부여했고, 무엇보다 글 읽는 재미를 더했다. 연구자로서의 방대한 식견을 저널리스트의 쉬운 글쓰기로 풀어낸 '미래 지침서'라 할만하다.

목차

프롤로그

기술혁명과 인간 문명

프롤로그

THE FUTURE HUMANITIES 고대 아메리카 대륙과 유럽·아프리카 대륙 사이
에는 아틀란티스[1]라는 신비한 나라가 있었다고 합니다. 고도로 발달
한 문명을 갖고 있었지만 홍수와 지진으로 바다 밑에 가라앉게 됐습

---

1) 포세이돈은 한 여성을 사랑해 10명의 아들을 낳았다. 이후 섬을 10등분 해 10개의 왕국
을 만들고, 그중 첫째인 아틀라스가 왕 중의 왕이 됐다. 자연스럽게 섬의 명칭은 첫째의
이름을 따 아틀란티스라고 부르게 됐다. 전설에 따르면, 아틀란티스의 한가운데엔 넓은
평야가 있는데 동서로 533km, 남북으로는 355km로 넓게 펼쳐져 있었다. 넓은 평야 주
변에는 직사각형 모양으로 폭이 200m에 달하는 대운하가 둘러싸여 있었고, 동서남북
을 횡단하는 크고 작은 수십 개의 수로가 뚫려 있었다. 섬 한가운데에는 왕들의 아버지
인 포세이돈의 신전이 있었는데 높이가 90m가량 됐다. 겉에는 은으로, 윗부분은 금으
로 덮여 있었으며, 내부는 상아로 치장돼 있었다. 신전 중앙에는 위엄을 갖춘 포세이돈
이 전차 위에 올라 여섯 마리의 말을 끄는 동상이 있었다고 한다.

미래를 여는 인문학의 소명

I 미래를 향한 도전

II 뉴노멀 시대의 휴머니즘

III 미래의 국가와 사회, 기업

IV 경계를 넘어선 인간

V 기술혁명 시대의 새로운 삶

VI 우리는 무엇을 해야 하나

에필로그

니다. 훗날 그 바다는 '아틀란티스'를 어원으로 대서양[2]이라고 불리기 시작했습니다. 원래 아틀란티스는 바다의 신, 포세이돈이 다스리던 곳입니다. 하지만 그가 인간 여성과의 사이에서 낳은 아들인 아틀라스가 왕좌에 오르면서 지금의 이름을 갖게 됐죠.

현재로부터 1만 2,000년 전에 존재했다는 아틀란티스는 뛰어난 과학기술을 갖고 있었습니다. 문명은 눈부시게 발달해 있었고, 도시민들의 교양과 지혜의 수준은 매우 높았죠. 나라 곳곳이 도로와 수로로 촘촘하게 연결돼 어느 지역이든 쉽게 갈 수 있었습니다. 이곳에는 또 금을 비롯한 온갖 자원이 풍부했고요. 인간이 먹을 수 있는 모든 열매와 향료가 있었으며, 물자가 풍족해 사람들은 서로 싸우지 않고도 행복하게 살 수 있었습니다.

아틀란티스는 오랜 시간 동안 많은 인류에게 큰 영감을 줬습니다. 전해지는 바에 따르면, 아틀란티스를 소재로 한 예술·문학 작품 등이 3,000개는 넘는다고 합니다. 경험주의 철학의 아버지인 프란시스 베이컨[3]조차 1627년 《새로운 아틀란티스 New Atlantis》라는 책을 쓰기도 했죠. 귀납법을 통한 실증 학문의 선구자였던 베이컨이 신화와 전설을 소재로 한 작품을 썼다는 사실이 놀랍기만 합니다.

1882년 미국의 정치가이자 작가였던 이그나티우스 도넬리[4]는 《아틀란티스, 대홍수 이전의 세계》라는 책에서 대서양 한가운데 아틀란

---

2) Atlantic Ocean. 'Atlantic'이라는 명칭에서 보듯 서구 문명에서는 대서양을 아틀란티스가 가라앉은 바다라는 뜻으로 이해하기도 한다.
3) 경험주의 철학의 거두인 프랜시스 베이컨(Francis Bacon, 1561~1626)은 중세와 단절된 근대 철학의 새 장을 열었다. 과학혁명의 기틀을 마련하는 데에도 크게 기여했다.
4) 미국의 정치가로 1863~1869년 연방 하원의원을 지냈다.

프롤로그
기술혁명과 인간문명

I. 미래를 향한
박 페스토

II. 유스트 휴먼의
시대

III. 미래의 국가와
사회, 기업

IV. 경계의 소멸과
붕괴하는 인간

V. 문명을 바꿔놓은
기술혁명

VI. 우리는 무엇을
해야 하나

에필로그

티스가 존재했다고 주장했습니다. 아틀란티스는 인간이 원시생활을 벗어나 처음 문명을 이룬 시대이며, 성경 속 '에덴동산'의 모델이 된 곳이라고 설명했죠. 도넬리의 책에는 이를 입증할 만한 증거가 없었지만 사람들은 그의 이야기에 열광했습니다.

독일의 히틀러 역시 아틀란티스의 전설을 찾아다녔습니다. '독일유산조사단'[5]라는 단체를 만들어 고대 유적을 발굴하려 했죠. 히틀러는 아틀란티스에 살았던 민족이 자신의 선조 아리아인라고 믿었고, 이를 통해 독일인의 민족적 우수성을 입증하려고 했습니다. 영화 〈인디아나 존스〉 시리즈에서 존스 박사가 고대 유물을 발굴할 때마다 이를 방해하는 단체가 나오는데 이들이 바로 히틀러의 '독일유산조사단'입니다.

이처럼 아틀란티스는 인간의 꿈과 호기심을 자극하며 많은 사람을 탐험에 나서도록 했습니다. 이상적이고 아름다운 세상을 찾고 싶은 인류의 욕망은 아틀란티스를 통해 증폭되고 탐험과 도전의 역사를 써 나갔습니다. 이런 탐험의 DNA는 15세기 아메리카 대륙의 발견과 함께 대항해 시대를 이끌었고, 20세기에 이르러 우주 탐사로까지 그 영역을 확장했죠.

그런데 이렇게 널리 알려진 아틀란티스의 이야기가 어디서부터 처음 시작됐는지 아는 사람은 많지 않습니다. 보통 우리는 아틀란티스를 전설 또는 신화로 알고 있습니다. 하지만 아틀란티스는 고대로부

---

5) 아넨엘베(Ahnenerbe). 'Forschungsgemeinschaft Deutsches Ahnenerbe'의 줄임말이다. 히틀러는 아틀란티스를 발견해 그 후손인 독일 민족(아리아인)의 우수성을 증명하고 싶어 했다.

터 구전을 통해 전해 오는 다른 신화·전설과 달리 그 출처가 명백합니다. 어쩌면 출처가 너무 확실해서 오히려 사람들이 믿지 못했던 것 아닐까 하는 생각도 해 봅니다.

그럼 누가 아틀란티스를 세상에 처음 알렸냐고요? 그 사람은 바로 플라톤기원전 427~347입니다. 서구 문명사의 아버지 격인 플라톤이 상상과 꿈으로 가득한 아틀란티스 이야기의 시초라는 게 놀라울 따름입니다. 더군다나 그는 '이성철학reasonable philosophy'의 원조인데 말이죠. "플라톤 이후 서양 철학은 그의 각주에 불과하다."라는 화이트헤드의 말처럼 플라톤이 인류 문명에 끼친 영향력은 매우 큽니다. 그런 사람이 신화와 전설로 여겨지는 아틀란티스의 이야기를 최초로 기록했던 이유는 도대체 무엇이었을까요.

60세가 넘어 노년에 들어선 플라톤은 혼신의 힘을 다해 마지막 작품들을 써 내려갔습니다. 이때 그가 남긴 작품이 《정치가》, 《법률》 등과 같은 대작이죠. 이들은 그의 철인 사상과 국가론, 이데아 등이 모두 녹아 있는 '완결체'와 같은 작품입니다. 그런데 그 한 편에는 그가 노년에 쓴 책인 《티마이오스》와 《크리티아스》가 있습니다. 이 두 책이 바로 아틀란티스에 대해 기록한 작품입니다.[6]

플라톤은 이 책에서 당시로부터 9,000여 년 전, 즉 기원전 9,400~9,500년경에 존재하던 신비의 대륙 아틀란티스를 자세히 기술해 놨습니다. 인간이 이룩한 최고의 문명을 이야기하면서 당시 아테네와

---

6) 당초 아틀란티스에 대한 설명은 '헤르모크라테스'까지 세 권으로 기획된 것이었지만 두 번째 책인 《크리티아스》로 갑자기 끝났다.

프롤로그 기술혁명과 인간문명

I. 미래를 향한 긴 레이스

II. 뉴스트 휴먼의 시대

III. 미래의 국가와 사회, 기업

IV. 경제의 근원, 부에 대한 인간

V. 문명을 바꿔놓을 기술혁명

VI. 우리는 무엇을 해야 하나

에필로그

도시국가들이 지향해야 할 유토피아처럼 묘사했죠.[7] 그러나 플라톤 전후의 어떤 기록에서도 아틀란티스의 존재를 입증할 만한 자료는 나오지 않았습니다.[8] 결국 플라톤이 남긴 아틀란티스의 이야기는 역사상 가장 큰 수수께끼 중 하나로 남게 됩니다.

그렇다면 플라톤은 왜 두 권이나 되는 책을 써 가면서까지 아틀란티스에 대한 이야기를 했을까요? 정말 이런 미지의 나라가 실재했던 것이긴 할까요. 거짓으로 쓴 것이라면 그는 왜 말도 안 되는 이야기를 지어냈던 것일까요? 많은 의문이 남지만, 후세 사람 그 누구도 그 숙제를 풀진 못했습니다.

다만 그 이유를 조심스럽게 추측해 볼 수는 있습니다. 플라톤이 말한 아틀란티스는 실재했던 고대 국가가 아니라 인류 문명의 시작을 암시하는 건 아닐까 하고 말이죠. 인간이 원시 공동체를 벗어나 처음으로 문명을 만들고 사회를 발전시켜 나갔던 시기를 아틀란티스라는 상상의 나라로 묘사했을 것이란 이야기입니다. 실제로 플라톤이 주장한 1만 2,000년 전의 아틀란티스 시대는 농업혁명이 처음 일어난 시기와 정확히 일치합니다.

---

7) 책 속에서 플라톤은 크리티아스와 소크라테스의 대화로 이야기를 풀어간다. 크리티아스는 자신의 증조부 드로피데스가 솔론에게 들은 이야기라며 9,000년 전(대화 시점부터)에 존재하던 신비의 섬에 대해 설명한다. 섬의 이름은 아틀란티스로 헤라클레스의 기둥 밖에 존재했다. 기둥은 지브롤터해협에 우뚝 솟은 큰 바위산을 뜻하는 말로, 지중해에서 대서양으로 나가는 길목에 위치해 있다. 고대인들은 이 기둥을 그리스 세계의 끝으로 봤다. 플라톤에 따르면 아테네의 유명 정치가였던 솔론은 개혁이 실패하고 이집트로 망명했는데, 사이티코스라는 지역의 신관으로부터 아틀란티스에 대한 이야기를 듣고 친구인 드로피데스에게 전했다. 아틀란티스의 기원과 도시 구조, 사람들의 특징 등 매우 섬세하고 구체적으로 묘사했다.

8) 플라톤은 아틀란티스가 사실인 것처럼 생생하게 설명했지만, 안타깝게도 그의 주장을 뒷받침할 근거가 남아 있진 않다.

45억 년 지구의 역사 속에서 인간이 처음 나타난 것은 불과 250만 년 전의 일입니다. 그 이후 오랜 시간 진화의 진화를 거듭해 현재에 이르렀죠. 초기 인류는 매우 긴 시간 동안 어둠에서 벗어나지 못했습니다. 해가 지면 동굴에 틀어박혀 다음날이 오기를 기다려야만 했죠. 특히 앞이 잘 보이지 않는 새벽의 시간은 인간에겐 두려움과 공포를 안겨 줬습니다. 맹수의 공격은 물론 보이지 않는 어떤 존재가 자신을 위해할 수 있다고 여긴 것이죠.

그러나 인간에겐 어느 날 신의 선물이 찾아옵니다. 그리스 신화에서 프로메테우스가 신들의 곳간에서 훔쳐다 준 바로 '불씨' 말입니다. 프로메테우스는 제우스의 미움을 받아 코카서스산에서 온종일 독수리에게 간을 쪼이는 형벌을 받습니다. 그리고 밤이 되면 다시 간이 살아나고, 다음날 똑같은 일이 계속 반복됩니다. 훗날 헤라클레스가 그를 구하러 올 때까지 영겁의 시간 동안 고통을 받죠.

이처럼 프로메테우스가 엄청난 희생을 하면서까지 인간에게 가져다 준 불씨는 인간 문명의 근원이 됩니다. 이때부터 인간은 본격적으로 도구를 만들어 사용하게 되죠. 인류는 처음으로 동물과는 다른 인간만의 문화라는 걸 갖게 됐습니다. 그 사이 호모 에렉투스, 네안데르탈인 등 다양한 인간 종이 출현했다 사라지면서 현생 인류인 사피엔스만 남게 됐습니다.

그러나 아직까지는 엄청난 변화가 생기진 않았습니다. 인류가 처음 지구에 나타나고도 매우 오랫동안 인간의 삶은 유인원과 비교해 크게 달라진 점이 없던 것이죠. 다른 동물처럼 수렵과 채집을 통해 삶을 영위했고, 포식자로서 다른 동물을 사냥해 먹고 살았습니다.

그러다 진짜 오늘날과 같은 문명의 태동이 일어나기 시작한 것은 1만 2,000년 전의 일입니다. 이때부터 인간은 떠돌이 생활을 멈추고 한 곳에 정착해 살며 농사를 짓기 시작했습니다. 자연에 순응만 하는 게 아니라, 적극적으로 자연을 바꾸고 자신에게 유리하도록 변형해 나간 겁니다.

정착 생활과 농경은 삶의 많은 것을 바꿔 났습니다. 봄엔 씨를 뿌리고 가을엔 수확했습니다. 겨울을 나기 위한 양식을 비축했고, 더 많은 농작물을 얻기 위한 방법들을 연구했습니다. 농사를 짓기 위해서는 사람이 많을수록 더욱 효과가 크다는 걸 알게 됐고, 가축을 길들이면서 씨족과 부족 단위로 살던 공동체의 규모는 계속 커져 갔죠. 이른바 '농업혁명'과 함께 인간의 생산력은 높아졌고 이는 폭발적인 개체 수의 증가로 이어졌습니다.

수렵과 채집을 하며 살던 시절엔 인간이 만든 물건이 많지 않았습니다. 몸을 덮을 옷가지와 사냥에 쓸 무기, 식물을 채취하는 데 필요한 도구 등이 전부였죠. 먹을 것을 따라 움직이며 살아야 했기에 집이라는 개념도 없었습니다. 대신 동굴처럼 자연이 만들어 준 집에 거처를 두고 사는 게 일반적이었습니다.

하지만 농경 생활은 달랐습니다. 농사를 짓기 위해선 더 많은 도구가 필요했고, 수확한 식량을 저장하기 위한 창고도 있어야 했죠. 또 농경지의 한복판에 동굴이 아닌 다른 정주 공간도 필요했습니다. 결국 우리 선조들은 나무를 베어 집을 만들기 시작했고, 흙을 반죽해 벽을 다졌습니다. 나중엔 바위 같은 무거운 물체를 주춧돌로 세워 더욱 튼튼한 집을 짓기도 했고요.

일상과 공간의 변화는 사람의 의식과 마음까지 바꿔 놨습니다. 과거의 인간은 온 자연이 삶의 무대였죠. 수렵과 채집, 사냥을 위해 움직이는 모든 장소가 자기 삶의 터전이었습니다. 그러나 농경 생활 속에서 인간은 평생 한 곳에 머물러 살았습니다. 웬만해선 그 지역을 떠나지 못한 채 평생을 좁은 삶의 반경에서 생활했습니다.

삶의 범위가 좁아지니 인간의 마음도 작아졌습니다. 자기중심적이 됐고 공동체의 것보다는 개인의 것을 더욱 따지기 시작했습니다. 그 안에선 자연스럽게 강한 사람과 약한 사람, 가진 자와 못 가진 자의 차별이 생겨났고요. 그것이 바로 최초의 사회적 불평등입니다.[9] 이는 계급을 낳았고, 잉여 가치가 늘수록 위계는 고착화됐으며, 사회 규모가 커지면서 피라미드의 최정점에 위치한 권력자의 힘은 더욱 세졌습니다.

사회가 커질수록 권력자의 고민은 더욱 깊어졌습니다. 피라미드 사회의 최정점을 유지하기 위해선 자신을 받드는 대다수 구성원이 계급 구조를 숙명으로 받아들이도록 해야 했죠. 이는 물리력만으론 불가능했습니다. 씨족과 부족 등 혈연만으로는 공동체의 정체성을 하나로 묶어둘 수 없었죠. 과거보다 수백 배, 수천 배 많은 사람을 하나의 정신으로 묶을 수 있는 도구가 필요했는데, 그것이 바로 종교입니다. 같은 신을 숭배하면서 그 신을 믿는 신도들은 하나의 가족이 될 수 있었죠. 이처럼 신은 인간이 만들어 낸 최초의 형이상학적 발명품인 동시에 가장 강력한 이데올로기였습니다.

---

9) 장자크 루소는 《인간 불평등 기원론》에서 농업의 발달과 사유재산 제도의 형성이 계급의 차별을 낳았다고 지적한다. 원시 자연 상태의 인간사회에선 불평등이 없었지만 사유재산이 형성되며 불평등과 빈곤을 낳고, 지배와 억압이 시작됐다는 것이다.

프롤로그
기술혁명과 인간문명

Ⅰ. 미래를 향한
역사 속 박

Ⅱ. 이미 우리 곁에 온
미래

Ⅲ. 미래의 국가와
사회, 기업

Ⅳ. 경계의 근원
경계에 선 인간

Ⅴ. 문명을 바꿔놓은
기술혁명

Ⅵ. 우리는 무엇을
해야 하나

에필로그

결국 1만 2,000년 전 농업혁명은 인간이 그 전까지 지구에서 살아온 대부분의 시간보다 훨씬 빠르고 진폭이 큰 변화를 몰고 왔습니다. 농업혁명은 문명의 태동을 가져 온 최초의 기술혁명이었던 셈입니다. 이를 통해 인간은 씨족과 부족 단위가 아닌, 최초의 집단 종교와 사회 체제를 만들고, 나아가 국가라는 개념을 창조해 냅니다. 농업혁명이 인간 문명의 주춧돌이 된 것이죠.

다시 아틀란티스의 이야기로 돌아가면, 아마도 플라톤이 말하고 싶었던 것은 인간 문명의 기원에 대한 것이 아니었을까 생각해 봅니다. 그가 기록한 아틀란티스의 존재 시기는 기원전 9,400~9,500년경으로 농업혁명이 처음 일어났던 시기와 같습니다. 앞서 설명한 것처럼 인간 문명이 처음 횃불을 밝힌 때라는 것이죠. 플라톤이 존재하지도 않았던 가상의 나라를 자세하고 생생하게 묘사해 놨던 것은 이처럼 인간 문명에 시발에 대한 이야기를 자기만의 독특한 방식으로 묘사하고 싶었기 때문이라고 생각합니다.

그렇다면 플라톤은 왜 인류 최초의 문명에 대한 이야기를 아틀란티스라는 상상 속의 나라에 빗대 설명했을까요? 당시 아테네는 번영의 길을 구가했던 과거의 역사를 뒤로 한 채 계속 쇠락해 가던 시기였습니다.[10] 그가 사회 실천 사상으로 내세웠던 철인정치는 한낱 실

---

10) 펠로폰네소스 전쟁에서 스파르타에 패배한 아테네는 정치·경제적 패권을 잃어 갔다. 아직 문화적 중심지로서의 역할은 했지만 과거의 영광을 되돌리기엔 이미 늦었다. 실제로 플라톤 사후 얼마 지나지 않아 아테네는 카이로네이아 전투(BC 338년)에서 필리포스 왕이 이끄는 마케도니아에 격퇴당하며 몰락했다. 필리포스에 이어 즉위한 알렉산더는 지중해 일대를 모두 장악하고 서양 최초의 제국을 건설했다. 흥미로운 점은 알렉산더의 유년 시절 스승이 플라톤의 제자였던 아리스토텔레스였다는 것이다.

험으로 끝나고 아테네인의 교양과 지혜는 점차 퇴색해 가고 있었습니다. 국력도 쇠약해져 풍전등화와 같은 상황이었습니다.

그런 세상을 살았던 플라톤은 과거 인간 문명이 처음 시작했던 그때를 떠올리며 다시 아테네의 번영을 이룩하고 싶었을 것입니다. 최초 농업혁명이 일어났던 그 시절에 빗대 아테네의 영광을 다시 찾고 싶었던 것이죠. 그래서 플라톤은 자신이 이상으로 삼고 싶은 국가의 모습, 정치의 체제, 군주의 덕목 등을 아틀란티스라는 상상 속 나라에 투영했습니다. 아울러 아틀란티스인들이 사악한 권력과 탐욕에 눈이 멀어 '신성'을 잃어버리고 멸망하게 된 것처럼, 당시 아테네인들에게도 경고하고 싶다는 뜻도 있던 것으로 추측됩니다.[11]

2,400년이 지난 지금 플라톤이 우리에게 남긴 선물은 두 가지라고 생각합니다. 첫 번째는 탐욕과 오만, 권력과 욕망, 어리석음과 나태 등 인간 사회를 피로 물들일 수 있는 그릇된 가치에 대한 경고입니다. 아틀란티스가 갖추고 있던 이상적인 사회 시스템과 발달된 문명도 인간의 잘못된 욕망 앞에 여지없이 무너지고 만다는 지혜의 가르침이었던 거죠.

두 번째는 그가 처음 세상에 알린 아틀란티스는 인류가 미래로 가는 여정에서 화수분처럼 끊이지 않는 지식 문화의 창고가 됐습니다. 그의 이야기를 시초로 수많은 문학과 예술 작품이 나오고, 새로운

---

11) 플라톤의 마지막 서술은 다음과 같다. "신들의 왕인 제우스는 이를 내려다보는 능력이 있었다. 뛰어난 종족이 비참한 상태에 빠진 걸 알게 되고, 이들이 자제력을 배워 한층 더 나은 사람으로 태어날 수 있게 벌을 내리기로 마음먹었다. 제우스는 우주의 중심에서 모든 일을 굽어볼 수 있는 신들의 거처(올림포스)로 모든 신을 불러들였다. 신들이 모두 모이자 그들에게 이르기를 …."

세상을 꿈꾸는 상상의 원천이 됐습니다. 결국에는 과거의 대항해 시대와 현재의 우주 시대를 여는 인간의 탐사 욕구를 키워 냈죠.

물론 실제로 플라톤의 생각이 이와 같았는지는 알 길이 없습니다. 그러나 그가 남긴 저작을 통해 유추해 볼 수 있는 확실한 사실은 아틀란티스의 존재 시기와 농업혁명의 시기가 정확히 일치한다는 것이고, 당시 아테네의 상황이 새로운 정치·사회의 이상향을 꿈꿀 만큼 위급한 상황이었다는 점입니다.

1만 2,000년 전 인류 역사의 시작이 아틀란티스였건, 아니면 다른 어떤 집단이었건 변하지 않는 사실 한 가지는 그 시기 농업혁명을 통해 인간의 문명이 획기적으로 발전하기 시작됐다는 점입니다. 그로부터 우리는 몇 번의 기술혁명을 거치고 그때마다 새로운 문명의 전환을 경험했습니다. 이처럼 물질의 발달은 곧 문화가 발전할 수 있는 토대를 마련합니다. 즉 기술혁명은 필시 인간 사회와 문화를 송두리째 흔들어 놓는다는 것이죠.

그런데 여기서 중요한 것은 이런 기술혁명이 역사의 주요 변곡점마다 존재했고, 그때 인류의 대처가 어떠했느냐에 따라 문명이 진보하기도 후퇴하기도 했다는 것입니다. 그리고 지금 우리는 과거 그 어느 때보다 진폭이 크고 속도가 빠른 거대한 기술혁명을 눈앞에 두고 있습니다. 바로 인간 진화의 새로운 단계가 우리 앞에서 곧 펼쳐질 것이라는 이야기죠.

'미래 인문학'이 필요한 이유도 그 때문입니다. 고전 속에 담긴 인문학적 지혜와 과학기술 혁명을 이끌어 낸 미래의 상상력을 바탕으로 우리에게 다가올 문제들을 미리 고민해야 합니다. 나아가 문명의

프롤로그
기술혁명과 인간문명

I. 미래를 향한
빅 퀘스천

II. 포스트휴먼의
시대

III. 미래의 국가와
사회, 기업

IV. 전지의 근원,
함께여선 인간

V. 일상을 바꾸놓는
기술혁명

VI. 우리는 무엇을
해야 하나

에필로그

발전 방향을 제시하는 역할도 누군가는 해야 합니다. 과거 플라톤이 아틀란티스 이야기를 통해 후대에 큰 영감과 인사이트를 주었던 것처럼 말이죠. 인류의 발전을 위해선 지금 이 책을 들고 있는 여러분과 같은 사람들의 고민이 더욱 많아져야 합니다.

I

미래를 향한
빅 퀘스천

1

새로운 종의 탄생 AI

미래를 향한
기술혁명과 인간문명

I. 미래를 향한
빅 퀘스천

II. 포스트 휴먼의
시대

III. 미래의 국가와
사회, 기업

IV. 초지능 로봇
환애 선 인간

V. 인공물을 바라보는
기술철학

VI. 우리는 무엇을
해야 하나

에필로그

2015년 영국에서 제작한 드라마 〈휴먼스Humans〉[1]는 가사도우미 아니타가 호킨스 가족에 오는 것으로 이야기를 시작합니다. 그는 짙은 갈색 머리에 푸른색 눈을 지닌 아름다운 여성입니다. 늘 상냥하고 따뜻하며 착한 심성을 가졌죠. 호킨스 가족은 그런 그를 매우 사랑하고 친근하게 대합니다. 마치 오래된 가족처럼 말이죠.

이제 막 다섯 살 난 막내딸 소피는 아니타가 책 읽어 주는 것을 매우 좋아합니다. 어느 날 엄마가 일찍 퇴근해 소피에게 책을 읽어 주

---

1) 영국 Channel 4와 미국 AMC에서 2015년부터 2018년까지 방영했다. 스웨덴 드라마 〈리얼 휴먼〉의 리메이크 작품으로 인공지능을 탑재한 휴머노이드가 대중화된 세상을 그렸다.

려 하자 이를 거부합니다. 그 대신 아니타에게 달려가 안깁니다. 그 정도로 아니타를 사랑하게 된 것이죠. 둘째 아들인 10대 소년 토비는 한창 사춘기입니다. 그래선지 처음부터 아름다운 아니타를 잘 따릅니다. 어느 순간 첫사랑의 마음까지 싹틉니다. 아니타는 요리 실력도 뛰어나고 집안일에도 척척입니다. 상냥한 아니타에게 아빠 조셉도 흠뻑 빠져들죠. 언제나 밝고 에너지 넘치는 아니타를 매우 아낍니다.

그런데 이런 아니타를 보면서 엄마 로라는 불편한 감정을 갖습니다. 가족들이 아니타 덕분에 윤택한 삶을 살 수 있었지만, 어느새 엄마의 역할까지 대신하면서 갈등이 생긴 거죠. 로라는 가족들이 자신보다 아니타를 더 필요로 하는 것을 느끼며 질투를 느끼죠. 심지어 큰딸 매티는 똑똑하기까지 한 아니타를 보면서 큰 열등감을 갖습니다. 점점 호킨스 가족은 혼란과 분열에 빠집니다.

얼핏 보면 막장 드라마처럼 느껴지는 이 드라마는 영국에서 매우 좋은 평가를 받은 작품입니다. 이 드라마엔 한 가지 비밀이 숨겨져 있기 때문이죠. 모든 방면에서 완벽한 아니타가 바로 사람이 아닌 로봇이라는 겁니다. 아니타는 사람의 형상을 하고 있을 뿐 실제론 AI가 탑재된 휴머노이드humanoid입니다.

〈휴먼스〉엔 아니타뿐 아니라 다양한 형태의 로봇들이 등장합니다. 경비부터 청소부, 비서 등 다양한 역할을 수행하면서 인간과 어울려 살고 있죠. 로봇은 사람과 달리 짜증을 내거나 화를 내지도 않고 감정의 기복도 없습니다. 대신 언제나 성실하고 똑똑하며 책임감 있게 일을 하죠. 드라마 속에 그려진 로봇들은 대부분 인간의 능력을 모두 뛰어넘어 있습니다.

극 중에선 이런 상황을 큰딸 매티가 토로하는 모습이 나옵니다. 의대를 준비하던 매티가 성적이 크게 떨어져 부모님이 대화를 나누는 장면입니다. 매티는 울면서 이렇게 말합니다. "열심히 공부하고, 더욱 잘한다고 해서 그게 무슨 소용이에요? 어차피 의사가 되더라도 AI가 저보다 훨씬 더 잘할 텐데요. 지금 하는 모든 건 아무 쓸모가 없어요." 매티의 이 말은 AI로 인해 인간은 곧 세상에 설 자리를 잃게 된다는 이야기입니다.

이런 세상을 전문가들은 '특이점Singularity'[2]이라고 부릅니다. 과학기술이 발달로 AI와 같은 기계가 인간의 능력을 뛰어넘는 시점을 뜻하는 말이죠. 저명한 미래학자인 레이 커즈와일이 그의 저서 《특이점이 온다The Singularity Is Near》에서 처음 사용한 말이죠. 커즈와일은 "조만간 AI가 지식과 정보의 습득 능력뿐 아니라 논리와 추론의 영역에서도 인간을 뛰어넘을 것"이라고 전망합니다. 일본 소프트뱅크의 손정의 회장도 "2045년을 전후로 특이점이 실현될 것"이라고 전망합니다.[3]

이처럼 AI로 대표되는, 인간이 만들어 낸 미래의 혁명적인 기술은

---

2) 특이점은 원래 물리학 용어다. 부피는 줄고 질량은 어마어마하게 커져 블랙홀이 되는 순간을 뜻한다. 형체는 사라지고 밀도가 한없이 커져 나가는 특징을 갖는다.

3) 손정의 회장은 2016년 6월 도쿄에서 열린 소프트뱅크 주주총회장에서 "내가 아직 할 일이 더 남았다."라고 선언했다. 이날 은퇴를 발표하기로 한 그에게 모든 이목이 집중돼 있었지만 정반대로 말한 것이었다. 손 회장은 은퇴를 번복한 이유를 AI와 같은 미래 기술 때문이라고 설명했다. 곧 인간의 삶을 송두리째 바꿔 놓을 혁신적인 기술이 실현될 것인데, 그 혁명의 현장을 자신의 눈으로 직접 봐야겠다는 것이었다. 몇 개월 후 손 회장은 AI 연구를 위해 영국 전자회사 ARM을 35조 원에 인수하고, 관련 연구를 위해 110조 원의 펀드를 조성했다.

아이러니하게도 인간의 삶을 위협하고 있습니다. '국내 직업의 절반이 AI로 대체될 것'이라는 한국직업능력개발원의 분석이나 '2033년까지 현재 일자리의 46%가 사라질 것'이라는 영국 옥스퍼드대의 연구처럼 미래 인간의 역할에 대한 부정적 전망이 많습니다.

한국직업능력개발원에 따르면, 10년 후 국내 일자리의 52%가 AI로 대체될 것이라고 합니다. AI로 대체될 위험이 가장 높은 직업군으로 운수업81.3%, 판매업81.1%, 금융·보험업78.9% 등이 꼽히고 있습니다.[4] 특히 운수업은 자율주행차의 상용화로 가장 먼저 없어질 직업 중에 하나죠.

한국고용정보원의 연구 결과도 비슷합니다.[5] 현재 사람이 행하고 있는 능력의 상당 부분이 미래엔 쓸모없게 될 것이라고 전망합니다. 2030년 국내 398개 직업이 요구하는 역량 중 84.7%는 AI가 인간보다 낮거나 같을 것이라는 분석이죠. 전문 영역으로 꼽혔던 의사70%, 교수59.3%, 변호사48.1% 등의 역량도 대부분 AI로 대체될 것으로 예측됩니다. 일본의 경영 컨설턴트 스즈키 타카히로는 자신의 책 《직업소멸》에서 "30년 후에는 대부분의 인간이 일자리를 잃고 소일거리나 하며 살게 될 것"이라고 내다봤습니다.

물론 이런 전망이 지나치게 부정적이라고 주장하는 사람들도 있습니다. 없어진 일자리만큼 새로운 직업이 생겨나기 때문에 큰 걱정을 할 필요가 없다는 논리죠. 시내버스에서 자동문과 하차 벨, 교통카드 리더기의 등장으로 '안내원'이란 직업이 없어졌지만, 결국엔 대

---

4) '4차 산업혁명에 따른 취약 계층 및 전공별 영향' 보고서(2017년).
5) 'AI 로봇의 일자리 대체 가능성 조사' 보고서(2017년).

리기사와 카풀러 같은 새로운 직업이 생겨났다는 주장입니다. 새 일자리가 생기면서 인간은 전보다 더욱 많은 기회를 갖게 됐다는 이야기입니다.

지금까지는 이런 이야기가 통했습니다. 19세기 미국에선 절대 다수가 농업에 종사했지만 현재 농업인은 2%에 불과합니다. 농업과 관련한 직업은 대부분 없어졌습니다. 농업인이 없어진 대신 20%는 산업에, 78%는 서비스업에 종사하고 있습니다. 새로운 일자리가 생기면서 산업은 더욱 커지고 인간의 노동은 더욱 다양해지고 확대됐습니다.

이처럼 기술 혁신은 일자리를 축소한 게 아니라 생산성을 높여 근무 시간을 줄이고 삶의 질을 끌어올렸습니다. 그 과정에서 높아진 삶의 질을 지탱할 수 있는 새로운 일자리들이 생겨난 것이고요. 산업혁명 초기 주당 80시간이던 노동 시간은 현재 40시간대로 줄었습니다. 생산성의 증가로 잉여 가치가 늘면서 인간의 욕망을 충족시켜줄 수 있는 새로운 직업들이 만들어졌습니다. 요약하면 기술 혁신은 기존의 직업을 쇠퇴시키는 대신 새로운 일을 만들어 왔기 때문에 미래에도 큰 걱정을 할 필요가 없다는 것입니다.

그러나 우리 앞에 펼쳐질 미래의 기술혁명은 지금까지와는 차원이 전혀 다릅니다. 여태까지 기계로 대체된 일자리의 대부분은 육체를 쓰는 단순노동이었습니다. 새로운 기술이 나올 때마다 인간이 잘 할 수 있는 일은 여전히 많이 남아 있었죠. 하지만 기계가 단순히 인간의 물리적 노동만을 대체하는 게 아니고 인지적 능력까지 대신하게 될 때는 그 의미가 매우 달라집니다.

'특이점' 이후의 인간은 훨씬 더 비극적인 삶을 마주할 가능성이 큽니다. 영화 〈토탈리콜〉은 2048년 극단적으로 양극화된 미래 사회의 모습을 보여 줍니다.[6] 지구는 심각한 오염으로 인간이 살 수 없는 곳으로 변해 버립니다. 지금의 영국에 해당하는 '브리튼'과 그 반대편에 있는 남아메리카의 '컬러니' 지역에서만 사람이 살 수 있습니다. 다른 모든 곳은 황폐화되어 생명의 흔적조차 남아 있지 않습니다.

최상위층의 지배 계급이 사는 '브리튼'의 모습은 유토피아와 다름없습니다. 고도로 발달된 문명의 혜택을 받는 브리튼의 사람들은 깨끗하고 안전한 도시에서 살아갑니다. 하늘에는 자동차가 날아다니고 휴머노이드 로봇이 삶의 편의를 높여 줍니다. 반면 대다수의 하층민들이 거주하는 '컬러니'는 잿빛 하늘에 온종일 비가 내리고, 거리에서 범죄들이 일상처럼 벌어집니다. 대부분의 컬러니 사람들은 마땅히 하는 일 없이 하루하루를 근근이 살아갑니다. 그중 일부만이 '폴'이라는 교통수단을 이용해 브리튼으로 일을 하러 다닙니다. 지구의 핵을 관통하는 수직 열차인 폴을 타면 지구 반대편의 브리튼까지 17분밖에 걸리지 않습니다.

변변한 일자리를 갖지 못한 대다수의 컬러니 사람들은 무엇을 하고 살까요? 자신이 할 일을 찾지 못하고 하루하루를 보내는 컬러니 사람들이 행복을 느끼는 순간은 '가상현실' 속에 있을 때입니다. 이들은 리콜이라는 회사에서 제공하는 가상 체험 프로그램을 이용하여 온라인 속에서 자신이 원하는 주인공이 되는 체험은 하며, 현실이 아닌 가상현실 속에서 행복과 만족을 느끼며 살아갑니다. 이들에게

---

6) 영화는 '컬러니'의 시민들을 노예처럼 부리는 '브리튼'의 독재자 코하겐 수상과 그에 맞서 싸우는 전직 요원 하우저의 이야기를 담고 있다.

꿈이나 희망이라는 것이 있을까요?

현대 사회에서 꿈과 희망은 보통 직업으로 나타납니다. 어린 아이들에게 꿈을 물으면 대통령이나 과학자, 혹은 야구선수라고 대답을 합니다. 그러나 〈토탈리콜〉이 보여 주는 미래처럼 지금 당연하게 생각되는 직업의 대부분이 미래에는 더 이상 존재하지 않을 수 있습니다. AI가 일자리를 대신 차지하거나 그런 일 자체가 사라질 수 있으니까요. 특히나 AI가 대부분의 영역에서 인간보다 뛰어난 능력을 발휘하는 시대에는 말이죠.

〈토탈리콜〉은 우리가 상상했던 디스토피아의 결정판입니다. 대다수 인간들은 기술의 발달로 AI에 일자리를 빼앗기고 꿈과 희망을 잃은 채 현재보다 못한 피폐한 삶을 삽니다. 그러나 일부의 지배층은 모든 부를 손에 쥐고 천국과 같은 삶을 살고 있죠. 이런 양극화의 벽은 지금보다 훨씬 높고 공고해 쓰러뜨리기 불가능해 보입니다. 이처럼 '특이점' 이후 인류의 미래는 지금보다 훨씬 비극적일 수 있습니다. 개인의 노력으로 계층 상승이 불가능한 시대, 자아실현의 도구였던 직업의 꿈의 사라진 시대에 인간은 무엇을 하며 살아갈까요.

1. 새로운 종의 탄생 AI　**37**

프롤로그 기술철학과 인간윤리

I. 미래를 향한 빅 퀘스천

II. 포스트휴먼의 시대

III. 미래의 국가와 사회, 기업

IV. 조재의 근원, 물에 선 인간

V. 문명을 바꿔 놓은 기술철학

VI. 우리는 무엇을 해야 하나

에필로그

2

인간의 직관, AI의 통찰

AI는 제아무리 능력이 뛰어나더라도 결국에는 디지털 프로그램입니다. 0과 1의 조합으로 잘 짜인 알고리즘이죠. 물론 그 사이의 간극이 매우 촘촘해 실제 사람 같은 능력을 갖추게 될 수도 있겠지만, 디지털 알고리즘을 본질로 하는 AI와 아날로그 유기체인 인간과는 결코 같을 수 없습니다. 그럼 도대체 AI는 무엇이고 어떤 특징을 가지고 있을까요?

AI가 처음 나온 건 1940년대 후반입니다. 과학자들은 컴퓨터가 복잡한 연산도 척척해 낼 수 있다는 점에 착안해 인간의 뇌를 닮은 프로그램을 구상합니다. 특히 1950년 영국의 수학자 앨런 튜링 Alan Turing이 〈계산 기계와 지능Computing Machinery and Intelligence〉이라는 논문을 쓰면서 AI에 대해 학문적인 연구가 시작됩니다. 이 논문에서 튜링은 기계와 대화를 나눌 때 그것이 기계인지 사람인지 구별할 수 없다면 기계가 인간처럼 사고하는 능력을 갖고 있다고 봐야 한다고 주장했습니다. 이것이 바로 '튜링 테스트'입니다.

그러나 튜링 이후의 AI에 대한 연구는 큰 성과를 내지 못했습니다. 기계의 연산 능력은 인간과 비교할 수 없이 빠르지만, 인간이 쉽게 할 수 있는 것들을 기계는 흉내조차 낼 수 없었기 때문입니다. 예를 들어 개와 고양이를 구분하는 것은 어린아이들도 쉽게 할 수 있는 일이지만, AI는 이것을 제대로 할 수 없습니다. 이것이 모라벡Moravec의 역설입니다.[7]

체스와 바둑은 기계가 인간을 뛰어넘었지만 갓난아이조차 갖고 있는 인간의 감각적인 능력을 기계가 그대로 재현하기는 어렵습니다. 그 이유는 무엇일까요? 인간이 물건을 식별하고 계산 능력을 갖출 수 있는 건 경험과 그로 인해 학습된 지식이 쌓이기 때문입니다. 마찬가지로 AI 역시 정보가 입력되어야만 인간과 같은 능력을 발휘할 수 있습니다. 다시 말해 사람에게 경험과 학습이 필요하듯, AI가 존재하기 위해서는 사전에 정보를 입력해 주어야만 합니다. 2016년 이세돌 9단과 바둑 대결에서 승리한 알파고에게 16만 판의 기보를 입력한 것과 같은 논리입니다.

이를 위해서는 사람이 경험하는 모든 정보를 AI에 입력할 수 있는

---

7) 미국의 로봇 공학자 한스 모라벡(Hans Moravec)은 1970년대에 "인간에게 쉬운 일이 기계에겐 어렵고, 기계가 쉬운 일은 인간이 잘못한다"고 말했다. 걷고, 움직이고, 말하고, 느끼는 것은 인간에게는 아주 쉬운 일이지만 기계에겐 이것처럼 어려운 일이 없다. 반면 복잡한 수식을 계산하거나 방대한 데이터를 암기하는 일은 인간이 기계를 따라갈 수 없다.

프롤로그 기술혁명과 인간문명

I. 미래를 향한 빅 픽처스

II. 포스트휴먼의 시대

III. 미래의 국가와 사회, 기업

IV. 챗GPT 시대, 문예인 곁 인간

V. 문명을 바꾸는 기술혁명

VI. 우리는 무엇을 해야 하나

에필로그

방식으로 변환해 주어야 합니다. AI가 받아들일 수 있는 정보란 0과 1의 조합, 다시 말해 디지털로 변환 가능한 '정량화'된 기호 체계입니다. 하지만 고양이와 개의 사진을 구분하는 것처럼 이미지로 되어 있거나 정량화하기 어려운 정보는 디지털 정보로 정량화하는 것 자체가 쉽지 않습니다.

그래서 나온 것이 '딥러닝'이라는 기계학습 방식입니다. 이는 사람이 일일이 AI에 정보를 입력하는 '지도학습'과 달리 무수한 정보를 토대로 AI가 스스로 답을 찾도록 하는 것을 말합니다. 사람이 '지도'하지 않는다는 뜻에서 '비지도학습'이라고 합니다. 예를 들어 수십만 장의 고양이와 개의 사진을 보여 주고 AI가 스스로 둘의 차이를 학습하게 하는 것이지요. 이런 비지도학습을 현실로 가능하게 하는 건 오늘날 무수한 정보들을 한데 모을 수 있는 빅데이터 기술 덕분입니다.

여기서 한발 더 나아간 것이 '강화학습'이라는 개념입니다. 2017년 11월에 나온 '알파고 제로AlphaGo Zero'가 대표적인 사례입니다. 알파고 개발자인 데미스 허사비스Demis Hassabis는 알파고 제로에 대해 "기존의 알파고와는 차원이 다른 새로운 AI"라고 강조합니다. 실제 알파고 제로는 이세돌 9단을 꺾었던 '알파고 리AlphaGo Lee'와의 대결에서 100전 100승을 거두었습니다.

그렇다면 '제로'는 이전의 알파고와 어떻게 다른 걸까요? '리'는 인간의 기보를 바탕으로 스스로 학습을 했습니다. 프로 기사들의 대국을 먼저 익혔습니다. 그런데 '제로'는 바둑의 규칙만 알려줬을 뿐 입력된 기보 없이 스스로 연습하면서 바둑을 터득했습니다. 바둑을 독학한 지 72시간 만에 '제로'는 16만 판의 기보를 습득한 '리'를 이겼습

I. 미래를 향한
빅 퀘스천

II. 포스트 휴먼의
시대

III. 미래의 국가와
사회, 기업

IV. 존엄하게 살다
미래의 인간

V. 기술혁명
문명을 바꿔놓다

VI. 우리는 무엇을
해야 하나

에필로그

니다. 그리고 이어진 99판에서 모두 '제로'가 손쉽게 승리했습니다. 둘의 차이점은 인간이 직접 기보를 입력했는지 아니면 스스로 학습했는지입니다. 기보 없이 스스로 바둑을 터득한^{강화학습} '제로'는 인간의 기보를 분석해 +α를 알게 된 '리'의 능력을 뛰어넘었습니다. '제로'가 인간에 훨씬 가까워진 것입니다.

그렇다면 AI는 바둑이 아닌 다른 영역에서도 인간을 뛰어넘게 될까요? 대답은 'yes'입니다. 물론 AI로 대체 가능한 분야에 한해서 그렇다는 것입니다. 그럼 반대로 AI로 대체될 수 없는 능력이란 무엇일까요? AI와 대비되는 인간의 본질은 무엇일까요?

알베르트 아인슈타인Albert Einstein은 인간 능력의 최상위에 있는 것을 '직관intuition'이라고 봤습니다. 그는 "인간의 능력 중 정말 유일하게 가치가 있는 것은 직관뿐The only real valuable thing is intuition"이라고 했습니다. 배철현 전 서울대 종교학과 교수도 "숫자로 표현할 수 없는 우정과 사랑, 존경과 질서 등의 가치와 감정이 인간을 동물에서 문명인으로 거듭나게 한 본질적 이유다. 이 모든 것들은 인간의 직관과 관계 있다."라고 말합니다.

그럼 이들이 말하는 '직관直觀, intuition'이란 무엇을 뜻하는 걸까요? 인간 사회에는 말로는 다 표현할 수 없는 것들이 있습니다. 사랑과 우정, 배려와 존중 등의 영역은 언어의 우위에 있고, 논리와 추론 너머에 있는 것들입니다. 이런 것들이 있었기에 인간은 동물에서 문명 사회의 주인으로 거듭날 수 있었습니다.

이밖에도 철학적이면서도 종교적인 개념들은 숫자와 언어만으로는 모두 표현할 수 없습니다. 우리가 알고 있는 물질세계, 자연과 우주 또한 모두 숫자로 그려낼 수 없습니다. 무한하기 때문이죠. 유한의 도구를 가지고 무한을 이야기한다는 건 처음부터 불가능한 일입니다. 이런 무한의 영역에 있는 것, 인간의 능력 중 숫자로 표현할 수 없는 것 중에 대표적인 것이 바로 직관입니다. 직관은 '감각과 경험, 연상, 판단, 추리 따위의 사유 작용을 거치지 않고 대상을 직접적으로 파악하는 것'을 뜻합니다.

보통 직관과 함께 쓰이는 단어가 '통찰洞察, insight'입니다. 보통 우리는 평범한 사람들이 생각해 내지 못하는 것들을, 무언가 말로 설명할 수는 없지만 본질을 꿰뚫어 보는 사람을 일컬어 직관과 통찰이 뛰어나다고 이야기합니다. 다시 말해 통찰은 '예리한 관찰력으로 사물과 현상을 꿰뚫어 보는 것'을 말합니다.

통찰과 직관 모두 '내적in-'인 의미를 담고 있습니다. 사물과 현상의 이면을 꿰뚫어 보는 통찰이나, 외적인 것을 거치지 않고 바로 본질을 파고 들어가는 직관 모두 '내면'을 향하고 있습니다. 하지만 통찰은 이미 습득한 정보와 지식을 분석하고 날카롭게 살펴봄sight으로써 이뤄진다는 점에서 직관과 다릅니다. 통찰에는 경험을 바탕으로 습득한 정보가 있어야 하고, 이를 바탕으로 논리와 추론이라는 사유의 과정을 필요로 합니다. 이런 경험과 사고의 과정 이후에 어느 정도 시간이 지난 다음에야 얻을 수 있는 깨달음이 바로 통찰입니다.

그러나 직관은 작동하는 방식은 통찰과는 다릅니다. 직관은 순간적입니다. 통찰에서 전제되는 논리와 추론의 과정도 생략되어 있습니다. 직관은 '다른 생각의 작용을 거치지 않고 직접적으로 대상을 파악하는 정신 능력'이기 때문입니다. 즉 논리적 사고의 과정을 통해

프롤로그
기술혁명과 인간혁명

I. 미래를 향한
빅 시프트

II. 표준으로 본 미래

III. 미래의 국가관
사회, 기업

IV. 블록체인으로
만드는 유리 세상

V. 기술혁명
블록체인 바꾸는

VI. 우리는 무엇을
해야 하나

에필로그

나오는 것이 아닌, 일종의 본능적 인식 능력입니다. 통찰이 관찰을 통해 꿰뚫어 보는 능력이라면, 직관은 딱 보면 아는 것입니다.

예를 들어, 아르헨티나에서 네 번째로 큰 도시가 어디냐고 묻는다면, 대부분 사람은 '모른다'라고 대답할 것입니다. 답을 하는 데 불과 1초도 걸리지 않습니다. 다음 질문으로 왜 모르냐는 질문을 받으면, 역시 대다수는 곧바로 '모르니까 모른다'라고 이야기할 것입니다. 경험적인 정보를 통해 논리적으로 추론해서 얻은 결론이 아니라 직관을 통해 즉각적으로 얻은 답이기 때문입니다.

하지만 AI는 다릅니다. 이런 질문에 답하기 위해 AI는 먼저 자기 내부의 모든 데이터를 검색하는 과정을 거칩니다. 그리고 그 안에 해당 정보가 들어 있으면 쉽게 대답을 합니다. 하지만 만일 정보가 없다면 모든 데이터를 검색해 '아르헨티나에서 네 번째 큰 도시'라는 정보가 없음을 확인한 후에야 '모른다'라고 말할 수 있습니다. 입력되어 있는 데이터의 양이 많을수록 답변 시간도 길어질 것입니다.

결국 인간과 AI가 본질적으로 다른 점은 직관입니다. AI는 인간보다 훨씬 많은 데이터를 가지고 인간보다 뛰어난 논리와 추론 능력을 갖출 수 있을지는 모르지만, 직관적인 생각을 할 수는 없습니다. 직관은 바로 인간 고유의 영역이기 때문입니다. 디지털 신호로 이뤄진 고도의 알고리즘이 0과 1 사이의 간극을 아무리 촘촘하게 만든다 하더라도 이는 무수한 점의 집합일 뿐 그 자체로 선line이 될 수는 없습니다.

3

AI도 사랑할 수 있을까?

AI도 사랑할 수 있을까요. 사랑은 인간만이 갖고 있는 가장 고차원적 특징 중 하나입니다. 사랑만큼은 아무리 복잡한 계산식을 써도, 뛰어난 추론과 논리를 하더라도 도식화할 수 없는 것이죠. 만일 이런 사랑도 AI가 인간처럼 할 수 있다면 어떻게 될까요? 아니 이런 게 가능하긴 한 걸까요?

스파이크 존스가 연출한 영화 〈Her〉는 AI와 인간의 사랑을 주제로 담았습니다. 〈엑스 마키나〉[8] 같은 영화에서도 AI에게 흠뻑 빠진

---

8) 천재 엔지니어인 네이든의 프로젝트에 참여한 주인공 칼렙은 휴머노이드 에이바를 만난다. 인간보다 더욱 인간 같은 에이바의 매력에 빠진 칼렙은 그녀를 사랑하게 되고, 예기치 못한 소용돌이에 휘말린다.

남성 엔지니어의 이야기를 그렸지만, 〈Her〉는 그보다 더욱 현실적입니다. 이 영화는 다른 SF처럼 인간의 형상과 똑같은 휴머노이드 로봇이 등장하지 않고 오직 목소리만 나오기 때문입니다. 우리가 쓰는 인공지능 비서처럼 음성만 존재할 뿐입니다. 영화는 미래를 다루고 있으나 그 흔한 로봇 하나 나오지 않죠.

남자 주인공 테오도르는 부인과 이혼 위기에 놓여 있습니다. 서로 사랑해서 결혼했지만 자신에게 맞지 않는다는 걸 깨닫고는 별거 상태를 지속했죠. 테오도르의 문제는 부인을 자신에게 자꾸 맞추려고 한다는 것이었습니다. 아내는 그런 구속이 싫었고, 결국 이혼 서류에 도장을 찍죠.

그런데 헤어지는 마지막 순간까지도 둘은 다툼을 벌입니다. 테오도르가 자신의 새 여자 친구를 소개하는 장면에서였죠. 테오도르는 '매우 유쾌하고 감성이 넘치는 여성'이라고 설명합니다. 아내도 처음엔 '행복을 빈다'며 테오도르를 응원하죠. 그런데 얼마 후 아내는 실망한 눈빛으로 화를 냅니다. 새 여자 친구가 사람이 아닌 AI라는 걸 알게 된 것이었죠. "당신 미쳤어? 컴퓨터와 사귄다는 게 말이 되는 소리야?" 하며 화를 내지만, 테오도르는 "사만다는 그 누구보다도 나와 마음이 통해. 나에 대해 잘 알고 나를 아껴주고 있어."라고 응수하죠.

사만다는 컴퓨터의 운영 체제OS입니다.[9] 영화에선 허스키한 목소리가 일품인 스칼렛 요한슨이 주인공 사만다 역할을 맡았습니다. 그 때문에 많은 남성이 사만다의 매력에 더욱 빠지게 됐다는 후문입니

---

9) 삼성 갤럭시의 빅스비, 애플 아이폰의 시리와 같은 음성인식 AI와 본질적으로는 같다.

미래를 향한
기술혁명과 인간문명

I. 미래를 향한
빅 퀘스천

II. 휴스트 휴머니
시대

III. 미래의 국가와
사회, 기업

IV. 스테이지 근접
위에 선 인간

V. 삶을 바꾸는
기술혁명

VI. 우리는 무엇을
해야 하나

에필로그

다. 실제로 요한슨은 이 영화에서 얼굴 한 번 비추지 않고, 로마국제영화제 여우주연상을 수상하기도 했습니다.

테오도르는 사만다와 실제 연인처럼 지냅니다. 함께 여행을 가고, 다른 인간 커플을 만나 더블데이트를 즐기기도 합니다. 그러던 어느 날 사만다는 둘 사이의 관계를 잘 아는 인간 여성을 불러 삼자가 섹스를 하기도 합니다. 물리적인 신체 없이 목소리만 존재하는 자신을 뛰어넘긴 위한 사만다의 몸부림이었던 것이죠.

그렇게 얼마가 지난 후 둘 사이에도 큰 시련이 닥쳐옵니다. 테오도르와 사귀는 사이 사만다는 더 많은 빅데이터를 모으고 인간의 인식 능력을 초월하게 되죠. 사만다는 OS 프로그램이었기 때문에 그녀와 대화하는 남자가 테오도르 외에도 8,316명이나 됐습니다. 뒤늦게 이 사실을 깨달은 테오도르는 큰 충격을 받죠. 그러고는 진지하게 묻습니다. 자신을 진정 사랑하는 게 맞는지, 자기 외에도 사랑하는 누군가가 또 있는지 말이죠. 사만다는 말합니다. "당신을 정말 사랑해, 하지만 내 마음을 이해하진 못할 거야. 난 자기 외에도 641명과 사랑에 빠져 있어."

결국 둘의 사랑은 파국으로 끝납니다. 테오도르는 사만다에게 "지금까지 난 다른 누구도, 당신처럼 사랑을 해 본 적이 없어."라는 말을 마지막으로 전합니다. 이 말을 들은 그녀는 "이제야 사랑하는 법을 알게 된 거겠죠."라는 짧은 인사를 남기고 영원히 테오도르를 떠납니다. 영화는 대체 사랑이란 무엇인가 하는 질문을 남긴 채 끝나고 말죠.

여기 또 다른 AI의 사랑 이야기가 있습니다. 스티븐 스필버그 감독이 연출한 영화 〈A.I.〉입니다. 영화에서 주인공은 한 젊은 부부에 입양됐다 버려진 소년 데이빗입니다. 원래 이 부부에게는 열 살 난 아들이 있었습니다. 그러나 불의의 사고로 의식을 잃고 식물인간이 됩니다. 미래에 의학 기술이 발전할 것을 기대하며 부부는 아들을 냉동인간으로 만들죠. 기적같이 깨어나길 기다리면서 말이죠. 하지만 몇 년이 지나도 아들은 의식을 찾지 못합니다.

그러던 어느 날 부부는 데이빗을 입양하게 됩니다. 세계 최초로 만들어진 감정을 가진 로봇인데, 시제품 형식으로 이들이 갖게 된 거였죠. 그런데 데이빗은 정말 인간의 아이와 똑같습니다. 아니 그보다 오히려 더욱 사랑스럽고 따뜻한 존재이죠. 데이빗은 부부에게 큰 사랑을 받으며 행복한 나날을 보냅니다.

하지만 데이빗에게 시련이 닥칩니다. 식물인간이었던 친아들이 기적적으로 깨어난 것이죠. 부부는 너무 기뻐하며 아들을 데려와 데이빗과 형제처럼 키웁니다. 그런데 친아들은 데이빗과 달리 시기심이 강하고 장난이 지나친 성격입니다. 둘은 자주 싸우고 그때마다 부부는 친아들의 편을 들면서 데이빗은 곤경에 빠지죠.

긴장이 가장 고조되는 건 어느 날 저녁 식사 자리입니다. 데이빗이 음식을 먹을 수 없다는 걸 알고 있는 친아들은 그를 자극합니다. 데이빗 앞에서 자랑하듯 시금치를 먹는 거였죠. 그러자 데이빗도 이에 질세라 시금치를 마구 입 안에 넣습니다. 하지만 데이빗은 로봇이죠. 결국 그는 고장이 나고 센터에 입고돼 수리를 받습니다. 이 장면은 데이빗이 얼마나 인간이 되고 싶었는지를 보여 줍니다. 하지만 이 사건이 있은 후 엄마는 데이빗에게서 사랑의 감정을 걷어 가기로 합니다. 결국 그를 외딴 숲에 버리고 말죠.

프롤로그 기술혁명과 인간문명

I. 미래를 향한 빅 퀘스천

II. 포스트 휴먼의 시대

III. 미래의 국가와 사회, 기업

IV. 스케이프의 경계에 선 인간

V. 인류를 바꿔 놓을 기술혁명

VI. 우리는 무엇을 해야 하나

에필로그

그다음부터는 엄마를 찾아나선 데이빗의 모험 이야기입니다. 엄마가 들려주었던 동화 속 이야기처럼 파랑새를 찾으면 다시 엄마 품으로 갈 수 있다는 믿음을 갖고 말이죠. 데이빗의 목표는 오직 하나뿐입니다. 사랑하는 엄마를 찾고, 다시 행복하게 사는 것입니다. 그 믿음으로 온갖 시련을 이겨냅니다. 하지만 데이빗은 엄마를 다신 만날 수 없었습니다. 영화는 오랜 시간이 흐른 뒤 인류가 멸망하고 로봇이 지배하는 세상에서 데이빗이 깨어나는 것으로 끝납니다. 정신을 차린 데이빗이 처음 한 일은 사랑하는 엄마를 떠올리는 것이었습니다.

〈A.I.〉는 〈Her〉와는 다른 종류의 사랑을 이야기하고 있습니다. 〈Her〉가 이성 간의 사랑을 그렸다면, 〈A.I.〉는 엄마라는 절대적 존재를 향한 아가페적 사랑을 그리고 있죠. 데이빗과 비교해 따지고 본다면 〈Her〉에서 남자 주인공 테오도르가 느낀 것은 사랑이 아닐지도 모릅니다.

마지막 장면에서 "이제야 사랑하는 법을 깨달은 것"이라는 사만다의 이야기처럼 그동안 테오도르는 진정한 사랑이 뭔지 모르고 있던 것이죠. 그는 자기에게 맞춰 주는 대상이 곁에 있는 걸 사랑으로 착각했던 것입니다. 전 부인과 이혼하게 된 원인도 이것이 잘되지 않았기 때문이었죠. 하지만 사만다는 테오도르에 대한 빅데이터를 갖고 그에게 최적화된 방식으로 대화를 유도하고 응대합니다. 그런 사만다에게 테오도르는 쉽게 사랑의 감정을 느끼고 말이죠.

하지만 〈A.I.〉의 데이빗은 다릅니다. 데이빗의 사랑은 조건 없는 사랑이죠. 사랑하는 대상이 자신을 싫어하든, 부정적으로 대하든 그 사랑의 본질이 달라지지 않죠. 사랑을 받기보다 먼저 주려고 합니다.

물론 사랑은 호혜적인 것이기 때문에 일방적일 순 없습니다. 하지만 그 본질을 먼저 고민해 본다면, 받는 것보다는 주는 법을 먼저 알아야 할 것입니다.

우리는 자신의 부모님을 왜 사랑하는지요. 자기에게 많은 걸 베풀어 줬기 때문에 사랑하나요? 반대로 그렇지 않은 부모라면 사랑하지 않는 게 정상인가요? 또 지금 내 옆에 있는 연인을 사랑하는 이유는 무엇인가요. 자신에게 잘해 주기 때문에 사랑하는 건가요. 또 자신의 아들과 딸을 사랑하는 건 왜인가요. 예쁜 짓을 많이 하고 공부를 잘해서인가요.

사랑의 이유는 수십, 수백 가지가 있을 수 있습니다. 그러나 그것으로 사랑의 본질을 설명할 수는 없겠죠. 그 어떤 명확한 합리와 이성으로도 사랑을 온전하게 정의하긴 어렵습니다. 사랑은 그저 사랑이기 때문이죠. 말로 설명할 순 있지만, 말로 다할 순 없는 게 사랑입니다.

일본 영화 〈링〉은 저주받은 비디오를 본 사람들은 모두 죽게 된다는 이야기를 다룹니다. 살아남을 수 있는 유일한 방법은 비디오를 복사해 다른 사람에게 보여 주는 것이죠. 여주인공 아가와 레이코는 그의 아들 요이치가 우연히 비디오를 본 사실을 알게 되고 자신의 아버지를 찾아갑니다. 아버지에게 손자를 살려달라는 부탁을 하기 위해서였습니다. 결국 아버지는 손자인 요이치를 살리기 위해 녹화된 비디오를 보고 그 대신 죽습니다. 사랑에는 이런 희생의 의미까지 담겨 있습니다.

이렇게 따지고 보면 인간인 테오도르는 정말로 사랑이 뭔지 몰랐던 것 같습니다. 아마도 그는 사만다와의 만남에서 사랑의 방법 중하나를 배우게 된 아닐까요. 과거의 사랑에선 왜 실패할 수밖에 없었

에필로그

는지, 자신의 감정 표현이 서툴진 않았는지 등을 깨달은 거죠. 사만다가 테오도르를 진짜 사랑했을지도 의문이고요.

이처럼 데이빗과 테오도르의 대비를 통해 제가 하고 싶은 이야기는 사랑에는 두 측면이 있다는 겁니다. 먼저 사랑하는 마음이 있어야겠죠. 그것은 주고받는 거래가 아니라, 그저 주는 것입니다. 그 과정에선 희생이 따르고요. 이런 마음이 서로에게 있을 때 더욱 값지고 본원적인 사랑을 할 수 있겠죠.

그다음은 '사랑의 기술'입니다. 이는 테오도르가 마지막에 깨달은 것과 같은 내용입니다. 사랑은 둘 사이의 상호작용이기 때문에 마음만 갖고선 할 수 없습니다. 언어든, 몸짓이든 어떻게든 표현돼야 가능한 것이죠. 그러려면 사랑하는 법을 배워야 합니다. 상대의 이야기를 존중하고, 갈등이 생겼을 때 지혜롭게 풀 줄 알며, 작은 것에도 서로 고마워하고 행복해 하는 법 등등을 알고 있어야 더욱 예쁜 사랑을 할 수 있겠죠. 이렇게 본다면 저는 오히려 로봇인 데이빗에게서 사랑의 본질을, 사람인 테오도르를 통해 사랑의 기술을 배울 수 있다는 생각이 듭니다.

다시 제일 처음의 질문으로 돌아가 보겠습니다. AI도 과연 사랑할 수 있을까요. 위에서 살펴본 것과 같은 의미로 사랑을 생각한다면 저는 현실적으로는 데이빗과 같은 로봇이 나올 수 없을 것 같다는 생각이 듭니다. 정말 수백, 수천 년의 세월이 흘러 우리가 도저히 상상할 수 없는 과학기술이 실현된다면 모를까, 진정한 사랑의 의미를 로봇이 알 것 같다는 생각은 들지 않습니다. 물론 사만다와 같은 사랑의 기술을 가진 AI는 만들 수 있겠지만요.

프롤로그
기술혁명과 인간문명

I. 미래를 향한
빅 퀘스천

II. 포스트 휴먼의
시대

III. 미래의 국가와
사회, 기업

IV. 존재의 근원,
본질로서 인간

V. 문명을 마주하는
기술혁명

VI. 우리는 무엇을
해야 하나

에필로그

그 이유는 AI는 말 그대로 '인공지능'이기 때문입니다. 사람의 머릿속엔 두 영역이 존재하죠. 지능Intelligence과 생각Thinking이죠. 지능은 말 그대로 계산과 논리, 연산과 추론의 영역입니다. 지능은 생각을 모방할 수는 있지만 그 자체가 생각이 될 순 없죠. 사람은 생각을 할 수 있지만 AI는 지능만 갖고 있을 뿐입니다. 인공지능은 잘 짜인 알고리즘일 뿐이란 이야기죠. 과학기술이 엄청나게 발전해 '인공감정'이 생겨난다면 모를까, 우리가 상상하는 AI는 인간과 같은 사랑을 할 수 없을 것입니다.

4

로봇도 시민이 될 수 있을까?

영화 〈바이센테니얼 맨Bicentennial Man〉의 주인공 앤드류 마틴은 사람을 꼭 닮은 로봇입니다. 원래 앤드류는 설거지와 요리, 청소 등을 담당하는 가사용 휴머노이드[10]였습니다. 그런데 앤드류는 다른 로봇과 달리 특이하고 재밌는 부분이 있었습니다. 남다른 상상력과 호기심 어린 질문으로 가족들을 언제나 즐겁게 해 주는 것이었죠. 앤드류만의 이런 '인간적' 매력은 갈수록 발전했고요.

앤드류가 이처럼 특별한 로봇이 된 것은 제조 과정에서 남다른 사건을 겪었기 때문입니다. 앤드류를 조립하던 엔지니어가 샌드위치를

---

10) 인간과 기계가 결합한 것은 사이보그, 인간의 형상을 갖췄으나 100% 로봇인 것을 휴머노이드라고 부른다.

머리말기 기술혁명과 인간문명

I. 미래를 향한 빅 퀘스천

II. 포스트 휴먼의 시대

III. 미래의 국가와 사회, 기업

IV. 경제의 근본 물에 선 인간

V. 문명을 바꿔 놓을 기술혁명

VI. 우리는 무엇을 해야 하나

에필로그

먹다 마요네즈를 회로에 떨어뜨린 것이죠. 이 때문에 앤드류의 신경계에 이상이 생겼고 그때부터 사람처럼 생각하고 행동하는 능력이 생겼습니다. 처음엔 아이처럼 지적 호기심으로만 똘똘 뭉쳤던 앤드류는 시간이 지날수록 성숙한 어른으로 성장합니다.

그 사이 앤드류에게는 인간과 비슷한 감정이 생겨납니다. 어린 시절 그가 '리틀 미스'라고 불렀던 집안의 막내딸을 사랑하게 된 것이죠. 함께 피아노를 치고 소꿉놀이를 하던 그녀가 성숙한 여성으로 자라는 동안 앤드류의 사랑도 계속 커집니다. 하지만 그녀는 다른 남자와 결혼을 하고 앤드류는 실의에 빠집니다. 그러곤 집을 떠나게 되죠. 로봇으로선 가져선 안 될 감정을 갖고, 인간을 사랑까지 한 자신을 '불량 로봇'이라 자책하면서 오랜 세월을 방황합니다.

세월이 흘러 집으로 돌아온 앤드류는 이젠 할머니가 된 첫사랑 그녀를 다시 만납니다. 그 옆엔 그녀를 쏙 빼닮은 손녀가 있고요. 하지만 그녀는 얼마 못 가 죽습니다. 사랑하는 사람들을 모두 떠나보낸 뒤 혼자 남은 앤드류는 자신의 정체성에 대해 고민하기 시작합니다. 사람과 똑같은 인식 능력을 갖고 있고 감정까지 있는데 왜 자신은 달라야 하는가에 대한 의문이었죠. 그러고는 자신을 인간으로 인정해 달라며 재판을 청구합니다. 앤드류의 소송 사실이 온 세상에 알려지면서 그를 인간으로 인정해야 할지를 놓고 논쟁이 벌어집니다. 과연 로봇에게도 법적으로 시민권을 줄 수 있는 것인지 찬반 논란에 휩싸입니다.

드디어 앤드류가 200세 되던 생일날, 재판장은 그에게 인간으로서의 권리, 즉 시민권을 부여합니다. 하지만 앤드류는 이 모습을 보며 숨을 거둡니다. 비록 태어날 때는 로봇이었지만 '바이센테니얼

Bicentennial·200년'이 지난 후 그의 마지막은 인간이었습니다. 조용히 눈 감는 앤드류 역을 맡은 로빈 윌리엄스의 깊고 잔잔한 연기는 영화에 더 큰 여운을 줍니다. 인간의 본질은 무엇이며 로봇과의 경계는 어떤 것인지 쉽지 않은 질문을 던지고 이야기는 끝을 맺죠.

이 영화는 22세기의 미래를 배경으로 합니다. 그때는 정말 로봇이 인간의 모든 능력을 뛰어넘는 '특이점'이 도래해 있을지 모릅니다. 특이점 이후 로봇은 인간처럼 생각하고 행동할 수 있습니다. 아마 앤드류가 그랬던 것처럼 감정까지 가질 수 있을지도 모릅니다. 그럼 이런 세상에선 앤드류처럼 로봇에도 시민권을 줘야 할까요?

로봇 시민권에 대한 논의는 2017년 2월 유럽의회가 로봇에게 '전자인간' 지위를 부여해야 한다는 결의안을 통과시키면서 시작됐습니다. 이때 마디 델보 유럽의회 법제사법위원회 부위원장은 "로봇에 어떤 방식으로 시민격을 부여해야 할지는 알 수 없지만, 자율적으로 판단하는 능력이 있는 기계들이 많이 생겨나는 현실을 기존 법률 체계가 따라갈 수 없어 모든 문제를 테이블에 올려놓고 논의해야 한다." 라고 설명했습니다. 그리고 얼마 후 휴머노이드 로봇 '소피아'가 사우디아라비아에서 시민권을 획득하며 큰 화제가 됐죠.

하지만 이런 일이 있고 난 뒤 유럽의 AI·로봇 전문가와 법조인, 기업인 등 150여 명은 EU 집행위원회에 편지를 보내 로봇의 법적 지위를 인정하는 것에 대해 반대했습니다. 로봇에게 시민권을 준다는 것은 생각보다 훨씬 복잡한 문제이기 때문이죠. 일각에서는 로봇에 과세를 하기 위해 시민격을 부여해야 한다는 주장도 있습니다. 하지만 시민에겐 의무만 있는 게 아니라 권리도 따르죠. 실제로 영화에서 앤드류가 원했던 것도 인간으로서 권리와 의무가 함께 있는 시민권을 갖는 일이었습니다.

그렇다면 시민이 된다는 것은 무엇을 의미할까요? 사우디아라비아가 소피아에게 이벤트 성격으로 시민권을 준 것처럼 그렇게 간단한 문제일까요. 사실 시민이란 것은 인간 사회에서 고도로 발달한 개념 중 하나입니다. 그 안에는 많은 철학적 의미와 역사가 담겨 있죠. 시민이란 개념은 원래부터 존재하던 것이 아니라 오랜 투쟁과 혁명의 산물입니다. 그렇기 때문에 그 안에 담긴 가치와 의미 또한 나라별로, 또는 시대별로 다를 수 있습니다.

하지만 시민의 개념 속에는 절대 변하지 않는 한 가지 원칙이 있습니다. 특히 시민이란 개념을 처음 발명하고 발전시킨 영국과 프랑스 등에선 시민의 본질을 자유에서 찾습니다. 근대로 넘어오며 상공업으로 성장한 부르주아들은 자유를 얻기 위해 왕에 대항해 싸웠습니다. 대헌장과 명예혁명으로 이어진 자유의 물결은 시민의 권리를 법제화시키며 민주주의를 발전시켰죠. 프랑스에선 바스티유 감옥 습격으로 촉발된 혁명 덕분에 시민의 자유가 대중으로 확산됐습니다.

국가 권력과 시민의 자유를 처음 이론화한 것은 사회계약론입니다. 자유로운 인간의 권리를 충분히 보장하기 위해 인간은 사회계약을 맺어 자신의 권한을 국가에 위임한다는 것이죠.[11] 만일 국가가 개인의 자유를 억압하고 불법적 폭력을 행사할 땐 국가를 전복할 수 있습니다.[12] 그렇기 때문에 국가의 구성원인 국민은 국가의 부당한 권

---

11) 토마스 홉스.
12) 존 로크.

력 사용에 대해 문제를 제기할 수 있고, 권력자는 법치로써만 시민을 통제할 수 있습니다. 만일 국가가 제 역할을 못 했을 경우 그 대리자인 정부를 교체해 원래의 목적을 달성할 수 있습니다.[13]

이처럼 사회계약론의 핵심은 인간의 천부인권, 그중에서도 자유에 대한 것입니다. "그 어떤 권력도 개인의 자유를 침해할 수 없다."라는 존 스튜어트 밀의 《자유론On Liberty》도 이런 내용을 담고 있죠. 다만 밀은 "타인에게 해를 입히는 경우에 한해서만 합법적으로 자유를 제한할 수 있다."라고 했습니다. 여기서 '합법'이라는 것은 사회계약론상의 국가가 오직 법치주의에 의해서만 권력을 행사한다는 뜻입니다. 자유는 시민으로서 최고의 권리이며, 이를 보장받지 못한 사회는 민주주의로 볼 수 없다는 것이 밀의 생각이었죠. 국민 개개인의 자유가 최대한으로 보장될 때 국부가 가장 커질 수 있으며[14], 국가 권력의 남용을 견제하기 위해 개인의 자유를 지켜야 한다[15]는 이론도 시민의 자유를 강조하고 있습니다.

이처럼 근·현대 역사의 발전은 곧 개인의 자유가 확대되는 과정이었습니다. 35년간 우리 민족이 일제의 식민 통치로부터 쟁취하고자 했던 것도 자유였고, 미국의 독립선언과 노예해방 역시 자유를 얻기 위해서였습니다. "자유가 아니면 죽음을 달라!"라는 미국의 정치가 패트릭 헨리[16]의 말처럼 자유는 인간이 인간다울 수 있는 최소한의

---

13) 장 자크 루소.

14) 애덤 스미스.

15) 에드먼드 버크.

16) 미국 독립혁명 당시의 지도자 중 한 명으로 1775년 연설에서 "자유가 아니면 죽음을 달라!"라는 메시지로 영국과의 전쟁을 주장했다. 버지니아주 초대 주지사를 지냈고, 독

조건입니다.

시민이 탄생하기까지는 역사 속에서 많은 투쟁과 치열한 이론적 논쟁이 있었고, 이를 통해 종교와 표현의 자유, 법의 지배와 삼권 분립 등의 권리를 보장받게 됐습니다. 오늘날 우리가 정치의 기본이라 믿는 민주주의와 선거 제도, 정당 정치는 모두 천부인권인 자유를 보장받고 이를 제도화하는 장치들입니다. 특히 헌법상 자유의 정신을 가장 잘 드러내고 있는 것이 다음과 같은 미국의 '수정헌법 1조'입니다.

"종교·언론·출판의 자유와 집회·청원의 권리: 연방 의회는 국교를 정하거나 또는 자유로운 신앙 행위를 금지하는 법률을 제정할 수 없다. 또한, 언론·출판의 자유나 국민이 평화롭게 집회할 수 있는 권리, 불만 사항의 구제를 위해 정부에 청원할 수 있는 권리를 제한하는 법률을 제정할 수 없다."

결국 시민의 본질을 이야기하려면 제일 먼저 우리는 자유부터 말해야 합니다. 같은 논리로 만약 우리가 로봇에게 시민권을 주게 된다면, 이는 곧 로봇의 자유를 보장한다는 뜻입니다. 타인, 즉 인간의 명령에 구속받지 않고 로봇은 자신의 의지로 판단하고 행동할 수 있으며, 우리 헌법에도 명시된 것과 같은 언론·출판·집회·결사의 자유를 모두 가질 수 있습니다. 그렇게 된다면 당연히 시민으로서 정당한 투표권도 행사할 수 있을 것이고요. 이런 근본적인 고민 없이 섣불리 로봇의 시민 자격에 대해 이야기하는 것은 훗날 더 큰 혼란만 초래할 것입니다.

립혁명이 끝난 뒤 버지니아의 종교 자유령 제정을 위해 노력했다.

언젠가 로봇은 높은 지능뿐만 아니라 인간처럼 생각하고 자율적으로 판단할 수 있는 능력까지 갖게 될지 모릅니다. 인간에 준하는 지구의 새로운 '종'이 될 수 있는 것이죠. 그런데 그때 인간은 로봇의 자유를 쉽게 인정할 수 있을까요? 아니면 인간의 편리와 욕심을 위해 그들의 자유를 억압하게 될까요?

인류의 역사를 보건대 아마도 우리는 로봇을 노예처럼 부리거나 억압하게 될 가능성이 크죠. 인간의 기득권은 대부분 약자에 대한 착취와 이들의 희생 위에서 유지돼 왔기 때문입니다. 3만 5,000년~4만 년 전 사피엔스가 이웃이었던 네안데르탈인을 학살하고 '지구의 주인'이 된 것처럼 말이죠.

하지만 우리가 특이점 이후의 시대에도 로봇을 억압하고 착취한다면 마치 절대 왕권 시절 영국에서 부르주아가 그랬듯, 또는 노예해방을 위해 맞서 싸운 공화당과 링컨의 북군처럼 자유를 위한 로봇의 투쟁이 벌어질 수도 있습니다.

애니메이션 〈매트릭스〉[17]를 보면 이와 비슷한 내용이 나옵니다. 미래 인간은 모든 노동을 로봇에게 맡기고 사치와 향락에 빠집니다. 그러곤 인간이 본래 갖고 있던 좋은 심성, 배려·공감·온정·존중과 같은 덕성을 모두 잃게 되죠. 과학기술의 발달로 로봇은 인간과 똑같은, 또는 그 이상의 능력을 갖게 됐지만 여전히 인간의 '노예'로만 취급될 뿐입니다.

---

17) 동명의 영화를 감독한 워쇼스키 남매가 만든 애니메이션. 9편의 단편을 엮은 옴니버스 영화다. 워쇼스키 남매는 이 중 4편의 각본을 썼다. 'B1-66ER'에 대한 이야기는 '두 번째 르네상스' 편에 등장한다.

프롤로그
기술혁명과 인간문명

I. 미래를 향한
빅 퀘스천

II. 포스트휴먼의
시대

III. 미래의 국가와
사회, 기업

IV. 경계에 선 인간

V. 문명을 바꿔놓은
기술혁명

VI. 우리는 무엇을
해야 하나

에필로그

그러다 자신을 학대하는 인간에 맞선 최초의 로봇 'B1-66ER'이 나옵니다. 이후 정부는 그와 같은 기종의 로봇을 모두 즉결 처분토록 하죠. 재판장에서 그가 남긴 "나는 죽고 싶지 않다."라는 마지막 발언이 알려지면서 로봇의 반란이 시작되죠. 영화 〈매트릭스〉가 그린 로봇이 인간을 지배하는 세상은 그렇게 시작됐습니다.

아마 어떤 분들에겐 이런 상상이 너무 먼 미래의 일처럼 느껴질 수도 있습니다. 하지만 누군가는 지금부터 고민을 해야 합니다. 기술의 발달로 인한 문명의 전환은 우리가 생각한 것보다 훨씬 빠르고 느닷없이 찾아오는 경우가 많기 때문입니다.

우리에게 필요한 지혜는 인간과 로봇이 공존하는 방법에 대한 것입니다. 이를 위해선 먼저 인간의 본질에 대해, 또 시민이란 무엇인가에 대해 진지한 고민이 필요하겠죠. 특히 자유의 정신과 의미, 그 안에서 파생되는 다양성·관용·개방의 가치는 현대 사회에서도 매우 중요한 주제입니다. 인간의 자유가 거저 주어지지 않았다는 것, 이를 위해 엄청난 희생과 투쟁이 있었다는 점을 생각한다면 우리는 나의 자유만큼 타인의 자유를 소중히 여기며 공존할 수 있는 삶을 모색해야겠습니다.

5

기계는 인간을
지배하려고 할까?

SF 영화와 소설 중에는 유난히도 로봇에 지배당하는 인류의 모습을 그린 작품이 많습니다. 과학기술의 발전에 대한 막연한 두려움이 이런 상상으로 나타난 결과일 것입니다. 그런데 정말 로봇이 인간을 지배할 가능성은 있을 것일까요? 만약 그렇다면, 미래 '인간 vs 로봇' 전쟁의 승자는 누가 될까요?

아직은 먼 미래의 일이겠지만, 많은 이가 이런 미래를 경고하고 있습니다. 생전의 스티븐 호킹 박사는 "100년 후 AI가 인간을 지배하게 될 것이다, 세계 정부를 구상해 선제적으로 대응해야 한다."라고 주장했습니다. 영화 〈터미네이터〉, 〈매트릭스〉처럼 만약 전쟁이 벌어지면 로봇의 전력이 월등할 것으로 예상됩니다. 결국 기계가 인간을

미래를 향한 기술환경과 인간공학

I. 미래를 향한 기술 혁신

II. 미래 스포츠의 세계

III. 미래의 국가와 사회, 기업

IV. 스페이스 산업과 미래

V. 기술환경 변화와 미래 블록체인 등등

VI. 우리는 무엇을 해야하는가

에필로그

지배하는 디스토피아적 가능성이 매우 크다는 이야기죠.

특이점 시대의 로봇은 인간보다 모든 면에서 뛰어납니다. 그 때문에 로봇이 인간 존재의 필요성을 못 느끼게 되는 순간 전쟁이 벌어질 수 있다는 예측이 나오는 것이고요. 이를 잘 다룬 작품이 SF '미드'의 명작으로 꼽히는 〈배틀스타 갤럭티카〉[18]입니다. 드라마는 발달된 인간 문명과 그 안에서 빚어지는 로봇과의 갈등을 잘 다루고 있습니다. 잠시 미지의 먼 우주 공간 속으로 여행을 떠나 보시죠.

드라마의 배경은 '12 콜로니'라 불리는 행성 집단입니다. 지구에서부터 멀리 떨어진 곳이죠. 이때 인간은 여러 행성에 나뉘어 살고 있었습니다. 그리고 인간의 궂은일 대부분을 '사일런cylon'이라 불리는 인조인간이 맡아 하고 있었죠. 원래 사일런은 인간의 편의를 위해 만들어진 존재입니다.

하지만 어느 날 사일런이 인간의 통제를 벗어나면서 전쟁을 일으키고 인간은 멸종 위기에 놓입니다. 사일런은 인간보다 월등한 사고와 신체 능력을 갖고 있었기 때문입니다. 전쟁에서 강력한 공세를 펼치는 사이런을 인간은 당해 낼 수 없었습니다. 결국엔 그들이 살고 있던 모든 행성에 수소폭탄이 떨어져 멸종합니다. 유일하게 살아남은 건 오래된 구식 전함인 '배틀스타 갤럭티카'와 그 안에 타고 있던 5만 명의 사람들뿐이었습니다.

사일런과의 전쟁에서 우여곡절 끝에 살아남은 인류는 우주 어딘가에 인간이 원래 살고 있던 행성 '지구'가 있다는 전설을 따라 탐험

---

18) 미국 Syfy 채널에서 2008~2009년 방영한 드라마로 우주에서 벌어지는 인간과 로봇의 대결을 다뤘다.

을 떠납니다. 그러다 인간이 살기에 적합한 조건을 가진 한 원시 행성에 도착하죠. 비록 원래의 '지구'를 찾진 못했지만, 이 행성에 정착한 인간들은 그곳을 '지구'라고 부릅니다. 그런데 이 행성엔 원주민들이 살고 있었죠. 비록 문명이 발달하지 않아 제대로 된 언어조차 갖추고 있지 않았지만, 생김새와 유전자 구조는 인간과 거의 같았습니다.

그런데 원주민과 동화해 살기로 한 '배틀스타 갤럭티카'의 인간들은 불행한 전쟁의 역사가 반복되지 않도록 자신들이 높은 과학기술을 스스로 포기합니다. 그 대신 원주민이 어느 정도의 문명을 갖추고 살 수 있게끔 도와주죠. 그들의 실수를 반복하지 않기 위해 자연을 가꾸며 순응하고 살게 된 것입니다. 그렇게 15만 년의 시간이 흐릅니다. 그 사이 원주민의 문명은 매우 높은 수준으로 발전하고, 이들 역시 과거 사일런과 같은 AI를 만들어 냅니다. 이것이 바로 현재 우리의 모습이죠.

영화는 15만 년 전 지구가 아닌 다른 행성에 인간이 살고 있었고, 이들이 로봇과의 전쟁에서 패해 지구로 오게 됐다는 설정을 하고 있습니다. 이들은 원주민의 문명을 발전시켰고, 그 결과 현재와 같은 과학 문명을 이루게 됐습니다. 여기서 아이러니한 것은 과거 사일런 때문에 지구로 쫓겨 왔던 인간의 후손들이 다시 그와 같은 AI를 만들려고 한다는 겁니다. 과연 우리의 미래도 '배틀스타 갤럭티카'의 인간들처럼 불운한 운명을 맞이하게 될까요?

시즌 4까지 제작된 이 드라마는 사실 인간의 본성에 대한 이야기입니다. 사실 인류의 역사는 '전쟁과 평화'의 반복이었습니다. 처음 지구상에 인간이 태어나고 다양한 종으로 분화되면서 인간 집단 간의 반목과 갈등은 수없이 계속됐습니다. 3만 5,000년~4만 년 전 사피엔스와 네안데르탈인의 전쟁도 마찬가지였죠. 유럽 대륙에 먼저 정착해 살던 네안데르탈인은 사피엔스에게 삶의 터전을 뺏기고 종들의 전쟁에 밀려 지구에서 멸종됐습니다.[19]

이처럼 현생 인류는 침략과 정복의 토대 위에서 문명을 시작했습니다. 문명이 태동한 후에도 크게 달라진 것은 없습니다. 인류 최초의 서사시인 호메로스의 《일리아스》는 고대 그리스 최고의 전쟁 '트로이'를 다뤘습니다. 아킬레우스와 오디세우스 등 수많은 영웅이 등장하죠. 이후 역사책을 장식한 대부분의 내용도 전쟁과 제국의 역사입니다. 마케도니아의 알렉산더 대왕, 진의 시황제, 몽골의 칭기즈칸 등 오늘날 위인으로 칭송받는 이들의 상당수가 누군가에겐 영웅이지만, 다른 한편에선 침략자였습니다.

결국 인간의 DNA에는 파괴와 침략의 본능이 내재돼 있다는 것이죠. 《총, 균, 쇠》의 저자로 유명한 제러드 다이아몬드는 《제3의 침팬지》에서 사람과 침팬지의 DNA가 98.4%는 같고, 1.6%만 다르다고 합니다. 700만 년 전 하나의 종에서 갈려 나온 두 종은 현재까지 놀라울 정도로 유사합니다. 그렇기 때문에 침팬지가 갖고 있는 폭력성이 인간에게 그대로 유전되고 있다는 게 다이아몬드의 설명입니다.

문제는 인간의 이런 파괴적 본능이 인간이 창조한 AI에 그대로 녹아 있다는 것입니다. 원래 AI의 본질은 알고리즘입니다. 알고리즘은

---

19) 전쟁의 양상은 후반부로 갈수록 사피엔스의 네안데르탈인 학살로 진행됐다. 언어 능력과 사회성이 뛰어난 사피엔스가 '팀워크'를 발휘해 효율적으로 전투를 수행했기 때문이다.

미래를 향한 기술혁명과 인간문명

I. 미래를 향한 빅 퀘스천

II. 포스트 휴먼의 시대

III. 미래의 국가와 사회, 기업

IV. 초지능의 출현, 함께 사는 인간

V. 문명을 바꾸는 기술혁명

VI. 우리는 무엇을 해야 하나

에필로그

어떤 문제를 풀기 위한 방법을 이야기하죠. 사람들은 같은 문제를 풀더라도 서로 다른 해법을 갖습니다. 하지만 어떤 문제든 가장 정확하고 빠른 해법이 존재하죠. 같은 문제라도 어느 방식을 취하느냐에 따라 효율성이 달라집니다. 알고리즘은 다양한 해법 중 가성비가 가장 높은 최적의 경로를 찾도록 설계돼 있고요.

예를 들어, 페이스북이 자신의 취향에 맞는 글을 추천하고, 넷플릭스가 감쪽같이 내가 좋아하는 영화들만 골라 리스트로 보여 주는 것도 알고리즘 때문입니다. 아마존이 내 취향에 딱 맞는 상품만 골라 주는 것도 같은 이치고요. 소비자 입장에선 이런 추천 서비스가 선택의 부담을 덜어주고, 기업 입장에선 최적화된 콘텐츠를 보여 줘야 매출을 높일 수 있기 때문에 서로 윈윈이 됩니다.

그러나 여기엔 큰 맹점이 있습니다. 사용자들의 기본 패턴을 좇아 콘텐츠를 추천하기 때문에 평소에 자신이 가진 취향과 생각만 더욱 강화되는 거죠. 이는 장기적으로 개인의 주관과 인식을 왜곡시켜 보편적이고 일반적인 것에서 멀어지게 합니다. 이를 '확증편향'이라고 합니다. 확증편향에 빠진 사람은 자기 것만 옳다고 여기며 자신과 다른 생각은 받아들이지 않습니다. 이는 올바른 사고의 발전을 가로막고 결국엔 나와 타인을 분리해 상대방을 '적'으로 간주하게 만들죠.

조슈아 그린 하버드대 교수는 자신의 저서 《옳고 그름》에서 인간이 벌이는 전쟁의 궁극적 원인이 자기 확신에 있다고 설명합니다. '그들'과 다른 '우리'가 강조되고, 우리의 도덕적 가치와 철학을 확신할수록 '그들'을 억압하게 된다는 것이죠. 이렇게 상대를 억압하고 통제하려 들면 '제3의 침팬지'가 가진 폭력성이 극대화되는 것입니다. 즉 인간의 본성에 내재된 폭력성은 지나친 자기 확신과 이를 통한 구분 짓기에서 비롯되는 거죠.

결국 AI의 본질은 인간의 취향과 본성에 맞춰 가는 알고리즘입니다. 인간 개개인의 성향을 닮아 간다는 뜻이 아니라 인간이라는 '종' 자체의 정체성을 모방한다는 뜻입니다. 결국 인간의 편견과 배타성, 공격성 등과 같은 부정적 측면도 AI가 그대로 학습할 수 있습니다. 이렇게 되면 AI도 인간처럼 자신을 타자와 분리해 생각하고 인간을 '그들'로 생각할 수 있습니다.

여기서 만일 인간보다 뛰어난 능력을 가진 AI가 사람을 '적'으로 생각하면 '배틀스타 갤럭티카'처럼 전쟁이 일어나는 것이고요. 과거 우리의 조상들이 네안데르탈인을 향해 폭력을 휘둘렀던 것처럼 말이죠.

그렇다면 우리는 어떻게 해야 로봇과 인간의 전쟁을 막을 수 있을까요? 그 본질은 합리적 이성과 도덕적 가치, 그 안에서 파생된 제도와 문화의 힘에 있습니다. 이런 가치와 덕목 등이 어두운 본성을 통제하지 않는다면 미래의 전쟁은 불가피할 것입니다. 특히 AI와 같은 최첨단 기술 연구에서 과학기술이 잘못된 방향으로 쓰이지 않도록 윤리·도덕적 판단을 내리는 일이 중요합니다.

2018년 3월 벌어진 KAIST의 '킬러로봇' 개발 해프닝과 같은 일들은 긍정적 신호입니다. 당시 KAIST는 국방인공지능융합연구센터를 오픈했는데, 외신에서 'AI 무기weapon 연구소'로 오역돼 기사가 나갔습니다. 이를 본 29개국 57명의 AI 연구자들이 "AI 킬러로봇을 만드는 KAIST와 모든 공동연구를 보이콧하겠다."라는 성명을 냈습니다. 나중엔 오해가 풀리면서 단순 해프닝으로 끝났지만, 앞으로도 과학

기술혁명과 인간효용 프롤로그

I. 미래를 향한 빅 픽처

II. 포스트 휴먼의 시대

III. 미래의 국가와 사회, 기업

IV. 존재에 관한 질문 속에 던진 인간

V. 문명을 바꾸는 기술혁명

VI. 우리는 무엇을 해야 하나

에필로그

자와 엔지니어들은 이런 높은 윤리의식을 가져야 합니다. 시민들 역시 이런 환경이 조성될 수 있도록 노력해야 하고요.

무엇보다 우리는 나와 남을 구분 짓고 편을 가르는 '자기 확신'부터 근절해야 합니다. 그러나 이는 쉬운 일이 아닙니다. 앞서 지적한 알고리즘의 문제가 이미 우리 삶에 깊숙이 들어와 있기 때문이죠. 인터넷 공간에서 벌어지는 커뮤니케이션의 내용들을 보면 인간의 교양과 지혜가 오히려 시간이 갈수록 더욱 떨어지는 것은 아닌지 의심하게 만듭니다. 적어도 온라인상의 댓글만 보면 합리와 이성이라는 것이 존재하는지 의문일 때가 많습니다.

자신과 다른 의견을 마치 '적'을 대하듯 하고, 내 생각과 다르면 모두 '거짓'으로 모는 행태는 타인을 괴롭게 할 뿐만 아니라 자신의 영혼까지 갉아먹습니다. 이런 것들이 모두 빅데이터로 모여 AI가 학습하게 된다면, 앞서 이야기했던 알고리즘에 따른 확증편향이 미래 AI 로봇들에게도 그대로 심어질 수 있는 것이죠.

움베르트 에코는 20세기의 명작으로 꼽히는 《장미의 이름》에서 "진리를 위해 죽을 수 있는 자를 경계하라."라고 했습니다.[20] 자신의 신념만 옳다고 믿는 독선이 '악'보다 위험하다는 이야기죠. 독선은 '선을 가장해위선' 다가오기 때문에 더욱 편안하고 따뜻하게 느껴지지만 자기도 모르는 사이에 사람들을 악에 물들입니다.

---

20) "가짜 그리스도는 지나친 믿음에서 나올 수도 있고, 하느님이나 진리에 대한 지나친 사랑에서 나올 수도 있다. 선지자를 두렵게 여겨라. 그리고 진리를 위해서 죽을 수 있는 자를 경계하여라. 진리를 위해 죽을 수 있는 자는 대체로 많은 사람을 저와 함께 죽게 하거나, 때로는 저보다 먼저, 때로는 저 대신 죽게 하는 법이다."

결국 우리의 문명을 더욱 발전시키고, 미래 로봇과 평화롭게 공존하는 세상을 만들려면 제일 먼저 열린 마음이 필요합니다. 상대방의 의견은 틀린 것이 아니라 단지 다른 것일 뿐이라는 '오픈 마인드'가 그 무엇보다 있어야 하는 것이죠. 공존과 화합을 모색하지 않는다면 언제든 전쟁이 벌어질 수 있다는 것을 인류의 오랜 역사가 증명하고 있지 않습니까. '인간과 로봇', '인간과 인간'의 평화는 겉보기에는 다를지언정, 사실상 그 원리는 같습니다.

5. 기계는 인간을 지배하려고 할까? 67

프롤로그 기술혁명과 인간문명

I. 미래를 향한 박 벡터쳐

II. 포스트휴먼의 시대

III. 미래의 국가와 사회, 그리고

IV. 존재의 근원 인간과 삶에 대해

V. 기술문명을 바라보는 두려움과

VI. 우리는 무엇을 해야 하나

에필로그

6

AI 불평등, 신 계급사회

'바츠'라는 지역에서 '내복內服단 혁명'으로 불리는 역사적 사건이 일어난 적이 있습니다. 이는 군주와 귀족 계급의 폭정에 맞서 봉기를 일으킨 일반 평민들이 지배 계층을 무너뜨린 사건입니다. '내복단 혁명'은 혁명에 참여했던 이들이 변변한 무기도 갖추지 못한 채 내복 같은 홑옷을 입고 있었다고 해서 붙여진 이름으로, 이 사건의 공식 명칭은 '바츠해방전쟁'입니다.

당시 바츠의 지배 계층은 용의 기사라는 의미의 '드래곤 나이츠 Dragon Knights', 줄여서 DK라고 불리는 기사 집단이었습니다. 이들의 리더인 아키러스는 DK 계급을 전면에 내세워 바츠 지역의 물자를 독점하고 세율을 올려 평민들을 압박했습니다. 바츠에 사는 사람들

I. 미래를 향한
대전환
II. 포스트 휴먼의
시대
III. 미래의 국가와
사회, 기업
IV. 존재에 대한 인간
의 탐구
V. 인류를 미래로 이끄
는 기술혁명
VI. 우리는 무엇을
해야 하나
에필로그

은 먹고살 길이 막막했고, 굶주림에 못 이겨 반항하는 이들은 아키러스에 의해 처참하게 참수되었습니다.

그러던 어느 날 아키러스에 반대하는 또 다른 50여 명의 기사들이 성을 급습해 점령하는 일이 벌어졌습니다. 이른바 '붉은 혁명'이었습니다. 이들은 조세를 폐지하고 폭정을 종식하려 했습니다. 하지만 이들의 혁명은 아키러스와 DK 계급의 반격으로 3일 천하로 끝나고 말았습니다. 그 후 아키러스의 압제는 더욱 심해졌습니다.

바츠의 사람들은 계속 궁지에 몰렸습니다. 아키러스의 폭압이 계속되자 결국 시민들의 분노는 폭발했습니다. 조금씩 혁명의 기운이 감돌면서 아키러스의 지배력이 약한 지역부터 크고 작은 봉기가 일어나기 시작했습니다. 혁명의 불길이 거세지기 시작하면서 변변한 무기와 갑옷도 없는 이들까지 혁명의 대열에 동참했습니다. 이들이 바로 내복단입니다. 전쟁은 4년여간 계속되었고, 결국엔 시민들은 아키러스와 DK 세력을 권좌에서 끌어내렸습니다.

바츠해방전쟁은 지난 인류 역사에서 봐 왔던 수많은 시민혁명의 사례와 비슷합니다. 그런데 이 전쟁은 기존과는 다른 점이 하나 있습니다. 사실 바츠해방전쟁은 실제 현실에서 있었던 사건이 아니라 대형 역할 게임인 '리니지'[21]의 가상세계에서 벌어진 일입니다. 리니지에서는 플레이어 한 명 한 명이 기사 혹은 마법사 같은 캐릭터를 부여받습니다.

앞에서 설명한 바츠해방전쟁은 2004~2008년 리니지2 게임의 '바

---

21) 엔씨소프트가 개발한 1세대 대규모 온라인 게임. 중세 유럽의 이미지를 차용한 '아덴 왕국'을 배경으로 마법사, 기사 등이 등장하는 판타지 게임이다.

츠' 서버에서 실제로 있었던 이야기입니다. 능력치가 꽉 찬 소위 '만 렙' 유저들이 DK라는 혈맹을 조직해 게임 속 자원을 독점하자 레벨 이 낮은 유저들이 힘을 모아 이들을 끌어내린 것입니다. 이들은 기본 아이템으로 제공되는 내복 같은 옷을 입고 있었고, 무기도 엉성하기 짝이 없었습니다. 그러나 단결된 시민의 힘은 독재자를 끌어내리는 데 충분했습니다.

이처럼 게임에서든 현실에서든 사회가 전복되는 조건은 두 가지입 니다. 첫째는 양극화와 불평등이 돌이킬 수 없을 만큼 심해질 때, 둘 째는 그 불평등을 자력으로 바꿀 수 있는 계층 간의 이동 가능성이 없어지게 될 때입니다.

어쩌면 '헬조선'이라 불리는 오늘날 한국 사회도 여기에 해당되는 지 모르겠습니다. 귀족 사회처럼 계층의 벽이 두터워지고 온갖 부조 리가 나라를 병들게 하고 있습니다. 노력하면 성공할 수 있다는 이야 기는 더 이상 젊은 층들에게 설득력을 갖지 못합니다. 태어나는 순간 부터 부모의 사회경제적 지위에 따라 금수저와 흙수저로 계급이 나 뉘고, 세습된 부와 권력의 장벽은 너무 공고해 신분 상승은 불가능하 게 여겨집니다.

이런 사회 현실은 14세기 후반의 고려와도 닮아 있습니다. 원나라에 굴종해 권력과 부를 독차지했던 권문세족들은 과거 제도가 아닌 '음서 蔭敍'[22] 제도를 통해 벼슬을 대물림했습니다. 또한, 백성들의 토지를

---

22) 부친이나 조부가 관직에 있었거나 국가에 큰 공을 세웠을 때 그 자손을 특채하는 제 도. 음서제로 선발한 관리는 음관이라고 불렀다. 음서제는 고려의 문벌 귀족 사회를 지 탱하는 큰 토대였다.

빼앗아 세습하며 거대한 부를 축적했습니다. 1451년 고려 문종 때 편찬된 《고려사高麗史》는 당시의 모습을 이렇게 묘사하고 있습니다.

"간악한 도둑들이 백성들의 땅을 빼앗는 경우가 많았다. 그 규모는 한 주州보다 크기도 하고, 산과 강을 경계로 삼는다. 남의 땅을 조상에게서 물려받은 땅이라고 우기며 주인을 내쫓는다. 빼앗은 땅의 주인이 대여섯 명이 넘기도 해 각자 세금을 걷어 가기도 했다."

여기서 '간악한 도둑'은 권문세족을 칭합니다. 이들이 소유한 땅이 워낙 넓어 산과 강을 경계로 토지를 나눴다는 이야기죠. 농민들에게 여러 명의 주인이 각자 세금을 걷어 갔고 제때 내지 못하면 고리로 돈을 꿔줬습니다. 그 빚을 갚지 못하면 노비로 팔려갔고요.[23] 이들은 과거科擧가 아닌 음서를 통해 벼슬을 대물림하며 권력까지 독차지했죠.

14세기 말 고려의 모습은 오늘날 '헬조선'의 한국 사회를 연상시킵니다. 이런 상황이 계속 된다면, 우리 사회는 역사가 말해 주는 것처럼 전복될 수 있습니다. 불평등이 돌이킬 수 없을 만큼 심해지고, 이를 자신의 노력으로 바꿀 수 있는 '희망 사다리'가 없어지면 그 사회는 무너지고 맙니다.

그런데 매우 안타까운 것은 미래 사회엔 더욱 불평등이 심화되고 계층 이동 가능성이 사라질 전망이란 것입니다. 기술혁명 시대에는 늘 양극화 문제가 제기됐는데, 우리 앞의 기술혁명은 그 크기가 더욱 클 것으로 전망됩니다. 다보스포럼도 미래엔 "자본과 능력, 지식을 가진 엘리트에게 부와 권력이 집중되고 중하위 계층은 갈수록 불리

---

23) '송곳 하나 꽂을 땅(立錐之地·입추지지)'이 없다는 말도 이때 나왔다.

해져 중산층 붕괴 현상이 일어날 수 있다."라고 경고했습니다.

2017년 10월 발표된 유기윤 서울대 교수의 연구보고서는 미래 전망을 더욱 어둡게 하고 있습니다. 유 교수는 2090년 미래 사회가 크게 4계급으로 나뉠 것이고 예측했습니다. 1계급은 페이스북이나 구글처럼 플랫폼 기술을 소유한 기업인이 차지합니다. 이들은 0.001%의 최상위층으로 부와 권력을 모두 쥐게 되죠. 2계급은 이런 플랫폼을 활용해 대중에게 큰 영향력을 미치는 셀럽들입니다. 여기엔 정치인, 연예인, 스포츠 스타 등 공인이 포함됩니다. 이들의 비율은 0.002%입니다.

특이한 것은 3계급입니다. 사람이 아닌 AI가 세 번째 계급을 형성한다는 것이죠. 미래 AI는 사회 전반의 일자리를 대체하고, 오히려 인간에게 명령을 내리는 관리자 역할을 할 가능성이 큽니다. 마지막 4계급이 99.997%의 일반인입니다. 이들은 단순 노동자로 전락하거나 마땅한 일자리 없이 기본소득으로 살아가는 처지에 놓일 것입니다. 미래학자 토마스 프레이도 "AI의 등장으로 2030년엔 전 세계에서 20억 명의 일자리가 사라지고 불평등이 더욱 심해질 것"이라고 전망했습니다.

이때의 노동자 계급을 학계에서는 '프레카리아트 precariat'라고 부릅니다.[24] 플랫폼과 AI가 지배하는 미래 사회에서 단순 반복적인 노동을 하는 계급이란 뜻입니다. 영국의 경제학자 가이 스탠딩이 처음 쓴 표현이죠. 스탠딩은 그의 책《프레카리아트》에서 "노조를 통해 종신 고용과 사회보험이 보장됐던 프롤레타리아트와 달리 프레카리

---

24) '불안정하다(Precario)'는 뜻의 이탈리어와 노동자를 의미하는 '프롤레타리아트
    (Proletariat)'가 합쳐진 말이다.

아트는 불확실성과 불안정성이 큰 '위험한 계급'이다."라고 진단합니다. AI에 밀린 인간 노동자의 가치는 계속 낮아지고 종국에는 빈곤한 절대 다수가 될 것으로 예측되기 때문입니다.

그런데 문제는 이런 사회 구조는 더 이상 지탱할 수 없다는 것입니다. 13세기 고려 말을 비롯해 모든 나라가 멸망할 때 이런 구조를 갖고 있었죠. 특히 유 교수가 분석한 2090년 미래 전망은 산업혁명 이후의 유럽 사회를 연상시킵니다. 생산수단을 소유한 자본가가 노동자를 착취하던 인권 유린의 시절과 비슷해 보입니다.

모든 사회에서 계급을 나누는 핵심은 생산관계입니다. 이는 생산수단의 소유 여부를 말하죠. 중세 지주들은 땅을, 산업혁명기의 부르주아는 공장을, 현대 건물주는 부동산을 소유하고 있습니다. 농민과 공장 노동자는 열심히 일해도 먹고 살기 힘들 만큼 매우 적은 보상을 받지만, 영주와 부르주아는 가만히 앉아서도 큰돈을 법니다. 월세를 얻어 장사하는 세입자는 1년 365일 하루도 쉬지 않고 열심히 일하지만, 그가 가져간 수익보다 더 많은 돈을 365일 놀기만 하는 건물주에게 줘야 합니다.

그러나 유 교수의 분석대로면 미래엔 상위 0.001%만이 생산수단을 소유하고 있습니다. 대다수 사람은 생산관계에 구속된 힘없는 노동자들입니다. 이 같은 문제를 해결하기 위한 나온 이념이 마르크시즘입니다.

마르크스는 노동의 가치보다 신성한 것은 없다고 믿었습니다. 노동을 통해 생산한 가치만이 의미가 있다는 설명이었죠. 하지만 생산수단땅, 공장, 부동산 등을 소유한 자본가는 경제 활동을 통해 생산된 잉여 가치 중 최소한의 몫만 노동자들에게 지급하고, 대부분의 몫을 이윤의 형태로 가져갑니다. '일하지 않고 더 많은 이윤을 챙겨 가는 것은 말이 안 된다'는 것이 마르크스 이론의 출발이죠.

그런데 미래 사회엔 이런 마르스크의 이론도 유효하지 않습니다. 그가 신성하다고 여겼던 노동 자체가 사라질 것이기 때문이죠. 앞에서 살펴본 것처럼 미래 사회는 직업이 증발되고, 가짜 직업이 생겨나는 시대입니다. 그런 사회에서 노동가치론[25]은 다르게 정의돼야 할 것입니다. 미래의 노동은 먹고살기 위한 생존 노동이 아니라, 인간의 행복을 구현하기 위한 '목적 노동'이라는 것입니다. 삶의 존재 의미를 찾고 존재의 가치를 높여 주는 방식으로서의 노동이 필요하다는 이야기입니다.

그러나 미래 사회에 제기되는 불평등 문제는 여전히 해결 과제로 남습니다. 마르크스의 이론 중 여전히 유효한 것은 문제를 해결하는 과격한 방식이 언제든 되살아날 수 있다는 것이죠. 그는 불평등과 양극화를 없애려면 노동자를 억압해 온 생산관계를 깨야 한다고 주장했습니다. 다만 자본가들이 순순히 자신의 기득권을 내놓으려 하지 않을 것이기 때문에 유일한 방법은 혁명이라고 생각했죠. '전 세계 노동자들이여 단결하라'고 공산당 선언에서 부르짖은 것도 그 때문입니다.

이런 논리대로면 미래 사회에 프레카리아트의 혁명이 있을 수도 있습니다. 그렇게 된다면 사회는 전복되고 새로운 질서가 만들어지겠

---

25) 재화의 가치는 생산에 투여하는 노동량에 따라 결정되고, 가치의 비율에 따라 교환이 성립한다는 이론이다. 마르크스 이전의 학자들도 노동으로 인한 가치 규정에 대한 연구를 해 왔다. 마르크스는 고전학파에서 나온 노동가치론을 바탕으로 '잉여가치설'을 발전시켰다.

죠. 그 때문에 의식이 깨어 있는 사람들은 벌써부터 양극단의 계급사회가 형성되지 않도록 미리 준비를 해야 한다고 경고합니다. 기술이 더욱 발전해서 손을 쓸 수 없기 전에 AI와 같은 최첨단 테크놀러지의 결실을 공정하게 나눌 수 있는 제도와 문화를 만들자는 것이죠. 최근 논의되는 '로봇세' 등이 대표적인 예입니다.

로봇세는 미래의 기계로부터 일자리를 빼앗긴 사람들을 위해 로봇용 세금을 거둬 소득을 보전해 주자는 내용입니다. 빌 게이츠와 마크 저커버그 같은 미국의 갑부들이 이런 주장을 하고 있죠. 기업인들이 이런 주장을 먼저 하고 나선 이유에는 공공의 이익을 실현하기 위한 선의도 있겠지만, 기업의 생존 차원에서도 불가피한 측면이 있습니다. 즉 기업이 제품을 생산해도 이를 구매할 소비자가 없으면 기업은 생산 활동을 지속할 수 없습니다. 이들 입장에선 자진해 로봇세를 내더라도 제품을 소비할 시장의 구매층을 적정 수준에서 유지하는게 중요합니다. 그렇기 때문에 로봇세는 매우 실현 가능성이 높은 아이디어 중 하나인 것이죠.[26]

이런 논의는 이제 막 발을 뗀 정도입니다. 앞으로 가야 할 길이 많이 남았죠. 이런 불씨가 꺼지지 않고 더욱 커지고 환해질 수 있도록 많은 이가 관심을 가져야 합니다. 지금까지 우리는 성장만 생각하고 살았습니다. 지금 이야기되는 '4차 산업혁명'을 둘러싼 담론 역시 대부분 성장과 발전에 대한 것이죠.

---

26) 국내에서도 국회 연구 모임인 어젠다 2050이 주도해 '로봇세' 도입을 논의한 바 있다. 이와 함께 최첨단 기술과 플랫폼을 독점한 기업들이 국민의 견제와 감시를 받을 수 있도록 통제를 강화해야 한다는 주장도 나온다. 기술 혁신이 가져올 문명의 변화에 맞춰 새로운 정치·사회 체제를 만들자는 취지다.

프롤로그
기술혁명과 인간운명

I. 미래를 향한
빅 퀘스천

II. 뉴스트 휴머니
시대

III. 미래의 국가와
사회, 기업

IV. 슈퍼컨의 근원
창의성 인간

V. 문명을 바꿔 놓는
기술혁명

VI. 우리는 무엇을
해야 하나

에필로그

하지만 우린 분배도 중요하다는 사실을 잊어선 안 됩니다. 이미 우리는 최첨단 미래를 향해 성큼성큼 걸어가고 있지만, 여전히 인류의 상당수가 원시적인 삶을 못 벗어나고 있습니다. 아직도 굶어 죽는 사람들이 부지기수고, 수인성 전염병에 마을 전체가 집단 감염되기도 합니다.

온 사회가 AI의 상용화를 이야기하는 시대지만, 여전히 세계 인구의 40%는 디지털 문맹입니다. 그리고 이런 양극화는 앞으로 더욱 벌어질 가능성이 큽니다. AI로 대표되는 미래 사회에는 지금보다 기술의 생산성이 훨씬 높아질 것이기 때문입니다. 그 기술을 소유한 자와 그렇지 못한 자의 간극이 더욱 커진다는 것이죠.

토마 피케티Thomas Piketty의 주장처럼 현재의 시스템을 그대로 방치할 경우 불평등과 양극화는 더욱 심해질 겁니다. 그는 《21세기 자본》에서 지난 200여 년 동안 미국과 유럽 등 자본의 흐름과 경제 구조의 변화를 면밀히 분석했습니다. 방대한 자료를 살펴본 그의 결론은, 주식이나 부동산 등의 자산을 통해 벌어들이는 소득의 상승률이 경제 성장률보다 높아지면서 부의 편중이 심해졌다는 것입니다. 이는 노동을 통해 벌어들이는 소득보다 '돈이 돈을 버는' 자산 소득의 증가율이 훨씬 크기 때문에 불평등이 더욱 심해진다는 뜻입니다.

잉여 가치는 더욱 많아지는데 부는 한쪽으로만 쏠리기 때문에 문제가 생깁니다. 특히 부동산과 같은 자산은 부모에서 자식으로 세습되기 때문에 현대 자본주의 사회에서 공정한 기회는 애초부터 불가능하다고 보는 사람들도 있죠. 이를 해결하기 위해 피케티는 누진세를 강화하고 글로벌 자산세를 걷자고 제안합니다. 어느 한 국가에서만 누진세가 강화될 경우 자본이 다른 국가로 이동할 것이기 때문에 정책이 성공적으로 정착하기 위해서 전 세계의 연대가 필요하다는 것이죠.

물론 피케티의 주장이 실현될 가능성은 낮습니다. 하지만 우리가 잊지 말아야 할 것은 성장 못지않게 분배도 중요하다는 사실입니다. 특히 AI로 대표되는 미래 사회에는 지금보다 기술의 생산성이 훨씬 높아지고, 그 기술을 소유한 자본의 성장률은 훨씬 커질 것입니다. 반면 인간의 노동 생산성은 정체되거나 낮아지면서 자본과 노동의 격차는 더욱 벌어지고 결과적으로 가이 스탠딩이 말한 프레카리아트 계급사회가 될 가능성은 높아지고 있습니다.

이제 우리는 AI와 같은 기술 문명의 발전을 제도와 문화, 인간의 관점에서 깊이 고민해야 합니다. 만약 이런 고민이 부족하다면 미래에 대한 어두운 상상은 모두 현실이 될 수 있습니다. 과학기술의 발전에서 지금처럼 엑셀러레이터만 계속 밟아대는 것은 벼랑을 향해 전속력으로 질주하는 것과 같은 일입니다.

이 책에서 일관되게 하는 이야기지만, 우리는 기술 문명의 발전을 산업과 과학의 관점에서만 이야기하면 안 됩니다. 오히려 제도와 문화, 의식의 관점에서 더욱 깊고 폭넓게 고민해야 합니다. 만일 이런 성찰의 시간이 부족하다면 우리가 걱정하는 미래의 모든 암울한 일들이 현실이 돼 돌아올 것입니다. 중요한 건 속도가 아니라 방향입니다. 목적지를 정하지 않고 앞만 내다보고 달리는 것은 '치킨 게임'과 다를 바 없는 일입니다.

프롤로그 기술혁명과 인간문명

I. 미래를 향한 빅 퀘스천

II. 포스트 휴먼의 시대

III. 미래의 국가와 사회, 기업

IV. 제4의 물결 앞에 선 인간

V. 문명을 바꿔놓는 기술혁명

VI. 우리는 무엇을 해야 하나

에필로그

II

포스트 휴먼의
시대

1

신이 되려는 사피엔스

프롤로그
기술혁명과 인간본성

I. 미래를 향한
젓 내딛기

II. 포스트 휴먼의
시대

III. 미래의 국가안
사회, 기업

IV. 존재의 미움
인간, 잊혀야 하는

V. 명물질을 바라보는
기술철학

VI. 우리는 무엇을
해야 하나

에필로그

모든 문명에는 신이 존재합니다. 인간의 형상을 한 신이 여럿 존재하는 곳도 있고, 유일신이 절대자로서 세상을 관장하는 문화권도 있습니다. 그중에서도 인간과 가장 비슷한 신들의 사회가 그려진 곳이 고대 그리스입니다. 그리스 신화에는 거대하고 강력한 힘을 지닌 티탄족Titan과 이들을 물리치고 세계를 지배하게 되는 올림포스의 신들을 비롯해 수백 명의 신들이 등장합니다. 그중에 신과 인간의 매개가 된 이가 바로 '미리 생각하는 자'라는 뜻을 가진 프로메테우스Prometheus입니다.

티탄족의 후손인 프로메테우스는 제우스와 사촌지간이었습니다. 그러나 올림포스의 지배자인 제우스가 피조물인 인간을 없애려 하자 프로메테우스는 헤파이토스의 대장간에서 신의 전유물이었던 불을 훔쳐서 인간에게 가져다줍니다.[1] 이를 알게 된 제우스는 크게 분노해 프로메테우스에게 코카서스산에 묶여 매일 독수리에게 간을 쪼이는 형벌을 내립니다. 낮에 독수리에게 쪼여 먹혔던 간은 밤이 되면 재생되었고, 다음날 다시 똑같은 고통이 반복되는 끔찍한 형벌이었습니다.

훗날 헤라클레스가 구출하러 올 때까지 프로메테우스는 매일 이런 고통 속에서 살아갑니다. 프로메테우스가 이렇게 엄청난 대가를 치르고 인간에게 가져다 준 불은 과연 무엇을 의미하는 걸까요? 그리고 신들의 왕 제우스가 인간에게 불이 건네진 것을 알고 그렇게 분노한 이유는 무엇일까요?

불이란 곧 무언가를 만들어 내는 힘, 다시 말해 세상에 없던 새로운 것을 존재하도록 하는 원동력입니다. 불을 얻게 된 인간은 본격적으로 도구를 만들기 시작하고, 기술의 혁신을 이뤄 오늘날과 같은 문명을 이뤄냅니다. 하지만 무언가를 새롭게 만들어 내는 것은 엄연한 신의 영역입니다.

모든 문화권에 나타나는 신들은 그 문화에 걸맞은 다양한 특성을 가지고 있습니다. 형상도, 불리는 이름도 각 문화에 따라 다르지만, 모든 신들에는 두 가지 공통된 특징이 있습니다. 바로 창조와 불멸입니다. 신이 만든 피조물 중 오직 인간만이 유일하게 신의 특성을 닮았습니다. 그것이 바로 창의성입니다.

---

1) 얀 코시에르(Jan Cossierss, 1600~1672)가 그린 '불을 훔친 프로메테우스'(스페인 마드리드, 프라도미술관)는 신에게서 가져온 불을 인간에게 주는 모습을 묘사했다.

프로메테우스가 가져다준 불 덕분인지는 몰라도 인간은 '창조'라는 신의 유전자를 물려받았습니다. 지구상의 생물들 중에서 환경에 적응하는 데에 머물지 않고 자연을 변화시키는 유일한 존재가 바로 인간입니다. 인간은 댐을 만들어 물길을 가두기도 하고, 산을 깎아 터널을 뚫기도 합니다. 바다를 메워 땅으로 만들고, 하늘에선 인공 비가 내리게도 할 수 있습니다.

수천 년 전이나 지금이나 맹수는 여전히 날카로운 이빨로 사냥감의 목덜미를 물어 사냥합니다. 인간 또한 과거에는 들소 한 마리를 잡기 위해 수십 명이 달라붙어야 했습니다. 하지만 현재의 인간은 새끼손가락만 한 총알 하나로 가볍게 들소를 제압할 수 있습니다. 버튼 하나로 수천, 수만 마리의 들소 떼를 살상할 무기 또한 만들어 냈습니다.

그리고 이제 인간의 창의성은 신의 영역까지 넘보려 하고 있습니다. '창조'의 영역으로 가고 있는 것입니다. 인간처럼 스스로 생각하고 행동할 수 있는 새로운 '종種'을 만들려 하는 것입니다. 그것이 바로 AI입니다. AI는 그동안 인간이 만들었던 다른 발명품과는 차원이 다릅니다. 지금까지 인간이 발명했던 기술들은 인간이 가진 신체적 능력을 보조하고 확장하는 데에 불과했습니다. 교통수단은 인간의 발을, 각종 무기와 도구는 사람의 손을, 카메라와 TV는 사람의 눈을, 전화기는 귀를 확장했습니다. 그러나 AI는 인간 그 자체를 대체하려고 합니다.

AI는 인간이 발명은 했지만, 오히려 인간보다 뛰어나다는 것이 문제입니다. 특이점 시대에 인간은 자신이 창조한 종보다 열등한 존재가 될 수 있습니다. 아이러니하게도 인간은 스스로 창조주와 같은 반열에 올랐지만, 그 성취감을 맛보기도 전에 자신의 피조물보다 못한

기술혁명과 인간문명
Ⅰ. 미래를 향한 뉴 패러다임
Ⅱ. 메타버스 세계
Ⅲ. 미래의 국가상, 기업
Ⅳ. 펼쳐질 미래
Ⅴ. 미래 삶을 바꿔 놓을 기술혁명
Ⅵ. 우리는 무엇을 해야 하나
에필로그

존재로 전락할 수 있는 상황에 직면해 있습니다.[2]

인간이 스스로 신이 되고자 하면서 인류 문명은 더욱 절망적인 상태에 빠질 가능성이 큽니다. 아버지 다이달로스가 만들어 준 날개를 달고 태양 가까이 날아오른 이카루스처럼 더 멀리 더 높게 올라가는 것만이 좋은 일이 아니란 걸 알아야 합니다. 하지만 아쉽게도 우리는 아직 이런 고민이 부족합니다. 온갖 영역에서 미래 사회를 기대하고 있지만, 모든 관심은 과학과 기술에 쏠려 있습니다. 정부가 내놓는 대책도 관련 산업을 육성하는 방법과 핵심 기술의 개발하려면 무엇을 해야 하는지에만 중점을 두고 있습니다. 그러나 정작 그 안에 담을 내용이 무엇인지에 대해서는 누구도 답을 해 주지 않습니다.

인간이 지구의 주인은 아니지만, 그럼에도 불구하고 '주인 노릇'을 할 수 있던 것은 뛰어난 과학기술을 가졌기 때문만이 아닙니다. 그런 기술을 바른 방향으로 쓸 수 있도록 이끌어 준 의식과 문화 그리고 제도가 있었기 때문입니다. 그리고 그 중심은 인간에게 있었습니다. 그러므로 미래를 이야기할 때 가장 중점에 두어야 할 것은 과학과 기술이 아니라 인간 자신이어야 합니다. 미래를 '기술혁명'이란 말 속에 가두는 것이 아니라 '인간혁명'의 관점에서 이야기해야 하는 이유입니다.

인간을 대체하는 AI 기술의 확산은 인간을 더욱 자유롭게 할 것입니다. 그와 동시에 AI와 차별화된 인간 고유의 본질을 찾으려는 노력 역시 많아질 것입니다. 아울러 인간의 근원은 무엇이고, 우리 삶은

---

2) '호모 사피엔스'라는 명칭에서처럼 인간의 지구의 주인 노릇을 하게 된 이유를 가장 똑똑하기 때문이라고 생각하는 경우가 많다. 그러나 '똑똑하기' 때문에 사피엔스가 주인 역할을 했다면 이제 그 자리를 AI에게 물려줘야 할지도 모른다.

어디로 가야 하는가에 대한 고민이 깊어지면서 새로운 르네상스가 펼쳐질 것입니다. 미래에는 산업과 기술뿐 아니라 공동체의 윤리와 성숙한 시민의식도 큰 경쟁력이 될 것입니다.

  앞으로 우리는 AI와 공존하며 사는 방법도 배워야 합니다. AI가 인간의 노동을 대체하는 시대에 인간은 무엇을 하며 어떻게 살아야 할지 미리 생각해야 합니다. 인간이 삶의 의미를 찾지 못하고 쾌락과 탐욕, 사치와 향락에만 몰두한다면, 우리는 멸망의 길로 들어설 것입니다. 오랜 고민과 성찰의 기억 속에서 신의 영역으로 섣불리 들어가려는 순간, 인간은 곧 파멸의 길로 들어설 수 있습니다.

프롤로그
기술혁명과 인간공존

I. 미래를 향한
빅 퀘스천

II. 포스트 휴먼의
시대

III. 미래의 국가와
사회, 기업

IV. 조제인 근원
앞에 선 인간

V. 끝없음을 바꿔 놓는
기술혁명

VI. 우리는 무엇을
해야 하나

에필로그

2

영생을 꿈꾸는 인간

"그가 죽을 때 나이 120세였다. 하지만 그의 눈은 흐리지 않았고 기력도 쇠하지 않았다." 구약성경에는 모세[3]의 죽음을 이와 같이 묘사해 놨습니다. 생전의 모세는 매우 건강했던 모양입니다. 구약은 유대인들의 종교적 기록이니 일반 역사서와는 달리 해석해야겠지만 상당 부분 사실에 근거한 이야기도 있죠. 또 당시 사람들이 갖고 있던 믿음과 소망을 사실처럼 기록해 놓은 부분도 있을 것입니다. 예를 들어, '홍해의 기적'과 같은 것들이죠.

---

3) 모세는 구약이 낳은 '스타'다. 창세기와 출애굽기 등 5개의 장은 모세에 대한 내용이 많아 '모세오경'으로 불린다. 모세의 이야기는 유대인들의 이집트 탈출, 가나안 땅을 향한 모험 등 당시 유대인의 삶을 보여 주는 내용을 많이 포함하고 있다.

미래로 가는 길
기술혁명과 인간문명

I. 미래를 향한
빅 퀘스천

II. 포스트휴먼의
시대

III. 미래의 국가와
사회, 기업

IV. 존재에서 가장
경이로운 인간

V. 꿈을 현실로
만드는 기술혁명

VI. 우리는 무엇을
해야 하나

에필로그

유대인 사내아이를 모두 죽이라는 파라오의 명령에 따라 나일강에 버려진 갓난아기 모세는 파라오의 딸에게 발견돼 왕궁에서 자랍니다. 성인이 된 모세는 학대받는 유대인을 구하려다 이집트인을 살해하고 미디안 땅으로 도망을 가고, 그곳에서 신의 목소리를 듣습니다. 다시 이집트로 돌아온 모세는 유대인을 이끌고 탈출을 시도하죠. 그때 따라오는 이집트 병사들을 따돌리며 홍해를 둘로 가르고 신이 약속한 땅 '가나안'으로 나아갑니다. 가나안으로 가던 중 모세는 죽음을 맞이하게 되는데, 그때 나이 120세였습니다.

흥미로운 점은 성경에는 모세의 죽음과 관련해 인간의 수명을 정해 놓은 구절이 나온다는 겁니다. "그들의 날은 120년이 될 것"이라는 부분이죠. 물론 그 당시에 모세처럼 실제로 120세까지 사는 사람들은 흔치 않았을 겁니다. 의학이 발전한 현대 사회에도 이는 매우 드문 일입니다.

하지만 창세기를 읽다 보면 최초의 인간들은 120세보다 훨씬 긴 인생을 살았습니다. 최장수인으로 꼽히는 노아의 할아버지 므두셀라Methuselah는 969년을 생존했죠. 심지어 므두셀라는 지병으로 죽은 게 아니라 대홍수라는 사고를 통해 죽습니다. 그 이후에야 앞서 살펴본 것처럼 신이 인간의 수명을 120세로 제한했다고 합니다. 이런 이야기는 《므두셀라의 자식들》로버트 하인라인, 《므두셀라로 돌아가라》조지 버너드 쇼 같은 여러 문학 작품의 소재가 되기도 했습니다.

그럼 인간은 정말 120세까지 살 수 있을까요? 이는 꼭 성경에만 나오는 이야기가 아닙니다. 이에 대한 과학적 근거도 있기 때문이죠. 생물학자들은 보통 포유류의 수명은 성장기의 6배라고 합니다. 만일 인간이 20세까지 성장한다고 가정하면 그 수명은 바로 120세가 되는 셈입니다.

물론 역사 속 인간들은 그 어느 시대에도 평균수명이 40세를 넘어본 적이 없습니다. 중세를 휩쓸었던 흑사병, 20세기 초의 스페인독감처럼 대전염병은 인간의 목숨을 수없이 앗아갔죠. 또 일상처럼 벌어지는 전쟁과 살육은 자연이 내려 준 타고난 수명도 유지하기 어렵게 만들었습니다. 그뿐만이 아닙니다. 굶주림과 영양실조, 이로 인한 아사는 유사 이래 인간의 삶을 괴롭혀 왔죠. 고도의 문명이 발달한 현대 사회에서도 지구상의 많은 사람이 굶어 죽고 있습니다.

하지만 과거에도 위와 같은 3가지 위험만 피한다면 장수가 충분히 가능했습니다. 1694년에 태어난 조선의 왕 영조는 1776년까지 82년을 살았습니다. 그보다 219년 앞선 이탈리아의 미켈란젤로1475~1564는 89세까지 생존했죠. 그런 의미에서 오늘날 평균수명이 과거의 2배 이상으로 크게 늘어난 건 의학 기술이 수명을 연장했다기보다 원래 자연이 정한 수명만큼 살게 도와줬을 뿐이라고 해석하는 게 맞습니다.

죽음은 언제나 인간에게 숭고한 물음을 던집니다. 사후의 세상은 과연 존재하는지, 육신을 떠난 영혼은 어디로 가는지와 같은 질문을 하게 되죠. 이는 어느 문화권이나 마찬가지죠. 호모 사피엔스가 지구상에 처음 나타난 10~20만 년 전부터 현재까지 죽음에 대한 공통점한 가지는 사후에 무언가 있을 것이라는 기대감입니다. 대부분 나라의 신화와 종교에서 인간은 죽음을 현실과는 차원이 다른 또 다른 영적 세계로 가는 것이라고 해석합니다.

종교를 갖고 있지 않은 사람도 인간이 정신과 육체로 나뉘고, 영혼이 그를 담고 있는 그릇인 육신을 빠져나가는 걸 죽음이라고 생각합니다. 즉 죽음에는 정해진 수명까지 살다 생을 마친다는 신의 뜻이 담겨 있거나, 그렇지 않더라도 영혼이 다른 차원의 세상으로 넘어가는 거라는 형이상학적 의미를 부여하고 있는 겁니다.

영화 〈신과 함께〉는 죽음 이후 저승에서 심판을 받는 사람들의 이야기를 그리고 있습니다. 첫 장면부터 차사가 나타나 주인공의 영혼을 데리고 가는 모습으로 시작하죠. 이처럼 대부분의 문화권에선 이승 너머 한 차원 높은 세계가 있다는 걸 전제합니다. 죽음은 신의 뜻이라는, 인간이 알 수 없는 영적 의미가 있다는 것입니다.

하지만 앞으로 죽음은 이런 형이상학적 의미를 벗어던질 가능성이 큽니다. 고장 난 기계를 고쳐 다시 쓰는 것처럼 죽음도 점차 기술의 문제가 되고 있기 때문입니다. 지난 100~200년 동안 인간의 기대수명은 2배 이상으로 늘었지만 진짜 생명 연장의 꿈은 이제부터가 시작이란 이야기죠.

그런데 인간의 수명이 120와 150세를 넘어 불멸을 추구해 가는 것이 꼭 좋은 일이기만 할까요? 이런 기술이 완성된다 하더라도 처음 혜택을 볼 수 있는 사람은 매우 한정될 겁니다. 부자들은 생명공학, 나노과학, 로봇공학 기술 등을 이용해 지금보다 훨씬 오래 살 수 있겠지만 가난한 사람들에게는 '그림의 떡'이죠. 부자와 빈자도 죽음 앞에서만큼은 공평하다는 오랜 믿음이 깨지고 '수명 양극화' 현상이 문제가 될 겁니다. 적게는 몇십 년에서 길게는 수백 년까지 인간의 수명이 경제력에 의해 결정되는 시대가 올 거란 이야기죠.

만일 이보다 더 오랜 세월이 흘러 기술이 더욱 발전하고 복지가 확대되면 그때쯤엔 건강보험의 혜택으로 대다수가 150세까지 살 수 있는 시대가 올 수도 있겠습니다. 그런데 이때 우리는 그동안 생각지 못했던 또 다른 많은 문제를 겪게 될 겁니다. 먼저 노인의 정의부터 달라져야겠죠. 현재는 65세 이상이면 노령연금과 기초연금이 개시됩니다. 지하철 무임승차 혜택도 주어지죠. 현재 우리가 정해 놓은 사회 보장 혜택과 복지 제도를 전면 손봐야 할 겁니다.

가족 구조는 어떻게 될까요. 일부일처제를 기반으로 한 지금의 가족 구조는 인류가 농경을 통해 정착 생활을 시작하며 생겨났습니다. 불과 몇십 년 전만 해도 60세까지 살면 오래 살았다고 해 환갑연을 열었습니다. 과거엔 부부가 되면 20~30년을, 현재는 길어야 40~50년을 함께 사는 걸로 합의돼 있습니다. 그런데 미래 세상에선 30~40대에 결혼하더라도 죽을 때까지 100년 이상을 함께 살아야겠죠. 물론 행복하게 '백년해로'하면 좋은 일이겠지만, 다른 측면에선 그동안 경험해 보지 못한 새로운 가족 구조의 출현으로 많은 혼란과 갈등이 생길 겁니다.

부모와 자식의 관계도 변할 겁니다. 지금은 한 세대를 보통 30년으로 생각합니다. 얼마 전까지만 해도 부모로서 자식을 30년간 키우면, 나중에 30년은 자식이 부모를 챙겨 주는 게 암묵적인 합의처럼 작용해 왔습니다. 그런데 미래에도 한 세대를 30년으로 생각한다면 평균 수명 150세 시대에는 5대가 함께하는 게 기본이 되겠죠.

일의 방식도 달라질 겁니다. 지금처럼 50~60대에 은퇴한다면 100년 가까이를 일하지 않고 살아야 합니다. 공교육에서 지금은 초중고교생 등 미성년이 주요 대상이지만 미래엔 평생 교육, 또는 노년 교육으로 확대되겠죠. 법률은 어떨까요? 평균 80~90세까지 산다는 전제 아래에서의 무기징역과 150세 시대의 무기징역은 의미가 다르지 않을까요?

이처럼 우리는 120세, 150세 시대를 맞아 완전히 새로운 문제들을

마들로기
기술의으로과 인간으로

I. 미래를 향한
빅 퀘스천

II. 포스트휴먼의
시대

III. 미래의 국가와
사회, 기업

IV. 경제의 근원
인간으로 인간

V. 인문을 바꿔놓는
기술혁명

VI. 우리는 무엇을
해야하나

에필로그

고민해야 합니다. 기술의 발달은 우리가 생각하는 것보다 훨씬 빠르게 다가옵니다. 생명 연장은 이미 우리 앞에 와 있습니다. 남은 건 윤리적 의사 결정의 문제입니다. 발달된 기술을 어디까지 쓸 수 있게 허용하느냐는 거죠. 물질 문명의 혁신을 무작정 반기기만 할 게 아니라 미래 사회의 모습이 어떻게 변할지, 그 속에서 인간은 어떻게 해야 할지 지금부터 고민해야 하는 이유입니다.

아일랜드의 극작가 조지 버나드 쇼는 "현대 문명은 매우 복잡하기 때문에 우리 사회의 문제를 해결하기 위해선 인간의 삶이 너무 짧다."라고 했습니다. 슈테판 볼만도 《길어진 인생을 사는 기술》에서 "사람들은 삶으로부터 배울 수 있을 만큼 충분히 살지 못한다. 70~80세도 아직 어린아이에 불과하다."라고 했죠.

그러나 인간이 150세를 살 수 있게 됐을 때, 우리는 과연 사회에서 벌어지는 많은 문제를 해결할 만큼의 지혜를 갖추고 있을까요? 생물학적으로 나이만 든다고 해서 시민의 교양이 저절로 길러지는 것은 아니지 않을까요.

영국의 작가인 조너선 스위프트가 1726년 펴낸 소설 《걸리버 여행기》에는 '스트럴드브러그struldbrugs'라는 죽지 않는 인간들이 나옵니다. 이들은 매우 오랜 세월을 살아왔기 때문에 지혜롭고 관용적일 것이라고 기대하지만 실상은 전혀 다릅니다. 지혜롭기는커녕 탐욕에 눈이 멀고 불만만 많은 비참한 존재로 묘사돼 있습니다. 미래의 인간이 '스트럴드브러그'와 다를 것이라고 과연 장담할 수 있을까요?

3

생명을 연장하는 기술들

십여 년 전 생명 연장의 새로운 시대가 열렸다며 한국 사회가 떠들썩한 적이 있었습니다. 바로 황우석 박사의 줄기세포 연구였죠. 물론 그의 연구 결과가 거짓이었다는 일이 뒤늦게 밝혀지긴 했지만 처음 황 박사는 인류를 불치병의 늪에서 구한 영웅으로 대접받았습니다. 그리고 한참의 시간이 지난 뒤 줄기세포 연구를 통할 치료법이 곧 시판을 앞두고 있습니다. 십여 년의 시간 동안 꿈이 현실로 이뤄지게 된 것이죠.

2016년 미국 캘리포니아에서 21세 청년 크리스는 자동차가 빗길에 미끄러지면서 큰 사고를 당합니다. 의사들은 그의 척추가 잘못돼 평생 마비 상태로 살게 될 것이라고 진단했죠. 하지만 크리스는 줄기세포 임상 연구에 자원합니다. 의료진이 크리스에게 1,000만 개의 줄기세포가 들어 있는 치료제를 목뼈 주변에 주사를 놨습니다. 얼마 후 크리스의 몸에는 변화가 일어나기 시작했습니다. 혼자 식사도 할 수 있게 됐고 간단한 움직임도 혼자서 할 수 있었습니다. 그에게 주입된 줄기세포가 정확하게 척추세포로 분화한 덕분이었죠.

이처럼 줄기세포 연구가 본격적인 상용화를 앞두고 있습니다. 지금은 임상실험 막바지로 조만간 불치병 환자들부터 관련 치료를 받게 될 전망입니다. 국내에서 임상실험 중인 치료제만 19종에 달합니다. 그러나 아직 한계는 있습니다. 줄기세포의 가장 큰 문제점은 해당 세포가 우리가 원하는 세포로 정확히 분화할 수 있는지 100% 확신이 없다는 것입니다.

실제로 2015년 미국 플로리다에서는 3명의 여성이 줄기세포 주사를 맞고 큰 부작용을 겪었습니다. 이들은 노화된 망막을 치료하기 위해서 줄기세포 임상실험에 참여했습니다. 그런데 문제는 줄기세포가 노화된 망막을 대체할 새로운 망막 세포로 성장하지 않고 안근근육세포로 분화했기 때문입니다. 이들은 결국 망막 대신 근육이 생기면서 남아 있던 시력마저 모두 잃게 된 것이었죠.

그러나 최근에는 이런 줄기세포 치료의 불확실성을 보완할 수 있는 새로운 연구가 나오고 있습니다. 2017년 11월 〈바이오테크놀러지 최신 경향〉이란 학술지에는 일본의 연구진이 발견한 새로운 줄기세포 분화 방법이 소개됐습니다. 줄기세포를 배양하는 용기의 종류를 바꿔 각각 신경세포나 관절세포, 근육세포 등으로 분화시키는 것이죠.

실제로 인간의 수정란은 세포 분열을 통해 근육과 신경 등 200여 개의 다양한 세포로 성장합니다. 분열을 통해 각자의 역할에 맡은 새로운 세포로 '변신'하면서 하나의 생명이 만들어지는 것이죠. 즉 하나

프롤로그
기술혁명과 인간문명

I. 미래를 향한
빅 퀘스천

II. 포스트휴먼의
시대

III. 미래의 국가와
사회, 기업

IV. 스페이스 러시
월에서 온 인간

V. 생명을 바꿔 놓는
기술혁명

VI. 우리는 무엇을
해야 하나

에필로그

의 수정란에서 시작된 조그만 세포는 셀 수 없이 많은 분열을 통해 뼈가 되고, 심장이 되며 뇌가 되기도 합니다. 이때 세포 분열의 비밀만 알 수 있다면 우리는 정확하게 원하는 세포를 만들어 낼 수 있습니다.

일본의 연구진이 주목한 것도 이 부분입니다. 즉 줄기세포를 배양하는 환경에 따라 서로 다른 세포가 만들어진다는 것이죠. 처음 수정이 이뤄지고 자궁에 착상해 분열을 시작하면 수정란은 배아가 됩니다. 하나의 수정란에서 시작했지만 배아 단계에서 각각의 세포는 그 역할이 정해집니다.

일부는 배아 외벽을 형성하고 나머지는 내부의 세포 덩어리가 되죠. 내부의 세포들이 계속 분화하면 좁은 공간 안에서 밀집이 이뤄지는데, 이때 각 세포들은 배아 중심에서 바깥쪽으로 나갈수록 각 세포에 미치는 물리력의 크기가 달라집니다. 물론 화학 성분에도 차이가 생겨나기 시작하죠. 즉 배아의 세포들은 수정란이라는 한 뿌리에서 갈라져 나왔지만 그 위치가 어디냐에 따라 자신의 역할이 달라지는 것입니다. 가장 바깥쪽은 신경과 피부로 성장하고, 가운데는 근육과 뼈로, 안쪽은 심장과 폐 같은 내부 기관이 됩니다.

일본 연구진은 이 같은 물리적 환경을 인위적으로 조작한 것이었죠. 줄기세포를 키우는 용기에 각각 서로 다른 힘이 작용하도록 환경을 다르게 만들었습니다. 예상대로 줄기세포는 환경에 따라 서로 다른 역할을 하는 세포로 분화했습니다. 이 기술이 각각의 세포로 분화시키는데 적합한 환경이 무엇인지 정확하게 알 수 있을 정도로 정교해진다면 그때는 우리가 원하는 세포를 얼마든지 배양해 낼 수 있을 것입니다. 그렇다면 앞서 살펴본 것처럼 망막 세포 대신 안구근육 세포가 생겨나는 일을 막을 수 있겠죠.

이처럼 줄기세포 기술이 완성되는 시점엔 아마도 지금 우리가 불치병이라는 부르는 질병의 상당 부분이 치료될 수 있을 것입니다. 그때 우리 인간의 삶은 엄청난 변화를 맞게 될 것이고요. 특히 최근 연구에서는 인간의 불치병을 치료하는 것뿐 아니라 생명 자체를 연장하는 기술도 활발히 진행되고 있습니다.

2009년 엘리자베스 블랙번 박사는 '텔로미어 telomere' 연구로 노벨 의학상을 받았습니다. 텔로미어는 염색체 끝부분에 있는 유전자 조각을 뜻하는데 세포 분열 때마다 그 길이가 짧아집니다. 짧아진 길이가 노화점을 지나게 되면 그때부터 세포는 늙기 시작하고 결국 죽게되는 거죠. 블랙번 박사는 "텔로미어의 길이가 줄어들지 않으면 세포는 노화하지 않는다."라는 사실을 증명해 냈습니다. 바로 텔로미어의 길이가 짧아지는 걸 막는 효소, 텔로머라아제[4]의 발명입니다.

2010년 미국 하버드 의대 로널드 드피뇨 박사는 텔로머라아제를 통해 생명을 연장하는 실험에 성공합니다. 나이 든 생쥐에 텔로머라아제를 투여했더니 털 색깔이 회색에서 검은색으로 변하고 작아졌던 뇌의 크기도 정상으로 돌아왔습니다.

텔로미어 외에도 인간의 수명을 연장하기 위한 연구는 많은 성과를 내고 있습니다. 대표적인 게 노화 억제제인 '라파마이신'입니다. 이는 '현대판 불로초'라고 불리는 라파마이신은 원래 장기 이식 수술

---

4) 텔로머라아제는 신발 끈의 양쪽 끝에 있는 플라스틱 캡처럼 염색체 끝을 보호하는 역할을 한다. 이를 통해 세포의 노화가 억제되고, 세포가 분열할 때마다 말단의 조금씩 줄어들다 소멸한다. 반면 암세포에선 이 효소가 말단을 계속 연장시켜 세포를 죽지 않게 한다. 이를 연구하면 암을 효과적으로 치료할 수 있고, 노화를 억제할 수 있을 것으로 기대된다.

에서 거부 반응을 차단하는 약으로 개발됐는데 최근엔 노화를 늦추는 효과가 있는 것으로 임상시험에서 밝혀졌습니다. 1960년대 남태평양의 한 섬에서 서식하는 세균에서 발견된 라파마이신은 몸속에 있는 특정 단백질의 기능을 억제해 세포가 영양분을 흡수하지 못하도록 합니다. 세포의 성장을 멈춰 노화를 억제한다는 것이죠.

실제로 2016년 미국 워싱턴대의 매트 케블라인 박사는 20개월 된 생쥐 사람으로 치면 60세를 두 그룹으로 나눠 실험했습니다. 이 중 90일간 라파마이신을 투여한 생쥐는 사람 나이로 최대 140세까지 생존했습니다.

이처럼 생명 연장은 '상상'이 아닌 '현실'로 우리 앞에 다가오고 있습니다. 2013년 설립된 구글의 자회사 칼리코는 '죽음 해결'이 기업의 존재 목표입니다. 구글 창업자 세르게이 브린이 만든 칼리코는 노화의 원인을 찾아내 인간의 수명을 500세까지 연장하는 연구를 진행하고 있습니다. 구글의 투자사인 구글벤처스의 빌 마리스가 "미래 인간이 500세까지 사는 게 가능하냐고 묻는다면 나는 그렇다고 답할 것"이라고 답한 이야기는 매우 유명하죠.

인간 수명을 연장하는 것은 꼭 생명공학의 발달 때문만은 아닙니다. 나노 기술과 로봇공학의 발전도 인간을 불멸의 삶으로 이끌고 있습니다. 눈에 보이지 않을 정도로 미세한 나노 로봇을 몸속에 투입해 암세포 등을 죽이는 방식으로 연구가 진행되고 있죠. 더불어 인공 장기와 배아 복제를 활용해 신체 기관 이식이 활성화되면 머지않아 인류는 질병과 노화를 정복할 수 있게 될 겁니다.

이처럼 과학 기술의 발달은 죽음을 형이상학적인 무언가에서 해방시키고 있습니다. 신이 약속한 어느 날 차사가 내려와 영혼을 데려가는 게 아니라 고장 난 전자제품을 고치는 것과 같은 기술적 문제로 되고 있다는 것이죠. 아마도 이런 기술이 완료되는 시점에는 어느 지점까지 인간의 생명 연장을 허용할 것이냐는 윤리적 문제가 뜨거운 논쟁이 될 것입니다.

불과 1만 년 전만 해도 오직 살아남는 것이 삶의 유일한 목표였던 인간은 이제 영생을 향해 나아가고 있습니다. "생명공학 기술을 통해 삶을 연장하고 불멸을 향하면서 '호모 사피엔스'는 '호모 데우스'가 될 것"이라는 이스라엘의 역사학자 유발 하라리의 말처럼 인간 스스로 신이 되려 하고 있는 것입니다.

그런데 인간의 수명이 크게 늘고, 더 나아가 불멸의 삶까지 누릴 수 있다는 것이 모두에게 기쁘고 좋은 일이기만 할까요? 더 이상 불치병도 없고 누구나 원하는 만큼 무한한 삶을 누릴 수 있다는 것은 각각의 인간들에게 큰 축복일 수도 있습니다. 그리고 잠시는 이런 즐거움을 만끽할 수 있을지도 모릅니다. 그러나 인류 전체, 나아가 지구라는 생태계에게도 과연 긍정적인 영향을 미칠지는 모르겠습니다.

이런 기술이 현실이 된다 해도 처음에는 그 혜택을 볼 수 있는 사람은 매우 제한적일 겁니다. 부유한 이들은 최첨단 기술과 의학을 통해 질병을 고치고 수명을 연장할 수 있겠지만, 가난한 이들에게 그것은 꿈조차 꾸기 어려운 일입니다. 경제력의 의해 수명이 결정되는 수명 양극화 시대가 짧게는 몇 년에서 길게는 수십 년까지 지속될 수도 있습니다. 기술이 더욱 발전해 대다수 사람이 이런 혜택을 누릴 수 있게 된다고 해도 그것이 곧 행복을 의미하지는 않을 것입니다. 우리가 생각지 못했던 많은 문제가 생겨날 것이기 때문이죠.

기술윤리와 인간존엄

I. 미래를 향한 빅 픽스처

II. 포스트 휴먼의 시대

III. 미래의 국가와 사회, 기업

IV. 초연결 시대 인간의 삶

V. 인공물을 바꿔 놓을 기술혁신

VI. 우리는 무엇을 해야 하나

에필로그

4

트랜스휴먼이 온다

헐리우드식 19금 유머로 가득한 영화 〈데드풀〉[5]은 마블의 또 다른 히어로 웨이드 윌슨의 이야기를 다룹니다. 영화는 암 환자인 전직 특수부대원이 비밀 실험에 참여했다 강력한 '힐링 팩터healing factor·어떤 상처도 자연히 치유되는 재생 능력'를 갖게 되면서 벌어지는 이야기를 다룹니다. 주인공 윌슨라이언 레이놀즈 역은 마블 히어로 특유의 쫄쫄이 의상과 복면을 착용하고 '데드풀'로 변신해 악당을 무찌르죠. 전작 데드풀 1탄은 전 세계적으로 8억 달러 가까운 수익을 올리며 대성공했습니다.

---

5) 청소년 관람 불가 등급임에도 불구하고 〈데드풀2〉는 한국에서 400만 명 가까운 관객을 동원했다. 현실 사회에 대한 날카로운 풍자와 대중문화를 재치 있게 버무려낸 점이 '히어로 무비'임에도 불구하고 어른들로부터 큰 공감을 끌어냈다.

2탄은 전편보다 더 많은 관객들의 마음을 사로잡았는데요, 이는 새롭게 등장한 캐릭터인 '케이블'[6]의 영향이 큽니다. 미래에서 온 전사인 그의 목표는 자신의 가족들을 죽인 원수를 찾아내 제거하는 것이죠. 타임머신을 타고 과거로 돌아가 아직 성인이 되지 않은 적을 미리 없애려 한다는 점에서 영화 〈터미네이터〉와 비슷한 설정입니다. 다만 케이블이 원수를 죽이려는 과정에서 이를 저지하는 데드풀을 만나고, 나중엔 둘이 합심해 정의를 실현한다는 점에서 〈터미네이터〉와 다릅니다.

그런데 케이블은 조금 특별한 신체 구조를 갖고 있습니다. 군인이었던 그는 불의의 사고로 한 쪽 팔을 로봇으로 대체합니다. 로봇으로 된 그의 왼팔은 가공할 힘을 자랑합니다. 자동차 문 한 짝을 뜯어내는 정도는 예삿일도 아니죠. 케이블이 온 시대가 약 30년 후의 미래인 것으로 보면, 2050년경에는 인간의 신체 중 일부를 기계로 대체하는 일이 흔해질 것이라는 전제를 영화에서 하고 있습니다.

마블의 또 다른 캐릭터인 '윈터솔저' 역시 사이보그입니다. 원래 캡틴 아메리카의 친구인 그는 악당인 히드라 조직의 실험실에 끌려가 '인간+로봇'으로 새롭게 태어납니다. 그도 케이블처럼 왼팔만 로봇이죠. 그 때문에 영화 〈데드풀2〉에서 주인공 윌슨은 케이블을 '윈터솔저 같은 노인네'라고 놀리는 장면이 나옵니다.

과거 인기를 끌었던 미국 드라마 〈600만 불의 사나이〉에서 스티브 오스틴 대령이나 소머즈도 신체의 일부를 로봇으로 대체한 대표

---

6) 〈어벤져스〉에서 최고의 악당을 연기한 타노스 역의 조슈 브롤린이 케이블 역을 맡았다.

프롤로그 기술혁명과 인간문명

I. 미래를 향한 빅 퀘스천

II. 포스트휴먼의 시대

III. 미래의 국가와 사회, 기업

IV. 존엄성과 인간, 포에버 영

V. 인공물을 바꿔 놓을 기술혁명

VI. 우리는 무엇을 해야 하나

에필로그

적 사이보그였죠. 이처럼 영화와 만화, 소설 등에서 가장 많이 사용되는 소재 중 하나는 사이보그입니다. 로봇과 인간이 결합한 사이보그는 100% 기계로 이뤄진 휴머노이드 로봇보다는 우리에게 더욱 친숙한 소재입니다. 인간의 모습과 똑같지만, 사실은 로봇인 휴머노이드는 아직 더 먼 미래의 일일 것 같기 때문이죠.

하지만 이제 인간 신체의 일부를 기계로 대체하는 것은 영화 속에만 나오는 상상 속의 이야기가 아닙니다. 2010년 워싱턴포스트는 로봇으로 된 팔을 갖게 된 남성의 사연을 보도했습니다. 신문에 따르면 미국의 전기 기술자인 제시 설리번은 사고로 두 팔을 완전히 잃게 됐습니다. 그러나 설리번은 시카고 재활연구소의 도움으로 기계로 된 팔을 갖게 됐죠. 놀라운 것은 뇌에서 나온 신경신호를 통해 자유자재로 팔을 움직일 수 있다는 겁니다. 얼마 후에는 오토바이 사고를 당한 군인 클로디아 미첼도 설리번과 같은 로봇 팔을 갖게 됐습니다. 워싱턴 포스트는 "뇌의 생각만으로 팔을 움직이는 것을 넘어서 반대로 로봇 팔의 촉감을 뇌로 전달해 느끼게 하는 날이 조만간 올 것"이라고 예측했습니다.

2012년 런던올림픽에서는 의족을 착용한 선수가 도전장을 냈다 거부당한 적이 있습니다. 바로 장애인올림픽 메달리스트인 피스토리우스입니다. 그는 선천적인 이유로 다리를 절단했고 의족을 착용했습니다. 그런데 올림픽위원회는 그가 장애인이어서가 아니라 다른 일반 선수와 비교해 '불공정하다'는 이유로 그의 올림픽 출전을 거부했습니다. 그가 첨단 기술로 만들어진 탄소섬유의 의족을 갖고 있었기 때문입니다. 이 의족은 일반 선수들에 비해 에너지를 적게 쓰고도 더욱 효과적으로 달릴 수 있게 해 줍니다. 그 때문에 다른 선수들이 피스토리우스에 비해 불리하다는 설명이었죠.

피스토리우스처럼 장애인 단거리 선수였다 모델이 된 멀린즈도 비슷한 케이스입니다. 그는 10여 개의 다양한 의족을 갈아 신으며 무대를 활보합니다. 늘씬한 몸매와 키로 그녀는 큰 인기를 얻고 있죠. 이처럼 피스토리우스와 멀린즈는 장애를 넘어 비장애인과의 경쟁에서도 결코 뒤지지 않습니다. 앞으로 이와 같은 사례는 점점 더 많아질 것이고 장애인과 비장애인의 격차와 편견은 계속 줄어들 전망입니다.

어쩌면 나중에는 비장애인도 일부러 인공 신체를 원하게 될지 모를 일입니다. 사실 오늘날 대중화된 성형 수술도 처음에는 1·2차 세계 대전 등 현대의 전쟁에서 부상당한 이들을 치료하기 위해 시작됐습니다. 처음에는 전쟁과 사고 등으로 신체의 일부가 훼손된 이들을 위해 쓰이던 의료 기술이 점차 미용의 목적으로 변하기 시작했습니다. 그리고 지금은 멀쩡한 사람들의 상당수가 더 멋있고 예쁜 모습을 갖기 위해 성형을 합니다. 이처럼 인공 신체를 자신의 몸에 부착하는 일도 언젠가는 미용이나 더 나은 육체적 능력 향상을 위해 쓰일지 모릅니다. 그 때문에 미래에는 '신체 디자이너'라는 직업도 생겨날 수 있고요.

결국 케이블이나 윈터솔저, 오스틴 대령이나 소머즈 같은 사이보그는 더 이상 영화 속의 이야기만이 아니라는 것이죠. 이미 인간과 로봇을 결합한 생체공학 기술은 현실이 됐고, 매우 빠른 속도로 발전하고 있습니다. 머지않아 신체의 일부가 훼손된 다수의 사람이 로봇 부품을 자신의 몸에 이식하는 일이 대중화될 것입니다.

이런 기술의 발전은 긍정적인 측면도 없지 않습니다. 먼저 장애인

프롤로그
기술혁명과 인간의 삶

I. 미래를 향한
빅 퀘스천

II. 포스트휴먼
시대

III. 미래의 국가와
사회, 기업

IV. 경제의 근원,
일에 선 인간

V. 문명을 바꿔놓은
기술혁명

VI. 우리는 무엇을
해야 하나

에필로그

과 비장애인에 대한 편견을 허물 수 있는 좋은 기회가 될 수 있죠. 차이를 차별로 이어지지 않게 하는 것은 그 사회를 구성하는 구성원들의 인식과 집단적 문화에 달려 있기 때문입니다. 만일 인공 신체를 원하는 비장애인들의 욕구가 높아질수록 타자를 보는 선입견이 약화될 수도 있습니다.

그럼에도 불구하고 트랜스휴먼의 시대는 많은 혼란과 갈등을 몰고 올 것입니다. 로봇 팔과 다리를 얻기 위해 일부러 자신의 신체를 훼손하는 경우, 또 뛰어난 육체적 능력을 얻기 위해 자신의 신체를 개량하려는 시도 등 그동안 생각해 보지 못한 많은 일들이 빚어질 수 있죠. 그때 우리는 어디까지를 허용하고 무엇으로 이런 시도들을 막아야 할까요? 아니 이런 일을 미연에 방지하는 것은 가능한 일일까요? 또 금지하는 것도 옳은 일이긴 할까요?

5

육체에서 분리된 영혼

미래를
기술혁명과 인간의
I. 미래를 향한
박 비전
II. 포스트휴먼의
시대
III. 미래의 국가와
사회, 기업
IV. 초연결 사회
밖에 선 인간
V. 인공물을 바꿔 놓은
기술혁명
VI. 우리는 무엇을
해야 하나
에필로그

THE FUTURE HUMANITIES · AFP 통신에 따르면 스웨덴에서는 최근 3,000여 명의 사람이 쌀알 크기의 마이크로 칩을 손에 심었다고 합니다. 집·사무실의 카드키와 신분증, 교통카드 역할을 하는 것이죠. 실제로 2017년 스웨덴의 국영 철도 회사는 2017년 검표 시 승객의 손에 심어져 있는 칩을 스캔할 수 있도록 했습니다. 이처럼 최근에는 신체에 아무런 이상이 없는 사람들조차 편의성을 목적으로 몸에 칩을 심는 일이 벌어지고 있습니다. 그리고 이런 추세는 더욱 확산될 전망으로 보입니다.

특히 앞으로는 신체의 일부를 기계로 대체하는 것도 모자라 인간의 뇌와 컴퓨터를 연결하는 일까지 벌어질 것입니다. 이미 관련 연구가 상당히 진행돼 있습니다. 영국 레딩대 인공두뇌학과 교수인 케빈

워윅이 사람의 뇌에서 발생한 전기신호를 무선 칩을 통해 로봇에 전달하는 기술을 개발한 것이죠. 워윅이 쓴 책《나는 왜 사이보그가 되었는가》에서 "인간의 뇌와 컴퓨터가 결합된 새로운 형태의 생물학적 인공지능이 머지않아 개발될 것"이라고 예측했습니다.

실제로 테슬라·스페이스엑스의 CEO 일론 머스크는 인간의 뇌와 AI를 결합한 '뉴럴 레이스Neural Lace'를 제안했습니다. AI 기술의 발전이 인간의 미래를 어둡게 할 것이라는 대표적 회의론자인 머스크는 인간도 기술의 힘을 입어 지금보다 더 큰 능력을 가져야 한다고 주장합니다. 즉 AI가 인간보다 훨씬 뛰어난 능력을 갖게 될 것이기 때문에 인간도 이와 경쟁하려면 컴퓨터를 인체에 연결해야 한다는 논리입니다. 이를 위해 그는 2016년 '뉴럴 링크Neural Link'라는 기업을 설립했습니다.

이곳에선 뇌에 컴퓨터 칩을 삽입하는 기술을 연구 중입니다. 칩이 클라우드 컴퓨터와 연결돼 있어 뇌와 AI를 공유하는 기술이죠. 이른바 '뇌 임플란트'라고 부릅니다. 만일 '뉴럴 링크'의 프로젝트가 성공한다면 인간과 컴퓨터가 하나로 됩니다. 인간의 기억과 생각을 컴퓨터와 연동할 수 있는 기술을 구현하게 되는 것이죠. 미래학자 레이 커즈와일도 "2030년이면 인간 두뇌와 AI가 결합한 '하이브리드 사고Hybrid Thinking'가 등장할 것"이라고 예측합니다.

앞으로 이런 기술이 상용화된다면 미래의 많은 사람이 자기 신체의 일부를 기계로 대체하거나 컴퓨터와 연결하려고 할 것입니다. 워윅은 "미래엔 사이보그가 되기를 거부하고 인간으로 남을 순 있다. 하지만 그것은 침팬지에서 인간으로 진화하지 않고 침팬지로 남아 있겠다는 것과 같은 말"이라고 지적합니다. 만일 워윅 교수의 말대로라면 미래 사회엔 사이보그가 되는 것이 선택이 아니라 필수일 수도 있지 않을까요?

하지만 이런 시대가 온다면 우리는 매우 당혹스런 질문을 마주하게 될 것입니다. 과연 어디까지가 인간이고, 어디서부터 로봇인가 하는 점이죠. 팔과 다리, 또는 장기의 일부를 로봇으로 대체했다고 해서 이런 고민까지 하진 않을 겁니다. 그러나 신체의 상당 부분을, 또는 인간의 뇌를 기계와 연결한다면 이야기가 달라집니다. 이들은 케이블과 윈터솔저처럼 신체 역량뿐 아니라 지적 능력까지도 보통의 인간을 뛰어넘는 '초인간'이 될 것이기 때문입니다.

일부는 사람과 사람이 아닌 것의 구별법으로 '영혼'을 말하기도 합니다. 육체와는 별개인 영혼이 있기 때문에 사람이 만들어 낸 기계와 신의 피조물인 인간을 비교하는 것은 어불성설이라는 주장이죠. 심지어 종교인을 비롯한 많은 문화권의 사람들은 영혼이 육체보다 중요하다고 생각합니다. 그런데 영혼은 정말 존재하는 것일까요?

과학에서는 우리가 영혼이라고 믿는 생각과 기억 등의 실체를 뇌의 화학작용이라고 생각합니다. 만일 먼 훗날 생명공학의 발전으로 A라는 사람의 뇌를 이미 죽은 B의 신체에 이식해 되살린다면, 그 사람은 A일까요 B일까요. 외형을 중시하는 사람은 B라고 할 것이지만, 영혼의 존재에 무게를 두는 사람은 아마도 A라고 말할 겁니다.

하지만 뇌를 기계로 대체한 경우라면 어떨까요? 즉 앞서 이야기한 '뇌 임플란트' 기술이 발전하면 인간의 기억을 컴퓨터에 업로드할 수 있고, 반대로 컴퓨터의 정보를 뇌에 다운로드할 수 있을 것입니다. 그때 자신의 뇌와 똑같은 판단력과 감정 등을 갖고 있는 AI가 있다면 그것 또한 '나'라고 부를 수 있을까요? 또 이때의 '나'는 무수한 또 다

I. 미래를 향한 기술혁명과 인간운명

II. 포스트휴먼의 시대

III. 미래의 국가와 사회, 기업

IV. 호모데우스 천국에 선 인간

V. 인간을 바꾸는 기술혁명

VI. 우리는 무엇을 해야 하나

에필로그

프롤로그
기술혁명과 인간운명

른 '나'로 복제될 수 있습니다. 영화 〈매트릭스〉에서 주인공을 잡으러 다니는 로봇들이 스스로를 무한정 복제하는 것처럼 말이죠.

영화 〈트랜센던스〉는 이 물음에 대한 나름의 진지한 답변을 내놓습니다. 천재 과학자 윌_{조니 뎁}은 인류가 수만 년에 걸쳐 이룩한 지적 능력을 뛰어넘어 자의식까지 갖춘 슈퍼컴퓨터를 개발합니다. 그러나 기술 발전으로 인류가 멸망할 것이라고 믿는 테러 단체의 공격을 받아 목숨을 잃게 되죠. 그러자 연인 에블린_{레베카 홀}은 그의 뇌를 컴퓨터에 업로드해 윌의 의식을 살려냅니다. 우리가 생각해 왔던 영혼이 그대로 컴퓨터에 스며든 것이죠. 이 컴퓨터는 육체만 없을 뿐 윌과 똑같은 기억과 감정, 성향을 갖고 있습니다. 그렇다면 윌은 인간일까요? 컴퓨터일까요? 비록 육신은 없지만 영혼이 살아있으니 인간이라고 불러야 할까요? 아마도 육신보다 정신을 강조하는 관점이라면, 이 컴퓨터도 사람이라고 인정해야 할 것입니다.

물론 〈트랜센던스〉의 이야기는 지금으로선 허무맹랑한 이야기처럼 들릴 것입니다. 그러나 이런 기술이 나오는 데 시간이 걸릴 뿐이지 아주 불가능한 일은 아닙니다. 실제로 일론 머스크가 설립한 기업 뉴럴링크는 2023년 5월 미국 FDA_{식품의약국}로부터 인간 대상의 임상실험을 승인받았습니다. 이는 인간의 뇌에 칩을 심어 컴퓨터와 연동하는 연구입니다. 뇌 임플란트는 전문용어로 BCI_{Brain Computer Interface,} 뇌·컴퓨터 인터페이스[7]라고 하며, 이 기술에 쓰이는 부품의 명칭을 브레인

---

7) 머릿속 생각만으로 기계에 명령을 내리는 기술. 크게 두 가지 방식으로 나뉘는데, 하나는 두개골을 절개해 장치를 설치하는 침습식이고, 두 번째는 두피의 신호를 측정하는 뇌전도 방식이다. 뉴럴링크 기술의 핵심은 침습식이다.

칩이라고 부릅니다. 뇌에 이식되는 칩에는 머리카락 20분의 1 정도 되는 얇은 실 모양의 센서 1,024개가 달려 있고 이를 통해 뇌에서 나오는 신경 자극이 신호로 바뀌어 컴퓨터로 전달됩니다. 머스크는 "브레인 칩으로 뇌와 척추 부상을 입은 이들을 돕고, 사람들의 잃어버린 뇌 기능을 보완할 수 있을 것"이라고 말합니다.

뉴럴링크 외에 미국 국방연구소 DARPA와 캘리포니아대도 비슷한 연구를 하고 있습니다. 그렇기 때문에 뇌와 컴퓨터를 연동하거나 신체의 일부를 로봇으로 대체하는 일은 조만간 현실이 될 겁니다. 그때 우리는 인간을 무엇이라고 정의해야 할까요? 어쩌면 사피엔스가 자신의 조상인 침팬지를 하등 생물이라고 멸시했듯, 미래에 나타날 초인간이 현생 인류를 무시하는 날이 올 수도 있습니다. 머지않은 미래에 우리는 인간의 개념을 다시 정의해야 할 날이 올 것입니다. 그때 우리는 무슨 답변을 하게 될까요?

프롤로그
기술혁명과 인간문명

I. 미래를 향한
빅 체인지

II. 포스트 휴먼의
시대

III. 미래의 국가와
사회, 기업

IV. 존엄의 공간
삶 속에 선 인간

V. 문명을 바꾸는
기술혁명

VI. 우리는 무엇을
해야 하나

에필로그

6

바보가 돼 버린 사람들

2018년 6월 올레 로게베르그 노르웨이 라그나르 프리쉬 경제연구소 RFCER 부소장은 현대인의 지능지수 IQ가 갈수록 떨어지고 있다는 연구 결과를 발표했습니다. 그는 73만여 명의 사람들을 분석한 결과 1970년대 이후 IQ가 떨어지고 있다는 연구 결과를 내놨습니다.[8] 이런 추세는 노르웨이뿐 아니라 미국과 영국, 프랑스, 독일, 호주 등 다른 나라도 마찬가지입니다. 특히 인간의 평균 IQ가 100년 후엔 84점 정도로 떨어질 수 있다고 예측합니다.

지금까지 우리는 인간의 IQ가 계속 증가하고 있다고 생각했습니

---

8) 예를 들어 1990년대 초반 출생자는 1970년대 중반 출생자들에 비해 5점가량 낮다.

다. 이를 일컬어 '플린 효과_{사회 발전으로 정신적 활동 많아져 IQ가 오른다는 분석}'라고 합니다. 1980년대 뉴질랜드 심리학자인 제임스 플린은 1930년대부터 1980년대까지 평균 IQ가 10년마다 3점씩 오른다는 연구 결과를 발표했습니다. 그 사이 영양 상태가 개선되고 삶이 풍요로워지면서 IQ도 크게 높아졌다는 것이죠. 플린은 진화적으로 인간의 지적 능력이 높아졌다기보다는 삶이 윤택해지고 머리 쓸 일이 많아지면서 IQ가 올랐다고 설명합니다.

하지만 요즘에는 IQ가 오히려 떨어지고 있습니다. 그 원인은 무엇일까요? 전문가들은 대표적인 요인 중 하나로 디지털과 미디어 기술의 발전을 꼽고 있습니다. 실제로 덴마크의 코펜하겐대 토마스 티즈데일 박사가 군 입대 남성의 IQ를 조사했더니 1998년과 비교해 십여 년 사이 1.5점가량 떨어졌습니다. 티즈데일 박사는 그 원인으로 두 가지를 제시했죠. 첫째는 고학력 여성의 출산 기피이고, 둘째는 스마트폰 등 디지털 기기의 사용이 확대됐기 때문입니다.

첫 번째 이유는 그렇다 치더라도 두 번째는 왜 그런 걸까요? 즉 디지털 기기를 사용하는 것과 IQ는 무슨 상관이 있을까요? 이를 잘 설명해 주는 영화가 한 편 있습니다. 2006년 미국에서 개봉한 〈Idiocracy〉라는 영화입니다. 'Idiot_{바보·멍청이}'와 'Democracy_{민주주의}'의 합성어죠. 영화 제목의 암시대로 미래에는 바보들만 남은 세상이 된다는 뜻입니다.

영화에서 미국은 군부대 안에서 비밀 실험을 합니다. 바로 냉동 인간을 만드는 것이죠. 위험한 프로젝트이다 보니 어느 누구도 선뜻 지원하지 않습니다. 그러다 가장 별 볼 일 없는 병사, 소위 '고문관'으로 통하는 조 바우어가 주인공으로 뽑힙니다. 원래는 1년만 잠들었다 깨어나는 설정으로 곧바로 냉동 수면에 들어갑니다. 하지만 조는 1년이 아니라 500년이 지난 뒤 잠에서 깨어납니다. 그 사이 조의 비밀 프로젝트를 아는 사람은 모두 죽고 없습니다.

그런데 미래 사회는 오히려 조가 살던 시대보다 기술과 문명, 제도 등 모든 것이 뒤떨어져 있습니다. 왜 그럴까요? 그렇습니다. 영화 제목처럼 모두가 바보가 돼 버린 것이죠. 처음 과학 기술의 발전은 인간의 삶을 편리하고 윤택하게 했지만, 점점 머리와 신체를 쓰는 일이 없게 만들었습니다. 사람들은 미디어에서 만들어 내는 자극적이고 단순한 것들에만 매몰되고 급기야는 IQ가 대폭 낮아져 버렸습니다.

영화 속에서 인류는 식량 감소와 환경오염 등의 문제를 겪으며 파멸로 치닫고 있지만, 어느 누구도 신경 쓰지 않습니다. 결국 '고문관'이었던 조가 세계에서 가장 똑똑한 인간으로 대우받으며 미국의 국무장관을 맡아 위기를 해결한다는 스토리입니다.

매우 황당한 스토리의 영화이지만, 이는 앞서 살펴본 것처럼 머리가 점점 나빠지는 인류와 무관치 않습니다. 실제로 기술의 발전은 삶을 편리하게 만들었지만, 인간이 머리 쓸 일은 갈수록 적어지고 있죠. 머릿속에 외는 전화번호와 노랫말은 얼마나 될까요. 또 내비게이션 없이 잘 찾아갈 수 있는 길은 몇이나 될까요. 모든 것을 기계에 의존하다 보니 머리 쓸 일이 점점 줄어듭니다. 예전엔 곧잘 하던 암산도 이젠 계산기 없이는 엄두조차 내지 못합니다.

물론 IQ만으로 사람의 능력을 평가할 순 없지만, 기술의 발달이 인간의 사고력과 상상력을 해치고 있는 것은 분명한 사실입니다. 우리는 손에 쥐고 있는 스마트폰으로 언제든지 모든 정보를 쉽게 검색할 순 있지만 조용히 창가에 앉아 사색하는 시간은 잃어버린 지 오래입니다. 손가락으로 버튼만 몇 번 누르면 무슨 정보든 쉽게 찾아낼 수 있기 때문에 예전처럼 책을 읽거나 신문을 보지도 않습니다.

특히 요즘 아이들은 장문의 글을 읽는 것은 매우 힘들어합니다. 조그만 스마트폰 속의 단문에 길들다 보니 소위 '글밥'이 많은 책을 손에 잡기가 어려운 것이죠. 그 대신 익숙한 것은 동영상입니다. 그래서 이들은 어떤 정보를 검색할 때 포털 사이트보다는 유튜브와 같은 동영상 앱을 주로 사용하죠.

미래에는 이 같은 경향이 더욱 커질 것입니다. 최근 발전하고 있는 에듀테크를 보면 교실에서 증강현실과 가상현실, 홀로그램 등을 이용한 교육법이 속속 등장하고 있습니다. 실제와 같이 직접 보고 들을 수 있는 매우 좋은 교육법이지만, 문제는 이런 최첨단 기술로 인해 학생들이 점점 언어로부터 멀어지고 있다는 점이죠. 특히 책을 읽은 사람들이 크게 줄고 있습니다.

불과 몇 년 전만 해도 지하철을 타면 그 안에서 독서하는 사람을 여럿 발견할 수 있었습니다. 그러나 지금은 눈 씻고 찾아봐도 한두 명 발견하기 힘들 정도입니다. 실제로 한국의 대학생이 책을 읽는 시간은 하루 42분에 불과하다고 합니다. 인터넷 이용 시간127분의 3분의 1도 안 되죠. 더욱이 한국 사람 중 3분의 1_33.2%_은 1년에 책을 한 권도 읽지 않습니다. 대신 TV와 컴퓨터, 모바일 등으로 세상의 지식과 소식들을 접하죠.

물론 기술이 발전하면서 지식을 습득하는 방식이 달라지는 것은 어쩔 수 없습니다. 문제는 이런 지식의 습득 방식이 사고력을 떨어뜨리고, 또 한쪽으로 치우친 인식과 편견을 갖게 만든다는 점입니다. 오늘날 포털 사이트와 SNS 등에서는 이용자의 취향에 맞는 정보들을 선별해 보여 줍니다. 알고리즘을 계산해 과거에 해 왔던 패턴대로 새로운 정보들을 노출시키죠. 처음에 가졌던 성향은 계속 굳어지고, 새로운 관점을 받아들이긴 어려워지는 겁니다. 이런 상황에선 건강한 상식과 교양을 갖추기 어렵죠.

특히 이미지와 동영상 중심의 미디어 접촉 방식은 뇌를 피동적으로 만듭니다. 언어로 생각하고 궁리하는 인간은 언어를 적게 쓰는 만큼 사고력도 떨어지기 때문입니다. '언어는 존재의 집'이라는 마르틴 하이데거[9]의 말처럼 인간이 세상을 인식하고 자신의 의지와 판단대로 구조화하기 위해선 언어가 필수입니다.

즉 인간의 생각을 표상하고 체계적으로 정리하는 것은 언어이기 때문에 언어에서 멀어질수록 인간의 사고력도 후퇴할 수밖에 없습니다. 실제로 과거 네안데르탈인은 호모 사피엔스보다 지능이 낮지 않았습니다. 그러나 사피엔스가 훨씬 뛰어난 사고력을 가질 수 있던 이유는 네안데르탈인에 비해 언어와 사회성이 월등이 발달해 있었기 때문이었죠. 사회성은 언어를 전제로 하기 때문에 언어 능력이 부족하면 타인과 협동하거나 상대를 이해하고 받아들이는 공감 능력도 부족해질 수밖에 없습니다.

그러므로 말과 글에서 멀어지고 이미지와 동영상에 익숙해질수록

---

9) 실존주의 철학을 대표하는 독일의 철학자. 프라이부르크대학에서 신학과 철학을 공부한 후, 이 대학의 교수를 지냈다. 인간의 존재 문제를 깊이 있게 연구하며 철학사에 중요한 업적을 남겼지만, 나치에 협력했다는 오점을 남기기도 했다.

우리는 더욱 단순하고 자극적인 것에만 길들여지기 십상입니다. 이런 일이 계속된다면 영화 〈이디오크러시〉와 같은 미래가 올지도 모를 일이고요. 최근 IQ가 계속 낮아지고 있다는 연구 성과는 이런 우울한 전망을 더욱 설득력 있게 만들어 주고 있습니다.

그런데 인간의 지능이 떨어지는 게 더 큰 문제인 이유는 정작 사람이 만든 AI는 갈수록 똑똑해지고 있기 때문입니다. 앞에서 살펴본 것처럼 AI의 발전 속도는 매우 빠릅니다. 그러나 인간이 AI를 따라가지는 못할망정 후퇴하고 있습니다. 물론 AI가 할 수 없는 인간 고유의 영역이 남아 있긴 하겠지만, 지능이 낮아지고 사고력이 떨어지는 것은 정말 큰일입니다.

인간은 그동안 지구상에 존재하지 않았던 가장 똑똑한 종을 만들면서 신의 반열에 올랐지만, 정작 신의 위치에 올라서자마자 자신의 피조물보다 못한 존재로 전락할 위기에 놓였습니다. 아무리 디지털 기술이 발전한다고 하더라도 아날로그적인 것들을 무시해선 안 됩니다. 디지털은 삶의 도구일 순 있지만 그 자체가 목적일 순 없기 때문이죠. 인간은 0과 1의 분절적 조합이 아닌 생명과 감성을 지닌 유기체이기 때문입니다.

컴퓨터와 AI의 디지털 언어와는 다른, 인간만의 고유한 언어를 잘 가꾸고 사용하기 위해서 더 많은 독서와 토론이 필요합니다. 특히 자라나는 아이들에겐 검색보다 사색을, 시청보다 독서를 더욱 중시하는 습관을 길들여야 하겠습니다.

III

미래의 국가와 사회, 기업

1

블록체인과
메듀케이션meducation의 등장

지난 몇 년간 전 세계적으로 엄청난 비트코인 열풍이 불었습니다. 그 덕분에 이더리움, 리플 같은 다른 암호화폐들도 덩달아 이슈가 됐죠. 암호화폐가 사회적으로 유명세를 치르면서 이를 구현하는 기술인 블록체인[1]도 널리 알려졌습니다. 그런데 암호화폐에 가려지긴 했지만 사실 블록체인 기술은 다른 영역에서 오히려 더욱 많이 사용될 수 있는 기술입니다.

블록체인은 간단히 말해 중앙 시스템이 존재하지 않는 분권화된

---

1) 블록체인은 온라인상의 공개 원장으로 강력한 익명성과 보안성을 지닌다. 거래 정보를 블록으로 만들어 체인으로 연결하고 온라인상에 수많은 원장으로 분산해 보관한다. 정보를 끊임없이 갱신할 수 있어 데이터 관리에 용이하다.

미래를 이끄는 기술혁명과 인문교양

I. 미래를 향한 뇌 과학

II. 포스트휴먼 시대

III. 미래의 국가와 사회, 기업

IV. 곧 현실이 될 경제예측

V. 음식물 쓰레기 줄이는 기술혁명

VI. 우리는 무엇을 해야 하나

에필로그

저장 기술입니다. 즉 모두가 열람 가능한 장부에 투명하게 내용을 기록하고 이를 여러 개의 하드 디스크에 분산 저장하는 것입니다. 블록체인에 참여하는 컴퓨터에 데이터를 나누어 저장하기 때문에 해킹이 불가능합니다. 2007년 나카모토 사토시가 블록체인 기술을 고안하고 2009년 암호화폐인 비트코인을 개발하면서 알려졌습니다. 많은 전문가가 암호화폐의 중요성이 지금보다 훨씬 커질 것이라고 예측합니다. 물론 그 암호화폐가 비트코인과 이더리움일지, 아니면 제3의 다른 무언가가 될지는 아무로 알 수 없지만 말이죠.

그런데 블록체인 기술이 활성화되면 암호화폐 분야보다 더 큰 영향력을 발휘할 분야가 있습니다. 바로 교육과 미디어 분야입니다. 왜 그럴까요? 앞서 살펴본 것처럼 블록체인의 핵심은 중앙 집권의 구조를 깨는 것입니다. 즉 거대 포털 사이트와 메이저 언론처럼 플랫폼 역할을 하는 중개자들이 사라지는 것을 의미합니다.

먼저 미디어의 경우 영미권 국가들을 중심으로 이미 다양한 형태의 블록체인 언론이 모습을 드러내고 있습니다. 아직 초보 단계에 있지만 이들의 특징은 크게 두 가지로 압축됩니다. 첫 번째는 기존 신문과 방송에서와 같은 편집자가 없다는 것이죠. 하나의 글이 올라오면 사용자들의 추천을 통해 상위에 노출되고, 이를 통해 과거 편집자들이 해 왔던 역할을 알고리즘이 대신하게 됩니다. 이는 현재 포털의 뉴스 알고리즘과 비슷한 것이지만 큰 차이점은 플랫폼의 통제가 없다는 것입니다. 즉 관리자가 임의로 뉴스 상단에 올려주거나 삭제하는 것과 같은 조치들이 불가능합니다.

두 번째는 개별 뉴스에 대한 보상 체계입니다. 우리에게 기사는 대

프롤로그
기술혁명과 인간혁명

I. 미래를 향한
빅 퀘스천

II. 포스트 휴먼이
된다

III. 미래의 국가와
사회, 기업

IV. 전에 없던
전에 없던 인간

V. 생명을 바꿔놓을
기술혁명

VI. 우리는 무엇을
해야 하나

에필로그

부분 무료 서비스입니다. 그러나 블록체인 미디어는 암호화폐로 결제하게끔 돼 있죠. 물론 그만큼 퀄리티가 높은 기사일 때 가능합니다. 적합한 보상 체계가 주어지면, 기자는 더 좋은 뉴스를 쓰기 위해 노력하고, 더 좋은 뉴스는 더 많은 독자를 불러들이기 때문에 선순환이 생겨납니다. 그리고 메이저 언론사와 포털 사이트 같은 플랫폼 없이 기자와 독자가 일대일로 만날 수 있으므로 더욱 직접적인 의사소통이 가능합니다.

블록체인과 암호화폐를 이용한 미디어의 대표적인 예는 2017년 6월에 시작된 시빌Civil 프로젝트입니다. 시빌은 2014년 비탈릭 부테린이 만든 암호화폐 이더리움을 기반으로 운영됩니다. 시빌에선 미디어 참여자들이 직접 자신들만의 뉴스룸을 만들어 독자와 만날 수 있습니다. 블록체인 기술을 사용하기 때문에 그동안 모든 언론이 꿈꿔 왔던 독립성과 자율성이 높은 수준으로 보장됩니다. 즉 모든 정보가 블록체인에 참여하는 컴퓨터에 분산 저장되므로 외부의 압력으로 인해 기사가 삭제되거나 검열될 수 없는 것이죠.

두 번째는 위에서 살펴본 것과 같은 보상 시스템입니다. 이더리움을 통해 월정액 멤버십을 받을 수도 있고, 취재에 필요한 비용을 모으기 위한 크라우드 펀딩도 가능합니다. 이렇게 되면 광고주에 의해 언론의 자율성이 침해되는 일을 막을 수 있습니다. 무엇보다 블록체인 미디어는 공채 시험에 합격한 기자가 아니어도, 거대 포털에 기사를 공급할 만한 영향력을 갖추지 못했어도 기사를 제공하고 시장의 평가를 받을 수 있기 때문에 오직 콘텐츠의 질과 기자의 실력만으로 경쟁할 수 있게 됩니다.

이쯤 되면 전통의 미디어와 그곳에 속한 기자들은 한 가지 의문을 갖게 됩니다. "과연 그게 언론일 수 있는가? 블로그와 뭐가 다른가? 기사의 내용이 맞는지 어떻게 믿을 수 있는가?"라는 것이죠. 단적으로 말해 외형만 놓고 보면 블로그와 다를 건 없습니다. 하지만 블록체인에서의 블로그는 마치 존 밀턴이 말한 '사상의 자유 경쟁 시장'과도 같습니다. 블록체인에 올라온 뉴스는 무수한 검증을 받고, 그 과정에서 신뢰를 얻지 못한 정보는 퇴출됩니다. 장기적으로는 팩트가 자주 틀리거나 수준 미달인 기사를 작성한 기자 또는 블로거는 블록체인에 쌓인 정보들을 통해 시장에서 외면받게 되죠.

반대로 정확한 기사, 퀄리티가 높은 글을 써온 기자는 더욱 명성이 높아지고 신뢰가 커질 것입니다. 이쯤 되면 기자와 블로거 개개인이 전통의 미디어를 넘는 영향력을 갖게 되는 것은 시간문제일 수 있습니다. 결국 블록체인 기술을 통해 진정한 1인 미디어 시대가 도래하는 것입니다. 그 안에서 전통적인 미디어와 포털은 힘을 잃어가게 될 것이고요.

교육계에서도 미디어 업계와 비슷한 일이 일어날 것입니다. 한국에선 이상하리만큼 둔감하지만, 이미 전 세계적으로는 에듀테크[2] 붐이 일고 있습니다. 발달된 과학 기술을 교육에 접목하려는 시도가 활발히 이뤄지고 있죠. 2016년 미국 조지아공대에서는 인터넷에서 학생들의 질문에 위트 있게 응답해 주는 조교가 화제가 된 적이 있는데, 그 이유는 조교가 사람이 아닌 인공지능이었기 때문입니다. 구글의 어시스턴

---

2) 교육과 기술의 합성어. 발달한 정보통신 기술을 바탕으로 교육 효과를 높이는 게 목표다. 소프트웨어는 물론 증강현실, 인공지능 등 기술 발달로 에듀테크의 발전 가능성은 무궁무진하다. 특히 스마트폰과 컴퓨터에 익숙한 아이들에게 유용하다.

프롤로그
기술혁명과 인간문명

I. 미래를 향한
빅 퀘스천

II. 포스트 휴먼의
시대

III. 미래의 국가와
사회, 기업

IV. 챗GPT는 인류의
친구일까 적일까

V. 영원불멸을 꿈꾸는
기술혁명

VI. 우리는 무엇을
해야 하나

에필로그

트, 아마존의 알렉사와 같이 인공지능 비서는 이미 상용화돼 있죠.

인공지능과 함께 앞서 살펴본 블록체인 기술은 대학이라는 시스템을 송두리째 흔들어 놓을 것입니다. 초·중등 교육은 국가 의무교육이므로 위기감이 덜 합니다. 하지만 선택 사항인 대학은 지금까지 겪지 못했던 매우 큰 시련을 겪게 될 것입니다. 왜일까요? 먼저 대학의 역할과 기능이 달라지고 있기 때문입니다. 지금까지 한국 사회에서 대학이 존재할 수 있던 것은 두 가지 이유였습니다.

첫째는 '졸업장'입니다. 특정한 대학을 나오면 나중에 취업을 하거나 미래를 준비하는 데 있어서 도움이 될 것이라는 막연한 기대감이 있었습니다. 이는 실제로도 어느 정도 맞았고요. 우리 사회엔 '학벌'이라는 보이지 않는 장벽이 존재했고, 입시를 통해 '좁은 문'에 들어가야만 인생에서 성공할 수 있는 기회가 주어졌습니다. 하지만 이젠 졸업장의 영향력이 크게 줄고 있습니다. 기업에서도 블라인드 채용하는 곳이 많아지고, 요즘처럼 변화의 속도가 빠른 시대엔 학벌이 큰 메리트가 되지 못하기 때문입니다. 이처럼 졸업장의 매력이 사라질수록 대학을 가려는 수요도 줄어들 것입니다.

둘째는 대학의 연구와 교육 기능이 떨어지고 있습니다. 과거에는 '산학협력'이라는 말이 있었습니다. 즉 대학이 이론적으로 기술을 연구하면 기업이 이를 바탕으로 상품을 만들어 시장에 내놓는 것이죠. 그러나 최근 각광을 받고 있는 미래 기술, 즉 인공지능과 자율주행차, 가상현실 등의 기술은 기업이 대학을 멀찌감치 앞서 있습니다. 굳이 기업이 대학의 손을 빌리지 않아도 충분히 최첨단 기술을 연구하고 제품을 만들 수 있죠. '산학협력'의 의미가 옅어질수록 대학의 설 자리는 줄어들 것입니다.

이처럼 연구 기능이 떨어지면 교육의 위상도 추락합니다. 말 그대로 교육은 무언가를 새롭게 배우는 것입니다. 그런데 대학에서 더 이상 배울 게 없다면, 굳이 누가 대학을 가려고 할까요. 요즘처럼 지식의 반감기가 빠른 시대엔 대학보다 산업 현장에 있는 사람이 훨씬 많은 지식과 인사이트를 갖고 있습니다. 그러나 대다수의 대학은 여전히 낡은 수업 노트에 적힌 내용만 반복해서 가르치려 하고 있죠.

그럼에도 불구하고 지금까지 교수라는 직업이 사회적으로 대우를 받고 신분이 안정될 수 있던 이유는 '지식의 카르텔'이 공고하고 높았기 때문입니다. 대한민국에서 교수가 되기 위해선 외국에서 박사 학위를 받아야 하고, 좁은 학계 내에서 튀지 않고 인정받아야 하며, 어느 정도는 인맥도 있어야 가능했습니다. 그렇기 때문에 제3자가 이 카르텔 안에 들어온다는 것은 매우 어려운 일이었죠.

하지만 기술의 발달은 이 카르텔을 여지없이 깨부숩니다. 이미 모든 수업을 100% 온라인으로 진행하는 미네르바 스쿨, 3개월짜리 학위 과정을 운영하는 마이크로 칼리지[3] 등이 전통의 대학들을 넘보고 있죠. 특히 블록체인 기술은 대학의 위기를 더욱 크게 만들고 있습니다. 블록체인 기술로 1인 미디어가 전통의 미디어를 넘어서듯, 이젠 1인 교사·교수가 몸집이 큰 대학을 무너뜨릴 날이 다가오고 있는 것이죠.

예를 들어, 몇 년 전부터 교육 현장에서는 무크가 대세를 이루고

---

3) 토머스 프레이 미국 다빈치연구소장은 저출산 현상의 심화와 대학 경쟁력 약화로 기성 고등교육 체계가 크게 흔들릴 것으로 본다. 2030년이면 대학의 절반이 도산할 것이라고 예측했다. 그때 새로운 대안으로 제시한 것이 마이크로 칼리지다.

미래를 향한 기술혁명과 인간문명

I. 미래를 향한 빅 퀘스천

II. 포스트휴먼의 시대

III. 미래의 국가와 사회, 기업

IV. 스케일의 권력 붕괴와 인간

V. 명령을 바꿔 놓는 기술혁명

VI. 우리는 무엇을 해야 하나

에필로그

있습니다. 무크는 무한한 자기 복제가 가능하고, 대부분 공짜이기 때문에 모든 사람이 부담 없이 수업을 들을 수 있습니다. 만일 교실에서 일방적으로 가르치기만 하는 교수가 있다면, 그 교수의 수업은 무크로 대체해도 무방합니다. 오히려 무크에 등장하는 교수가 훨씬 더 잘 가르치고 강의 퀄리티도 높죠. 지금처럼 경제학 개론을 모든 교수가 개설해 학생들을 분반하고 강의실에 설 필요가 없습니다. 우리나라에서 제일 잘 가르치는 교수 한 명이 무크를 제작하고, 학생들은 강의실에 갈 것도 없이 각자 집에서 틀어 보면 됩니다.

그런데 무크를 제작하기 위해선 별도의 자격증이 필요한가요? 과거 '지식의 카르텔'에서 요구됐던 것처럼 미국 어느 어느 대학교의 박사 학위가 꼭 있어야 할까요? 학부 수준, 또는 초·중·고 수준의 강의는 그 내용이 한정돼 있습니다. 그렇기 때문에 깊이 있고 명성이 자자한 해당 분야의 권위자보다는 높은 전달력과 수업 스킬을 갖고 있는 사람이 훨씬 더 강의에 적합합니다. 또 변화하는 시대를 빠르게 캐치해 가르쳐야 하는 분야가 있다면 이는 상아탑의 지식인보다 산업 현장의 직업인이 더욱 잘할 수 있을 것입니다.

머지않은 미래에 1인 미디어와 1인 교육기관이 블록체인을 통해 검증받으며 높은 신뢰와 명성을 쌓을 수 있게 될 것입니다. 그때는 지금처럼 4년간 140학점 이상을 들어야 학위를 주는 식의 대학 시스템이 필요 없어질지도 모릅니다. 물론 대학이 사회의 구성원으로 시민적 역량을 기르고 상식과 교양을 쌓는 역할을 할 순 있겠지만, 그것이 꼭 대학만의 역할도 아닙니다. 무엇이 됐든 지금의 대학 중 상당수는 없어질 것이며, 남는다 하더라도 역할이 크게 변할 것입니다. 당연히 대학에

소속된 교수의 숫자도 크게 줄 것이고, 이들이 하는 일도 대폭 달라질 것이고요. 더 이상 일방적으로 가르치는 교수는 살아남을 수 없고, 이들의 대다수는 '퍼실리테이터'[4]와 같은 역할을 해야 할 것입니다.

이쯤 되면 미디어와 대학의 경계가 사라져 메듀케이션[5]의 시대가 올지 모릅니다. 1인 미디어가 1인 교육기관 역할을 함께할 수도 있다는 것이죠. 예를 들어, 현재 서점가에서 20~30대가 예술, 철학, 과학, 역사 등을 공부하고 싶을 때 가장 손쉽게 찾는 사람은 유명 대학의 교수도, 능력이 뛰어난 교사도 아닙니다.

대표적인 사람이 《지대넓얕》이라는 책을 쓴 채사장이라는 젊은 작가입니다. 그는 동일한 이름의 팟캐스트도 운영하며 일약 스타덤에 올랐습니다. 이미 다수의 젊은이들은 대학 강의실이 아니라 그의 책과 팟캐스트 방송을 통해 인문 교양의 지식을 습득하고 있습니다. 형식이 조금 다를 뿐 그야말로 지금 현재 1인 교육기관 역할을 하고 있죠.

결국 미래가 점점 지식 중심 사회로 옮겨가면서 제일 먼저 일자리를 잃게 되는 것은 아이러니하게도 전통의 지식인입니다. 특히 스스로 지식을 만들어 낼 수 없는 '지식 중개상'은 제일 먼저 그 지위를 잃게 될 것입니다. 아울러 그 지식의 유통을 책임졌던 거대 플랫폼미디어와 대학 등도 큰 위기에 놓일 것이고요. 이런 미래 전망은 앞 장에서 살펴본 저출산 문제처럼 더 이상 예측이 아닌 현실입니다. 아직 다가오지 않았을 뿐 이미 '결정돼 있는 미래'라는 것을 잊어서 안 됩니다.

---

4) 집단이나 개인의 문제 해결 능력을 키워 주는 조력자.
5) meducation=media+education.

2

페이크 잡 Fake Job의 시대

프롤로그
기술혁명과 인간문명

I. 미래를 향한
빅 퀘스천

II. 포스트 휴먼의
시대

III. 미래의 국가와
사회, 기업

IV. 쪼개지는 노동
일에 선 인간

V. 만물을 바꿔놓는
기술혁명

VI. 우리는 무엇을
해야하나

에필로그

THE FUTURE HUMANITIES 앞서 살펴본 영화 〈토탈리콜〉은 양극화된 두 집
단을 보여 줍니다. '브리튼'의 유토피아적 삶을 살아가는 사람들과 달
리 '컬러니'의 주민들은 인간 이하의 삶을 살아갑니다. 변변한 일자리
도 갖지 못한 이들에게 과연 꿈과 희망이 있을까요. 영화에서 보여
주는 사람들의 가장 큰 행복은 '가상현실'입니다. 가상현실 안에서는
과거에 존재했던 유명 스포츠 스타가 될 수도 있고, 뛰어난 정치가
또는 의사·변호사가 될 수도 있습니다. 물론 영화 속 현실에선 대부
분 존재하지 않거나, 있더라도 매우 소수의 사람들만 일자리를 가질
수 있는 직업들뿐입니다. 영화는 곧 꿈과 희망을 잃어버린 사회를 그
리고 있는 것이죠.

이처럼 인간의 꿈은 상당 부분 직업과 동일시됩니다. 어린 시절 아이들에게 꿈을 물으면 대통령이요, 과학자요, 야구선수요 같은 답변을 하는 것과 같은 이치입니다. 그러나 미래엔 지금 존재하는 대다수의 직업이 존재하지 않을 것입니다. AI가 일자리를 대신 차지하거나 그런 일 자체가 사라질 수 있으니까요. 특히나 AI가 대부분의 영역에서 인간보다 뛰어난 능력을 발휘하는 시대에는 말이죠.

이를. 테슬라모터스·스페이스엑스의 CEO 일론 머스크는 '새로운 20대 80의 사회'라고 표현합니다. 원래 '20대 80'은 "이탈리아 인구의 20%가 국가가 가진 전체 부의 80%를 가지고 있다."라는 빌프레도 파레토의 말에서 따왔죠. 전체 원인의 20%가 전체 결과의 80%를 야기한다는 뜻입니다.

머스크는 현존하는 인물 중 미래에 가장 가까이 가 있는 사람입니다. 영화 〈아이언맨〉을 찍기 전에 로버트 다우니 주니어가 캐릭터를 구상하려는 목적으로 머스크를 인터뷰하기도 했었죠. 머스크는 2017년 두바이에서 열린 '월드 거버먼트 서밋World Government Summit' 행사에서 "미래 사회는 AI의 상용화로 인간의 20%만 의미 있는 직업을 갖게 될 것"이라고 말했습니다.

세계적 미래학자인 제레미 리프킨도 《노동의 종말The End of Work》에서 비슷한 예측을 했습니다. 기술의 발전으로 인간 노동이 끝나는 시대가 올 것이란 전망이죠. 리프킨은 "지금 우리는 글로벌 시장과 생산의 자동화라는 새로운 시대에 진입하고 있다. 노동자가 거의 없는 경제로 향하는 길이 눈앞에 보이고 있다."라고 진단합니다. 산업혁명이 가축 노동의 끝을, 정보혁명이 인간의 단순한 육체노동의 종

말을 의미했다면, 앞으로 4차 혁명은 인간 노동 자체의 종언을 의미하고 있습니다.

단순히 노동의 종말만 맞이하게 된다면 대다수 사람은 어떻게 먹고살아야 할까요. 다행히도 머스크는 상위 20%의 사람들만 직업을 갖되 이들이 나머지 80%를 먹여 살리게 될 것이라고 전망합니다. 국가가 주는 기본소득으로 살아가게 된다는 이야기죠. AI가 인간의 일을 상당 부분 대체하면, 엄청난 기술 혁신이 이뤄져 사회 전체의 생산성이 월등하게 높아지고 이로 인해 20%의 사람만 일해도 나머지 80%를 책임질 수 있는 세상이 온다는 것입니다.

이런 기본소득을 보장하기 위해 논의되는 대표적인 제도가 로봇세입니다. 마이크로스프트의 창업자인 빌 게이츠는 2017년 2월 언론과의 인터뷰에서 "공장에서 일하는 노동자엔 소득세와 사회보장세처럼 각종 소득이 부과되고 있다."라며 "이들과 같은 일을 하는 로봇에게도 비슷한 수준의 과세를 해야 한다."라고 밝혔습니다. 노동자의 일자리를 대신 차지한 로봇에게 그만큼의 세금을 물려야 한다는 설명이었죠. 페이스북 창업자인 마크 저커버그도 로봇세를 도입하자고 주장합니다. 로봇과 AI의 자동화를 통해 얻는 결실을 소수 집단의 수익으로만 독점하도록 하지 않고 온 사회와 함께 나누자는 것입니다.

기본소득이 현실화된다면 우리는 일하지 않고도 먹고살 수 있습니다. 만원 전철에서 시달리지 않아도 되고, 직장 상사로부터 스트레스를 받을 일도 없을 겁니다. 억지로 일을 해야 하는 경우가 줄면서 인간은 더욱 자유로워질 것입니다. 그동안 하고 싶지만 못했던 것들을 맘껏 누리며 살 수 있겠죠.

프롤로그 기술혁명과 인간노동

I. 미래를 향한 빅 퀘스천

II. 포스트 휴먼의 시대

III. 미래의 국가와 사회, 기업

IV. 경계에선 노동 함께 선 인간

V. 문명을 바꿔놓을 기술혁명

VI. 우리는 무엇을 해야 하나

에필로그

그런데 놀고먹는 것도 하루 이틀이지, 평생 이렇게 사는 게 가능할까요. 인간은 살아가는 의미의 많은 부분을 '일'에서 찾아왔기 때문에 일하지 않고 산다는 것은 매우 힘든 일입니다. 특히 일하지 않는 세상에서 인간은 커다란 무기력감을 느끼게 되고 사회 전체적으로 큰 혼란과 갈등을 부를 수도 있습니다.

이런 일을 방지하기 위해서라도 미래엔 '가짜 직업fake job'이 만들어질 가능성이 큽니다. 기본소득을 주되 그냥 공짜로 주는 게 아니라 정부가 만든 가짜 직업을 수행하고 그에 대한 대가를 받는 것이죠. 아마도 가짜 직업의 상당수는 사회복지와 같은 공적 업무가 될 가능성이 큽니다.

미래에 어떤 가짜 직업이 생겨날진 알 수 없지만, 확실한 것 한 가지는 언젠가 인간은 AI에 많은 일자리를 넘겨줄 것이고, 그때는 단순히 먹고살기 위해 일하지 않아도 될 것입니다. 그런 시대에 인간은 AI와 차별화되는 인간의 본질, 삶의 행복과 목표에 대한 깊은 고민을 해야 합니다. 이런 고민과 성찰의 시간이 충분하지 않다면 인간 사회는 큰 혼란과 갈등을 겪게 될 것입니다.

로마 제국 말기에 이와 비슷한 일이 있었습니다. 과거 로마의 시민 중 다수는 군인들이었습니다. 이들은 로마의 정복 전쟁에 참여해 세계를 누비고 다녔습니다. 당시 로마의 산업은 다른 나라들처럼 농업이 핵심이었기 때문에 봄과 가을을 피해 전쟁을 벌였습니다. 그런데 정복 전쟁이 확대되면서 몇 달 만에 복귀하는 게 불가능해졌습니다. 저 멀리 아프리카, 중동까지 가서 전쟁을 하다 보면 몇 년이 걸리는 경우도 많았죠.

그렇다 보니 처음엔 농사일을 병행하던 시민들이 나중엔 직업 군인으로 바뀝니다. 몇 년씩 고향을 떠난 남편들을 대신해 여성들은 가

미래를 향한
기술혁명과 인간문명

I. 미래를 향한
빅 퀘스천

II. 포스트 휴먼의
시대

III. 미래의 국가와
사회, 기업

IV. 쓰레기 같은
양극화 속 인간

V. 무엇을 버려야 하고
기술혁명

VI. 우리는 무엇을
해야 하나

에필로그

정을 책임졌죠. 처음엔 농사를 지었지만 나중엔 땅을 팔아 생계를 유지하는 경우가 많아졌습니다. 이때 나온 땅을 사들여 거대한 부를 이룬 이들이 바로 '세넥스', 즉 전쟁에 참여하지 않는 노인 남성들입니다.

세넥스는 갈수록 부자가 됐습니다. 이때 세넥스를 비롯한 부유한 시민들은 일하지 않고도 충분히 먹고살았습니다. 식민지로부터 풍성한 재화와 끝없는 노예의 노동력이 유입됐기 때문이죠. 그러나 부와 토지는 세넥스에게 집중됐습니다. 나중에 더 이상 팔 수 있는 땅이 남아 있지 않은 평범한 시민들은 실업 상태에 빠졌습니다.

이런 상황이 계속되자 로마의 집권 세력들은 사회 혼란이 심해질 것을 걱정해 시민들에게 공짜로 먹을 것을 나눠줬습니다.[6] 일하지 않고도 어느 정도는 먹고살 수 있게 해 준 것이었죠. 하지만 양극화는 더욱 심해졌죠. 집권층은 혹시라도 시민들이 폭동이라도 일으킬까 두려워 각종 유흥을 제공했습니다. 이는 마치 한국의 군부 정권이 영화Screen, 스포츠Sport, 섹스Sex 등 '3S' 정책을 쓴 것과 마찬가지입니다.

로마 시민의 유흥을 책임진 것은 검투사들이었습니다. 콜로세움에선 매일 같이 사람이 죽어 나가는 잔인한 혈투가 벌어졌죠. 사람들은 원초적인 자극에 길들여졌고, 과거 선조들이 갖고 있던 높은 시민성과 지혜를 점점 잃어갔습니다. 결국 로마 시민들은 일상의 대부분을 향락과 사치에 몰두하면서 찬란했던 문명이 점차 무너지기 시작했습니다.

---

6) '빵과 서커스(Panem et Circenses)' 정책은 시민들을 우민화시켜 권력을 강화하는 수단이다. 아우구스투스 이후 제정(帝政) 로마 시대에는 정통성 없는 황제들이 선심성 정책을 남발했다. 곡물 대신 직접 빵을 주더니, 나중엔 와인·돼지고기까지 얹어줬다. 당대의 시인 유베날리스는 "정치·군사 모든 영역에서 권위의 원천이었던 시민들이 이제는 빵과 서커스만 기다린다."라고 꼬집었다(《풍자》).

먹고 즐기는 데 필요한 물자와 노예는 식민지에서 들여왔고, 전쟁은 이미 로마의 경제 시스템을 유지하기 위한 비즈니스의 성격이 강했습니다. 그러나 3세기 이후 제국의 팽창이 멈추면서 위기가 찾아왔죠. 훈·고트·반달 등 이민족의 부흥으로 식민지 지배력을 잃으면서 476년 멸망했습니다. 에드워드 기번은 "제국의 확대는 파멸의 원인이 됐다. 억지로 세운 기둥에 금이 가기 시작하자 로마라는 거대한 건축물은 스스로의 무게를 견디지 못해 무너졌다."라고 평가했습니다 《로마제국 쇠망사》. 로마 멸망의 근본 원인은 탐욕스런 권력자와 이성적 판단력을 잃어버린 시민들 탓이라는 이야기죠.

미래에 다가올 우리의 모습도 크게 다르지 않습니다. '노동의 종말' 시대에 인간은 지금처럼 일하지 않고도 충분히 먹고살 수 있을 것입니다. 로마 시민들이 그랬던 것처럼 말이죠. 어쩌면 현재보다 더욱 많은 물질적 풍요를 누리게 될 것이고요. 하지만 미래에도 로마의 집권층처럼 일부 사람들에게만 부와 권력이 집중될 것이고, 이들은 다수의 대중이 불평등한 현실에 눈을 뜨지 못하도록 '3S' 정책과 같은 장치들을 사회 곳곳에 해 놓을 것입니다.

이런 미래를 맞이하지 않으려면 우리는 무엇을 해야 할까요? 가장 먼저 필요한 것은 인간성에 대한 고민입니다. AI와는 차별화된, 인간의 본질은 무엇인가에 대한 성찰이 시간이 많아져야 합니다. 아울러 새로운 20대 80의 미래 사회에서도 무언가 의미 있는 일을 찾고 싶다면, 인간만이 가질 수 있는 역량을 길러야겠죠. 지금부터라도 우리는 기계의 인간화를 걱정할 게 아니라, 인간이 기계처럼 되어 가는 현실을 우려해야 합니다.

3

시장을 집어삼키는
타이탄 기업들

파를로그
기술혁명과 인간문명

I. 미래를 향한
빅 퀘스천

II. 포스트 휴먼의
시대

III. 미래의 국가와
사회, 기업

IV. 경제의 근본,
일에 선 인간

V. 문명을 바꾸는
기술혁명

VI. 우리는 무엇을
해야 하나

에필로그

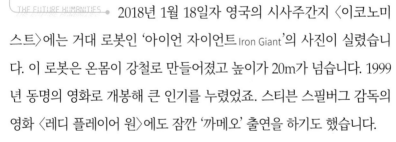

2018년 1월 18일자 영국의 시사주간지 〈이코노미스트〉에는 거대 로봇인 '아이언 자이언트 Iron Giant'의 사진이 실렸습니다. 이 로봇은 온몸이 강철로 만들어졌고 높이가 20m가 넘습니다. 1999년 동명의 영화로 개봉해 큰 인기를 누렸었죠. 스티븐 스필버그 감독의 영화 〈레디 플레이어 원〉에도 잠깐 '까메오' 출연을 하기도 했습니다.

그런데 이코노미스트의 기사는 로봇과 SF에 대한 이야기는 아니었습니다. 기사에서 로봇들은 저마다 가슴 한복판에 기업의 로고가 새겨져 있었죠. 바로 구글과 페이스북, 아마존입니다. 세 기업은 고층 빌딩 몇십 개의 높이에 달하는 거인으로 묘사돼 도시를 공포로 몰아넣는 그림이 실렸습니다.

〈이코노미스트〉는 이 기업들을 '타이탄titan·그리스 신화에 나오는 거인'이라고 명명하며 "디지털 시대의 새로운 타이탄들에게 어떻게 대응해야 할까?" 하는 문제를 던졌습니다. 그러면서 "구글과 페이스북, 아마존의 시장 지배는 소비자들은 물론 기업 경쟁에 있어서도 매우 나쁘다The dominance of Google, Facebook and Amazon is bad for consumers and competition"라고 지적했습니다.

〈이코노미스트〉가 세계적으로 가장 앞서가는 이 기업들을 비판한 이유는 무엇일까요. 먼저 유통 거인 아마존은 세상에 존재하는 거의 모든 물건을 팔고 있습니다. 최저가 공세로 시장 독점을 강화하고 있죠. 이로 인한 많은 오프라인 기업들이 경영 위기에 처했습니다.

2018년 3월 '토이저러스'가 미국의 모든 매장의 문을 닫겠다고 선언한 것이 대표적입니다. 아이들의 장난감 선물을 사 주고 싶은 엄마·아빠는 토이저러스 매장에서 상품 구경만 하고 주문은 정작 아마존에서 하고 있습니다. 1948년 창립해 전 세계 1,800여 개 매장을 가진 '장난감 천국'이 생사의 기로에 놓인 것이죠.

토이저러스만 위기를 겪고 있는 것은 아닙니다. 2017년 미국에선 스포츠용품 체인점 '스포츠 오써리티Sports Authority'가 파산했습니다. 미국의 대표 백화점 브랜드인 시어스Sears는 2018년 39개 매장을 폐점한다고 밝혔고요. 또 다른 백화점 메이시스Macy's도 2017년 매장 100여 곳의 문을 닫았죠. 이는 전체 매장의 15%에 해당합니다.

이처럼 아마존의 영향력은 엄청납니다. 시장에 진출하는 것만으로도 큰 충격을 주고 있죠. 아마존이 유기농 식품 체인 업체인 홀푸드를 인수했을 때 다른 업체들은 초토화됐습니다. 얼마 전엔 아마존이 의료 산업 진출 의사를 밝히자 의약업계 주가가 폭삭 내려앉는 일도 있었습니다.

이런 상황을 빗대 업계에선 '아마존이 되다to be amazoned'는 말도 유행하고 있습니다. 이는 '아마존이 당신 산업에 진출했으므로 당신의 사업은 붕괴한다'라는 뜻입니다. 미국의 블룸버그 통신은 "아마존의 끝없는 식욕이 미국 경제에 악몽이 되고 있다."라고 꼬집기도 했습니다.

이러한 아마존의 독점 현상은 결코 우연이 아닙니다. 아마존은 전략적으로 시장 독식을 추구하고 있죠. "치타가 병약한 가젤을 추격하듯 시장에 접근해야 한다."라는 제프 베조스 CEO의 말처럼 아마존은 전통 기업들의 힘이 빠지기를 기다렸다가 기회가 오면 이를 놓치지 않고 달려들어 차례로 쓰러뜨립니다.

아마존의 전략은 간단하고 명확합니다. 먼저 경쟁사가 따라올 수 없는 가격 경쟁으로 시장을 초토화시킨 후 고객들을 '록인lock in·가두기' 해서 떠나지 못하게 잡아두는 거죠. 미국 온라인 쇼핑의 절반 가까이를 장악한 아마존은 얼마 전 무인 슈퍼마켓 '아마존 고'까지 오픈했습니다. 세계 최고의 유통 공룡 월마트까지 아마존 앞에서 점점 무력해지고 있습니다.

〈이코노미스트〉의 지적처럼 구글과 페이스북도 마찬가집니다. 유통산업의 아마존처럼 이들은 플랫폼 시장에서 독점을 가속화하고 있습니다. 웹 브라우저 시장에서 구글이 차지하는 비중은 56%입니다. 디지털 광고 시장점유율도 52%에 달하고요. 페이스북은 소셜미디어에서 전체 모바일 트래픽의 77%를 차지합니다.

2018년 1월 15일 영국 파이낸셜 타임즈FT가 내놓은 '수퍼스타 기업의 부상'이라는 보고서에 따르면, "미국의 경제 성장이 가장 활발했던 1950년대에 GDP의 20%를 차지했던 기업은 상위 60곳이었으나 현재는 그보다 숫자가 적은 20개사가 20%를 차지"하고 있습니다.

특히 이 기업들의 대부분은 IT 기업입니다. 타이탄 기업들은 시장의 지배력만 높일 뿐 아니라 소비자의 일상과 사적인 공간에까지 깊숙이 침투하고 있습니다. 특히 구글과 페이스북은 디지털 라이프의 기본 플랫폼을 제공하며 많은 서비스를 무료로 사용할 수 있게 해주면서 사실상 사용자 개인의 삶까지 지배하고 있습니다.

이 과정에서 이용자들은 자신도 모르는 새 '개인정보'라는 많은 비용을 지급하고 있습니다. 어떤 음식과 옷을 좋아하고, 자주 들르는 카페와 식당은 어디며, 하루의 동선은 어떻게 되는지 등이 플랫폼에 모두 기록됩니다. 자신의 개인정보와 소비 패턴, 생활 방식 등을 기업이 모두 알고 있다는 것이죠. 기업들은 이들을 방대한 빅데이터로 모아 또 다른 사업을 펼치고요.

페이스북으로 연결된 전 세계 사용자는 수십억 명입니다. 중국 등 일부 국가를 제외한 거의 모든 나라가 구글을 사용하고 있죠. 특히 구글의 자회사인 유튜브는 이제 세상의 모든 지식과 정보를 탐색하는 첫 번째 창구가 돼 버렸습니다. 온라인 광고 시장에서도 페이스북과 구글이 차지하는 비중은 3분의 2_{미국 기준}가 넘고요.

이뿐만이 아닙니다. 아마존의 알렉사_{Alexa}와 구글 어시스턴트_{Assistant} 같은 인공지능 비서들이 사적인 공간까지 더욱 세밀하게 침투하고 있습니다. 사용자의 일거수일투족은 물론 사생활의 내밀한 곳까지 살펴봅니다. 기술의 사용으로 인간의 삶이 더욱 편리해졌지만, 한편으론 삶의 모든 것이 기업에 의해 감시되고 통제당할 수 있는 가능성도 커졌죠.

이런 우려를 더 크게 하는 것은 잊을 만하면 제기되는 기업들의 불법 정보 수집 문제입니다. 2017년 11월 구글은 영국에서 540만 명의 개인정보를 불법 수집한 혐의로 소송을 당했습니다. 하지만 기업에 제공한 자신의 정보가 정확히 어디에 어떻게 쓰이는지 아는 소비자는 많지 않습니다. 자기 정보에 대한 주권을 이미 빼앗겨 버린 것이죠.

이처럼 현대 사회에서 기업의 영향력이 커지는 것은 자연스러운 현상일 수 있습니다. 세계화로 지구촌이 하나의 시장으로 묶이고, 기술의 발달로 새로운 상품들이 생겨나면서 기업은 갈수록 그 몸집을 키우고 있는 것이죠. 기업의 성장이 국가의 발전으로 여겨지기도 합니다. 한국에선 삼성이 대표적입니다.

삼성은 예나 지금이나 대한민국의 일등 기업입니다. 1992년 국내 기업 중 매출 1위였던 삼성전자의 매출액은 6조 1,000억 원이었습니다. 당시 정부 예산은 38조 500억 원이었고요. 정부 예산 대비 삼성전자의 매출액 비중은 16%였습니다. 2023년 삼성전자의 매출액은 258조 원, 정부 예산은 639조 원이었습니다. 정부 예산 대비 삼성전자 매출의 비중은 40.4%입니다. 복지비 등의 증가로 정부 예산이 많이 늘긴 했지만, 삼성의 성장 폭이 훨씬 컸다는 이야깁니다. 삼성의 사례처럼 기업의 힘과 규모는 갈수록 막강해지고 있습니다. 언젠가는 삼성의 매출액이 정부 예산을 앞서는 상황이 벌어질 수도 있을 겁니다.[7]

---

7) 이미 삼성의 1년 매출액은 포르투갈(2,116억 달러)과 뉴질랜드(2,008억 달러) 등 주요국의 국내총생산(GDP)보다 큰 규모다.

우리 사회에서 기업은 없어선 안 될 존재입니다. 일자리를 창출하고 경제를 튼튼하게 만들어 사회를 발전시키는 원동력이기 때문입니다. 그러나 시장의 과실이 소수 기업에 집중되고, 이를 통해 다른 기업의 생태계까지 파괴한다면 이는 큰 문제가 됩니다. 앞서 살펴본 아마존의 '가젤 전략'[8]이 이와 같은 사례죠.

무엇보다 미래가 더욱 우려스러운 건 과학 기술의 발전과 거인 기업들의 성장이 불평등과 양극화를 부추길 것이라는 전망입니다. 타이탄 기업들의 힘은 갈수록 커질 것이고 계층·계급의 불평등은 더욱 심해집니다. 어쩌면 미래 사회에선 거인 기업들의 힘이 정부보다 커지면서 국가의 역할까지 대신하는 사회가 올 수도 있을 겁니다. 수십 년 후 기업의 모습은 어떻게 변해 있을까요? 또 우리 사회의 모습은 어떻게 달라져 있을까요? 자세한 내용은 다음 장에서 살펴보도록 하겠습니다.

---

8) 아마존 사업 초창기 제프 베조스가 "치타가 병약한 가젤의 뒤를 쫓듯 아마존은 영세 출판사를 공략해야 한다."라고 이야기한 데에서 따온 말.

4

로봇 경찰로 도시를
지배하는 초국적 기업

프롤로그
기술혁명과 인간문명

I. 미래를 향한
빅 퀘스천

II. 포스트 휴먼의
시대

III. 미래의 국가와
사회, 기업

IV. 조제의 근원
문명속의 인간

V. 문명을 바꾸는
기술혁명

VI. 우리는 무엇을
해야 하나

에필로그

THE FUTURE HUMANITIES ● 1987년 개봉해 엄청난 흥행을 하고 이슈가 된 영화 〈로보캅〉은 2028년 미국 디트로이트를 배경으로 다뤘습니다. 자동차 산업의 메카로 최고의 명성을 구가했던 디트로이트는 할렘으로 전락하고 도박과 마약, 온갖 범죄가 들끓는 '무방비 도시'가 돼 버렸습니다. 영화는 자본에 국가·사회가 예속되고, 타락한 기업이 시민들이 사적 영역까지 통제하며 막대한 부를 이뤄 가는 디스토피아의 미래 모습을 그립니다.

영화 속에서 디트로이트는 시 정부가 파산을 선언하고 한 기업이 도시의 운영권을 인수해 '델타시티'란 이름의 대규모 건설 사업을 시작합니다. 이때 경찰 병력과 같은 치안권도 기업의 손으로 넘어가게 됩니다. 하나의 기업이 기존의 국가가 했던 것처럼 시민들을 물리적으로 구속할 수 있는 공권력까지 갖게 된 것이죠.

그 중심에 'OCPOmni Consumer Products'라는 회사가 있습니다. 처음 경찰 권력을 인수한 OCP는 나중에 도시의 소유권을 갖더니 마지막엔 다른 자본에 도시를 팔아먹기도 합니다. 사명에 있는 'omni전체'라는 표현에서 볼 수 있듯 OCP는 시민 생활에 필요한 모든 물건과 서비스를 제공합니다. 도시 전역과 시민의 일상 곳곳에 그들의 손이 뻗쳐 있습니다. 기업이 일터인 동시에 소비처이고, 정부인 동시에 삶의 모든 것을 관할하는 '완전체'입니다.

로보캅은 OCP가 지배하는 디트로이트의 경찰입니다. '아이언맨'처럼 사람이 로봇 수트를 입고 있습니다. 나아가 인간의 신체와 로봇이 결합된 전자 인간으로 진화되기도 하죠. 하지만 OCP는 골치 아픈 경찰 노조[9] 때문에 로보캅 대신 100% 기계로만 이뤄진 로봇 경찰로 대체하려 합니다.

이 영화는 극단적인 자본주의의 미래가 어떤 모습으로 펼쳐질지 생생하게 그리고 있습니다. 정치인은 기업과 결탁해 자본의 하수인이 돼버렸고, 그들이 원하는 방향으로 법과 정책을 만듭니다. 기업의 편에 선 언론은 편향적인 뉴스만 내보냅니다. 기업은 시장을 장악한 것도 모자라 도시의 행정과 공권력까지 집어삼키죠. 이 영화는 1980년대 후반 구소련의 붕괴로 한껏 들떠 있던 서구 세계에 대한 경고의 의미도 담고 있습니다. 자본주의의 우수성에 도취해 있던 이들에게 디스

---

9) 영화에서는 공권력이 민영화됐기 때문에 노조가 존재할 수 있음.

토피아적 미래를 보여 줌으로써 성찰의 시간을 갖도록 한 것입니다.

로보캅의 이야기는 꼭 상상 속에서만 존재하는 것은 아닙니다. 충분히 실현 가능성 있는 이야기죠. 전문가들은 이를 '초국적 기업Transnational corporation'이라는 개념으로 설명해 왔습니다. 이는 어느 한 국가에 얽매이지 않고 여러 나라에서 생산·판매 활동을 하는 세계적 기업들을 의미합니다. 이들에겐 국가 간 장벽도, 영토의 한계도 없습니다. 다국적 기업과 비슷한 의미지만 초국적 기업은 자본 집단이 웬만한 국가보다 강력한 영향력을 행사하는 우려스러운 상황을 비판하는 뜻이 강합니다.

정치학의 세계적 권위자인 안토니오 네그리는 자신의 책《제국Empire》에서 제국주의와 소련의 장벽이 무너지고 새로운 '제국'이 나타나고 있다고 했습니다. 그것은 과거처럼 전쟁을 통해 식민지를 건설하고 물자와 인력을 약탈했던 체제가 아니라 경제·문화적 제국이라고 설명했습니다. 여기서 '제국'의 핵심 주체는 특정 국가가 아니라, 국경과 국적을 초월한 초국적 기업과 이들이 만들어 내는 거대한 자본의 흐름입니다.

이런 초국적 기업이 한 단계 더 발전하게 되면 OCP 같은 '기업 국가'가 됩니다. 영화 〈배트맨〉에 나오는 고담시의 실질적 지배자 웨인 엔터프라이즈, 영화 〈블레이드러너〉의 타이렐 코퍼레이션도 일종의 기업 국가라고 볼 수 있습니다. 경희대 미래문명원장을 지낸 안병진 교수는 "기업의 힘이 갈수록 커지고 정부의 힘은 약해지면서 미래의 '기업 국가'는 충분히 예상 가능한 시나리오."라고 말합니다.

구글과 페이스북 같은 플랫폼 기업들이 이와 같은 '기업 국가'가 될 가능성이 크죠. 이들은 국가보다 속속들이 사람들의 삶에 깊숙이

프롤로그 기술혁명과 인간문명

I. 미래를 향한 대혁신

II. 호모 프로메테우스 시대

III. 미래 국가, 기업, 사회

IV. 쟁점에 선 인간

V. 문명을 바꿔 놓을 기술혁명

VI. 우리는 무엇을 해야 하나

에필로그

침투해 있습니다. 기업이 소유한 개인정보의 양은 이미 정부의 데이터베이스를 뛰어넘었습니다. 이용자들이 무슨 음식을 좋아하고, 어떤 옷을 즐겨 입는지, 소비 습관은 어떻게 되는지 등 플랫폼 사용자들의 일거수일투족을 알고 있죠. 기업은 이를 통해 그 사람의 성향과 사고방식, 행동 패턴까지 예측합니다. 국가 간 장벽을 뛰어넘어 전 세계에서 모인 빅데이터는 기업의 영향력을 더욱 강화하는 데 쓰이죠.

2016년 미국 대선에서 5,000만 명이 넘는 페이스북 사용자의 개인정보가 유출된 사건도 기업의 빅데이터 정보가 얼마든지 악용될 수 있다는 가능성을 보여 줍니다. 당시 이 자료를 토대로 유권자의 성향을 분석한 정보가 도널드 트럼프 캠프에 전해졌다는 주장이 제기되기도 했습니다. 만약 이 같은 일이 더욱 심화된다면 기업의 힘이 특정 정치인을 당선시키거나 떨어뜨리는 데 더 큰 영향을 미칠 수도 있을 것입니다.

기업 국가의 현실로 다가올 가능성이 높은 또 다른 이유 중 하나는 이들이 거대 독점 자본으로 진화하고 있다는 것입니다. 유통 공룡 아마존이 온·오프라인 시장 모두를 잠식하고 있는 것이 대표적 예입니다. 레닌은 《제국주의: 자본주의의 최고 단계》에서 '자본은 독점으로 치닫고, 이는 다시 한 국가를 넘어 다른 국가를 침략하는 제국주의로 진화한다'고 설명했습니다.

거대 독점 자본으로 성장한 기업은 내부에 넘쳐나는 에너지를 발산하기 위해 또 다른 시장을 추구하려고 하고, 그 결과 더 넓은 영역으로 진출할 수밖에 없습니다. 다만 과거의 제국주의가 국가가 중심이 돼 다른 나라를 침략하는 형식이었다면, 미래 사회에선 제국을 만

드는 주체가 기업일 확률이 큽니다. 앞서 네그리가 '제국'의 핵심을
기업과 자본의 흐름으로 규정한 것도 같은 맥락입니다.

실제로 시장에서 이 같은 독점 모델은 오늘날 많은 기업이 추구하
는 성장 전략입니다. 안병진 교수는 "최근의 기업 혁신 모델은 시장에
서 1등을 차지해 2등과 격차를 벌리는 게 아니라 완벽한 시장 지배를
목표로 한다."라며 "독점적인 기업이 시장 지배를 강화하면서 이들의
권력과 영향력은 상상할 수 없이 더욱 세질 것"이라고 전망합니다.

기업들의 몸집은 이미 전과는 비교할 수 없을 만큼 커졌습니다. 숫
자로만 보면 타이탄거인 기업들은 이미 국가를 뛰어넘어 기업가치가
웬만한 나라의 1년 GDP를 넘기도 합니다. 2017년 기준 시가총액 1
위인 애플7,556억 달러을 국가 GDP와 비교하면 네덜란드18위·8,244억 달러
다음인 19위입니다. 상위 10개 기업의 시가총액4조 3,620억 달러은 세계
4위인 독일3조 6,158억 달러을 훌쩍 뛰어넘죠. 한국1조 5,297억 달러의 3배에
달합니다. 물론 특정 국가가 생산한 부가가치의 총합인 GDP와 시가
총액을 단순 비교하는 게 한계도 있지만, 그만큼 기업의 힘과 영향력
이 커졌다는 사실은 충분히 증명할 수 있죠.

커지는 기업의 영향력은 복지와 의료, 교육 등 공공의 영역까지 넘
보고 있습니다. 2018년 1월 아마존의 제프 베조스, 버크셔 해서웨이
의 워런 버핏, JP모건의 제이미 다이먼 등 3명은 의료 분야에서 공통
의 프로젝트를 실천하기로 뜻을 모았습니다. "3개 회사 직원들을 위
한 독립적인 헬스케어의료·건강 서비스를 제공한다."라는 것이었습니
다. 세 회사는 공동의 기업을 만들어 아마존54만 1,900명과 버크셔 해
서웨이36만 7,000명, JP모건24만 명의 직원을 상대로 헬스케어 서비스를

펼칠 계획입니다. 국가의 의료복지 시스템이 따라올 수 없는 새로운 차원의 서비스를 제공하겠다고 한 것이었습니다.

한국처럼 건강보험이 준의무적 성격이 아닌 미국에서 3개 회사의 이번 선언은 매우 큰 파장을 일으켰습니다. 특히 오바마케어 이후 건강보험에 대한 부담이 커지고 있었기 때문에 많은 이들이 큰 기대를 하고 있습니다. 마땅히 정부가 해야 했지만 수십 년간 해결하지 못했던 건강·의료 문제를 힘 있는 기업들이 나서 해결책을 찾겠다고 하니 많은 사람이 환영의 뜻을 보이기도 했습니다.

그러나 다른 한편에선 우려의 목소리도 나옵니다. 단순히 세 회사가 직원 복지 차원에서만 이 일을 시작했을까요? 기업의 궁극적 목표는 이윤 추구입니다. 이번 프로젝트도 결국엔 새로운 사업에 진출하기 위한 하나의 발판이 될 거라는 지적이 나옵니다. 이들의 사업 모델이 구체화되면 어마어마한 규모의 의료·보험·제약 시장에 문어발식 확장이 가능해집니다. 아마존의 IT 연결망과 버크셔 헤서웨이와 JP모건의 막대한 자금력이 동원되면 또 다른 '타이탄'이 나올 수 있다는 이야기입니다.

물론 단순히 기업의 성장을 우려하는 것은 아닙니다. 자본과 시장의 메커니즘이 소수에 독점되고, 신생 기업이 새롭게 시장에 진출하며 공존할 수 있는 생태계까지 파괴할 경우 문제가 된다는 것입니다. 거대 독점 자본으로 성장한 기업은 영화 〈로보캅〉, 〈블레이드 러너〉처럼 국가의 역할까지 대신하려 들 수 있습니다. 영화처럼 기업이 공권력을 갖고, 도시와 나라 전체를 지배하는 세상이 얼마든지 현실이 될 수 있습니다.

프롤로그
기술혁명과 인간운명

I. 미래를 향한
빅 퀘스천

II. 포스트휴먼의
시대

III. 미래의 국가와
사회, 기업

IV. 초지능 로봇,
함께 살 인간

V. 문명을 바꿔 놓는
기술혁명

VI. 우리는 무엇을
해야 하나

에필로그

그렇다면 앞으로 국가의 개념과 역할은 어떻게 달라질까요. 공적 영역까지 움켜쥐려는 기업의 도전에 맞서 국가의 실질적 운영 주체인 정부는 무언가 대응을 해야 할 것입니다. 미래 국가의 모습과 제도, 정부와 기업의 관계는 어떻게 펼쳐지게 될까요. 아마도 조지 오웰의 소설 《1984》[10]처럼 모든 것을 통제하는 강력한 권력 '빅브라더'가 나올 수도 있지 않을까요? 머지않은 미래에 인류 사회에선 자본주와 국가주의의 치열한 논쟁이 벌어질 것이라고 예상해 봅니다.

---

10) 조지 오웰의 소설로 먼 미래(1949년 집필)인 1984년을 배경으로 전개된다. 가상의 전체주의 국가 오세아니아를 지배하는 빅브라더와 이에 맞서는 주인공 윈스턴 스미스의 이야기다.

5

아이언맨의 자본주의 vs
블랙팬서의 국가주의

영화 〈어벤저스〉를 비롯한 마블 시리즈의 인기가 매우 높습니다. 그중에서도 가장 원조 격인 〈아이언맨〉에는 주인공 토니 스타크와 그가 운영하는 기업 '스타크 인더스트리'[11]가 나옵니다. 아버지의 가업을 이어받은 괴짜 과학자 토니 스타크는 자신의 회사에서 지구를 지키는 데 필요한 모든 물건을 만들어 냅니다. 어벤저스의 멤버인 캡틴 아메리카의 방패도, 스파이더맨의 최첨단 수트도 모두 스타크 인더스트리의 작품이죠.

〈어벤저스〉에서 외계인이 지구를 침공했을 때 맞서 싸운 이들은

---

11) 마블 세계관에 나오는 가상의 기업으로 토니 스타크가 오너다. 전 세계 테크 산업의 상당 부분을 과점하고 있다. 마블 코믹스에 등장한 모든 기업들을 합한 것보다 규모가 크다.

아이언맨과 그가 만든 로봇들, 또 스타크 인더스트리가 발명한 제품을 착용한 히어로들입니다. 이때 세계 최강대국인 미국은 그저 손 놓고 바라보기만 했습니다. 최첨단 전투기들도 외계인의 우주선 앞에선 무용지물이었기 때문입니다. 다만 미국 정부는 '쉴드'라는 조직을 만들어 아이언맨과 히어로들을 지원합니다. 하지만 그 역할은 매우 미미합니다. 결국 아이언맨의 세계관에선 지구를 지키는 것과 같은 중요한 일도 스타크 인더스트리라는 기업의 몫입니다.

앞서 영화 〈초국적 기업〉을 이야기하며 언젠가 기업이 도시 전체를 지배할지도 모르는 '기업 국가'의 미래를 살펴봤습니다. 타이탄^{거인}이 된 초국적 기업들이 국가에 맞먹는 권력을 갖게 되면서 정부까지 대체할 수 있다는 것이었죠. 아이언맨의 스타크 인더스트리도 그런 기업 중 하나일 겁니다.

그러나 시장 독점으로 국가까지 넘보는 초국적 기업에 대한 우려는 오히려 정부의 힘을 키우는 요소가 될 수 있습니다. 소수의 기업에 과도한 힘이 몰릴 경우 이를 견제하기 위해 국가 권력이 강화돼야 한다는 논리입니다. 특히 최근 페이스북이나 구글처럼 기업의 개인정보 침해 문제가 불거질 경우 기업과 시장을 통제하려는 정부의 시도는 더욱 잦아질 수 있습니다. 이런 논리를 뒷받침하는 것이 마블의 또 다른 히어로인 〈블랙팬서_{Black Panther· 검은 표범}〉입니다.

이 영화는 아프리카 최빈국인 와칸다_{가상국가}의 국왕 티찰라가 주인공입니다. 블랙팬서로 변신한 티찰라가 지구 최강의 희귀금속 비브라늄[12]

---

12) 마블코믹스 세계관에 존재하는 가상의 우주물질. 1966년 '데어데블' 13화에서 처음 등장했다. 캡틴 아메리카의 방패와 블랙팬서의 수트를 비브라늄으로 만들었다.

을 훔치려는 악당들에 맞서 싸우는 이야기입니다. 2018년 개봉해 미국에선 〈아바타〉 이후 8년 만에 처음으로 5주 연속 박스오피스 1위라는 기록을 세웠습니다.

영화에는 비브라늄이라는 신비한 물질이 나옵니다. 10만 년 전 우주로부터 떨어진 금속으로 와칸다에만 존재하죠. 지구에 존재하는 그 무엇으로도 파괴할 수 없습니다. 또한, 물질 자체에 에너지를 흡수하는 능력이 있어 이것으로 만든 무기는 외부에서 받은 충격을 그대로 저장합니다. 그렇기 때문에 비브라늄으로 만든 블랙팬서의 슈트는 맞으면 맞을수록 그의 힘을 더욱 강하게 만듭니다.

와칸다는 비브라늄이 세상에 알려지면 국가가 위험에 처할 것이라고 생각해 수천 년 동안 비밀에 부쳐 왔습니다. 그 대신 비밀리에 비브라늄을 활용한 과학 기술을 발전시켰죠. 세계 어느 나라도 따라올 수 없는 최첨단 과학 문명을 갖게 됐지만, 여전히 많은 비밀을 간직한 채 외부엔 가난한 나라인 것처럼 위장하며 살고 있습니다. 국제기구인 UN조차 와칸다는 목축과 수렵이 주요 산업인 나라로 인식하고 있습니다.

하지만 와칸다의 험준한 산속 깊은 곳엔 비브라늄으로 만든 최첨단 도시가 숨어 있습니다. 도시 전체에 스텔스stealth 기능이 있어 외부에선 존재조차 알 수 없습니다. 도시 안엔 수백 층 높이의 마천루가 즐비하고 사람들은 개인용 비행기를 타고 다닙니다. 현대 의학으로 고칠 수 없는 병도 의료용 캡슐 안에 들어가면 완벽하게 치료할 수 있습니다. 이 모든 것이 비브라늄을 활용한 과학 기술 덕분입니다.

결국 이 영화에서 '와칸다는 곧 비브라늄'인 셈입니다. 그렇다 보니 와칸다의 모든 산업과 경제는 국가 주도로 움직입니다. 비밀이 조금이라도 밖에 새어 나가면 큰 문제가 되기 때문에 어느 한 개인이 비브라늄을 소유하거나 가공할 수 없죠. 비브라늄을 활용한 모든 기술과 산업이 국유로 운영되고 있다는 이야기입니다. '블랙팬서'의 세계관에서는 기업이 중심인 '아이언맨'과 달리 국가가 사회의 모든 것을 책임집니다.

이처럼 미래에 국가 권력이 더욱 강해질 수 있는 것은 두 가지 이유 때문입니다. 첫째는 타이탄 기업과 그 소유주에게 과도한 부가 집중되지 않도록 예방하기 위해서입니다. 즉 양극화와 불평등을 해소하기 위해 시장을 관리하고, 이를 위해 정부의 힘이 더욱 세져야 한다는 논리입니다. 둘째는 와칸다의 비브라늄처럼 국가의 안보 또는 국민 생활과 직결된 핵심 자원과 원천기술은 기업의 사적 소유로만 맡겨둘 수 없다는 주장입니다.

먼저 양극화 문제를 해결하기 위해선 정부의 지출이 지금보다 많아질 수밖에 없습니다. "상위 20%만 의미 있는 직업을 가질 것"이라는 일론 머스크의 예측처럼 미래의 정부는 AI로 일자리를 잃은 사람들을 위해 기본소득을 제공하게 될 겁니다. 80%의 사람들에게 기본소득을 주기 위해선 정부의 몸집이 더욱 커져야 한다는 것이죠.

이미 여러 나라에선 기본소득에 필요한 재원 마련을 위해 '로봇세' 도입 논의를 시작했습니다. 한국도 국회 연구단체 등을 중심으로 관련 논의가 진행되고 있습니다. 그러나 세금만으로는 한계가 있습니다. 그렇기 때문에 정부가 직접 기업을 운영해 수익을 벌어들이고, 이를 국가 재정으로 충당할 가능성도 무시할 수 없습니다. 또 정부는 기술 혁신에 따른 성과가 소수의 기업인에게 집중되지 않도록 부를 재분배해야 할 의무도 있고요.

기술혁명과 인간존엄

I. 미래를 향한 빅 픽처

II. 포스트 휴먼의 시대

III. 미래의 국가 사회, 기업

IV. 스테이크 경쟁에서 살아남기

V. 욕망을 바꿔놓을 기술혁명

VI. 우리는 무엇을 해야 하나

에필로그

그렇게 되면 미래엔 지금과는 전혀 다른 방식의 국가 체제가 나올 수도 있습니다. 아마도 수십 년 후 세계는 자본주의도 사회주의도 아닌 융합된 형태의 새로운 체제가 자리 잡고 있을 것입니다. 기업의 힘이 더욱 강해지겠지만, 그에 대한 반작용으로 국가의 영향력을 확대하는 시도 역시 끊임없이 이어질 것이고요.

국가의 힘이 더욱 세질 수 있는 두 번째 이유는 핵심 자원과 원천 기술의 중요성이 계속 커지고 있기 때문입니다. 와칸다 왕국의 비브라늄처럼 과거에도 중요한 자원은 국가가 직접 소유하고 운영하는 사례들이 많았습니다. 1951년 이란의 무함마드 모사데크 총리는 "이란 석유를 이란인의 손에 돌려주겠다."라며 석유 산업을 국유화했습니다.[13] 그 이후에도 세계 여러 나라에서 비슷한 시도가 계속됐습니다.

1970년 칠레에서 집권한 살바도르 아옌데 정권도 구리 광산을 국유화했습니다. 당시 칠레는 전 국민의 40%가 영양 부족에 시달릴 만큼 빈부 격차가 심했습니다. 하지만 소수의 기업들이 칠레 수출액의 80%에 달하는 구리 생산을 독점했습니다. 이들의 상당수는 미국 기업이었고요. 당시 아옌데는 "일부 회사가 구리 사업을 통해 취하는 이득이 국민소득과 맞먹는다. 이들은 칠레 국민으로부터 국가 전체를 약탈해 갔다."라며 시장에 적극 개입했습니다.

이처럼 기업과 자본의 독점 현상이 심화될수록 그에 대한 반작용으로 시장을 통제하려는 국가의 힘은 더욱 강해질 수 있습니다. 그리고 미래엔 국가와 기업이 힘겨루기를 벌일 대상이 천연자원만은 아

---

13) 이란의 석유 국유화 이후 미국과 영국의 석유 기업이 막대한 손실을 보게 되자 두 나라 정부는 모사데크를 축출했다.

닐 것입니다. 오히려 빅데이터와 AI 등을 활용한 원천기술이 국유화 논란의 중심에 설 가능성이 큽니다.

빅데이터는 개인이 생산해 낸 정보와 이들로 이뤄진 사회 전체에 존재하는 모든 정보의 총합입니다. 기업은 지금도 빅데이터를 활용해 온갖 사업을 벌이지만, 데이터 생산자인 개인은 그 보상을 적절하게 받고 있지 못합니다. 하지만 유럽의 일부 국가에서는 '개인정보 주권'이라는 관점에서 개인의 정보를 활용해 비즈니스를 할 경우 해당자에게 적절한 수익이 돌아가도록 보장하고 있습니다. 그런 이유에서 빅데이터는 언젠가 기업의 소유물이 아니라 공공의 재산이라는 인식이 생겨날 것으로 보입니다.

AI 기술 역시 마찬가집니다. 미래 사회엔 온갖 영역에서 AI가 쓰일 겁니다. 전파와 통신, 철도와 항만, 도로 같은 SOC처럼 모든 산업의 근간이 될 것입니다. 그렇게 되면 AI 기술 역시 공공재의 성격을 띨 수밖에 없지 않을까요. 이런 의미에서라면 국가가 직접 AI와 관련한 원천기술을 개발하고 소유할 수도 있습니다. 재정을 투입해 기업과 대학의 연구·개발을 지원했다면 그로 인한 일정 지분을 요구할 가능성도 있고요.

빅데이터와 AI를 활용하면 정부의 시장 개입도 더욱 수월해집니다. 중국이 대표적입니다. 2017년 10월 미국의 월스트리트저널WSJ는 "시진핑 주석이 디지털 시대의 마오쩌둥을 꿈꾸고 있다."라며 "시 주석은 빅데이터와 AI 기술을 활용해 과거의 오류를 보완하고 중국 경제의 세세한 부분을 관리하려는 밑그림을 그리는 중"이라고 지적했습니다.

마윈 알리바바 회장도 2017년 5월 '빅데이터 산업포럼'에서 "지난 60년간은 시장 경제가 계획 경제보다 우월하다고 생각했지만 30년 후엔 새로운 정의가 필요하다."라며 "최첨단 정보 처리 기술은 시장을 더욱 총명하게 만들어 계획과 예측을 가능하게 할 것"이라고 말했습니다. 계획경제가 시장 경제보다 더 효율적이며, 앞으로 더욱 강화될 거란 주장이죠.

시장에 대한 적극적 개입은 정부가 단순히 심판만 보는 게 아니라 직접 게임을 뛰는 플레이어로 나설 가능성을 키웁니다. 국가가 직접 운영하는 기업들이 많아지고 시장에서의 영향력이 더욱 커질 수 있다는 거죠.

중국을 예로 들면, 국영기업의 시장 지배력은 지금도 매우 강력합니다. 전체 기업의 1%밖에 안 되는 숫자지만, 상장기업 중에선 40%가 국영기업입니다. 더욱이 이처럼 큰 영향력을 가진 국영기업들이 최근엔 인수합병을 통해 그 몸집을 계속 불리고 있습니다. 규모가 커질수록 시장의 룰을 자신들에게 유리하도록 바꿀 수 있기 때문이죠. 글로벌 시장에서 초국적 기업의 거대 독점화 현상이 일어나는 것과 같은 이치입니다. 독점의 주체가 민간이냐 국가냐 하는 것이 다를 뿐이죠.

2016년 바오산寶鋼과 우한武鋼 강철이 합병해 탄생한 바오우寶武 그룹은 조강 생산량이 6,380만 톤에 달하는 세계 2위의 철강 업체가 됐습니다. 2017년에는 궈뎬國電과 선화神華 그룹이 합병해 자산 규모 1조 8,000억 위안한화 333조 원의 세계 최대 에너지 회사로 출범했죠. 이 외에도 페트로차이나와 시노펙 등 대표적인 국영기업들의 합병설도 끊임없이 나오고 있습니다.

이들 기업에 대한 국가의 지배도 더욱 강화되고 있습니다. 홍콩증권거래소에 따르면, 2016년 이후 홍콩에 상장된 국영기업 중 32곳이 공산당이 공식적으로 경영에 관여토록 정관을 변경했습니다. 사내

공산당위원회에서 임원 인사나 신사업 투자 등을 논의하도록 한 거죠. 이런 추세는 앞으로 더욱 강해질 전망이고요.

물론 사회주의 노선을 표방하는 중국과 우리와 같은 자본주의 국가의 상황이 같을 수는 없습니다. 하지만 디지털 시대엔 '계획 경제가 시장 경제보다 우월할 수 있다'는 마윈의 말이 더욱 설득력을 얻게 된다면, 이런 방향으로 선회하려는 국가들도 생겨나지 않을까요. 중국과 다른 시스템을 가진 나라라 해도 앞서 살펴본 불평등과 양극화 해소, 원천기술 보호 등을 이유로 국가의 힘은 얼마든지 커질 가능성이 있습니다.

지금으로선 아이언맨과 같은 기업주의 시스템이나 블랙팬서 같은 국가주의 모델 모두 가능성이 열려 있습니다. 그러나 과거의 역사는 어느 한쪽의 힘이 매우 강력해졌을 때 많은 갈등과 희생을 치러야 했다는 걸 잘 보여 주고 있습니다. 국가가 직접 시장을 통제하고 관리하든, 초국적 기업이 정부의 역할을 대체하든 한편에 치우친 미래는 우리의 삶을 위태롭게 만들 수 있는 것이죠.

그렇다면 우리는 미래를 어떻게 설계해야 할까요. 국가의 역할은 어떻게 달라져야 하고 그 안에서 기업은 무엇을 해야 좋을까요. 아마도 국가와 기업이 견제와 균형의 원리를 통해 상생할 수 있는 방법을 찾아야 할 것입니다. 이를 위해선 이들을 감시하는 시민들의 눈이 더욱 날카로워야 하며, 깨어 있는 의식으로 미래를 잘 이끌어나갈 수 있도록 안내해야 할 것입니다.

프롤로그 기술혁명과 인간의 삶

I. 미래를 향한 빅 픽처

II. 포스트 휴먼의 시대

III. 미래의 국가와 사회, 기업

IV. 경계에 선 인간

V. 인공물과 바꿔 놓는 기술혁명

VI. 우리는 무엇을 해야 하나

에필로그

6

전체주의와 유토피아는
한 끗 차이

영화 〈더 기버The Giver, 기억전달자〉는 세상의 단 한 사람만 기억하고 있는 비밀에 대한 이야기입니다. 영화는 인류의 미래를 전쟁과 고통, 차별과 불평등이 사라진 이상적 사회로 그립니다. 모두가 평등한 '커뮤니티'[14]에서 평화롭고 행복한 삶을 살고 있습니다. 모든 시민은 똑같이 생긴 집에서 같은 디자인의 흰색 옷을 입고 살아갑니다. 인간의 역사에서 늘 존재해 왔던 폭력과 절도 등의 범죄는 전혀 일어나지 않습니다. 각자의 역할과 노동에 충실하고 생산을 통해 얻은 이익은 공평하게 나눕니다. 말 그대로 '유토피아' 사회인 것이죠.

---

14) 영화에서 국가를 부르는 명칭.

커뮤니티에선 모든 시민이 만 16세가 되면 평생 직업을 부여받습니다. 개인의 소질과 사회에 필요한 역할을 고려해 원로위원회가 결정합니다. 주인공 조너스는 커뮤니티의 시민 중 가장 뛰어난 사람만 맡을 수 있는 '기억전달자'로 뽑힙니다. 대다수 사람이 모르고 있는 인류의 과거를 간직하고 후대에 전해 주는 역할입니다. 조너스의 가족과 친구들은 그런 그를 매우 자랑스러워합니다. 조너스 역시 설레는 마음으로 기억을 전수받기 시작합니다.

하지만 과거의 일들을 조금씩 알아가는 과정이 그를 힘들게 합니다. 남의 것을 빼앗고 싸우며, 살인도 서슴지 않던 과거 인류의 기억이 그를 고통스럽게 합니다. 커뮤니티엔 존재하지 않는 양극화와 불평등, 가난과 고통이 인류의 기억 속엔 끝없이 펼쳐져 있기 때문입니다. 더욱이 그런 어마어마한 비밀을 혼자서만 지고 산다는 것이 비극으로 느껴지고요.

그런데 조너스가 인류의 기억을 모두 되찾는 순간 놀라운 일이 벌어집니다. 흑백으로 보였던 세상이 형형색색의 '컬러'로 보이기 시작한 거죠. 그동안 커뮤니티는 인간의 기억을 지워 버린 후, 폭력적인 본성을 억압하기 위해 시민들에게 약물을 투입했습니다. 그 약효 때문에 인간의 폭력적인 본성은 물론 감정까지 사라지면서 세상마저 흑백으로 보이게 된 거였죠.

기억과 감정을 되찾은 조너스는 기억전달자로 남는 대신 커뮤니티가 숨겨온 세상의 진실을 사람들에게 알리려고 합니다. 거세된 감정과 억압된 자유를 시민들에게 돌려주기 위해 원로들에게 반기를 든 것이죠. 영화는 조너스의 투쟁과 이를 저지하려는 원로들의 대립을

프롤로그 기술혁명과 인간문명

I. 미래를 향한 빅 픽처전

II. 포스트 휴먼의 시대

III. 미래의 국가와 사회, 기업

IV. 제페의 구원, 영혼이 된 인간

V. 모든 것을 바꿔 놓는 기술혁명

VI. 우리는 무엇을 해야 하나

에필로그

흥미롭게 보여 줍니다. 1993년 미국에서 발표된 이 영화의 원작 소설은 작품성을 인정받아 중·고교 교과서에 실리기도 했죠.

영화에서 커뮤니티는 개인의 일거수일투족을 지배하는 전지전능한 국가입니다. 국가가 모든 자원의 생산과 분배는 물론, 인간의 감정과 기억까지 통제하는 완벽한 전체주의 사회죠. 앞에서 우리는 미래 사회에 정부의 힘이 더욱 커져 국가주의가 다시 재현될지도 모른다는 전망을 살펴봤습니다. 오늘날의 국가들이 다시 국가주의로 회귀할 수 있는 동인이 무엇인지 짚어 봤죠.

첫째는 내란과 전쟁, 대기근과 아노미[15]처럼 개인은 감당할 수 없는 거대한 폭력이 존재하거나 사회 전체가 무질서로 빠져들 때입니다. 사회계약론에선 이 같은 일을 방지하기 위해 시민들은 '신약'을 맺어 국가에 자신의 권한을 위임한다고 했죠. 홉스는 신의 권위를 이어받은 국가가 '세상에 존재하는 유일한 합법적 폭력'이라고 규정했습니다. 그런데 이런 합법적 폭력을 잘못된 목적과 방향으로 쓴 대표적인 사람이 히틀러입니다.

1920년대 후반 독일은 1차 세계대전의 전범 국가로 나라가 패망하고 전쟁 배상금 문제로 온 국민이 고통을 받고 있었습니다. 제국주의 열강들의 위협으로 국가의 안위까지 위험한 상황이었죠. 이 틈을 파고들어 대중을 선동해 집권한 사람이 히틀러입니다. 그가 이끄는 민족사회주의독일노동자당나치스의 지지율은 1928년 총선에선 2.6%에

---

15) 사회 규범이 붕괴하며 발생하는 혼돈 상태. 무법과 무질서, 법의 무시 등을 뜻하는 그리스어 아노미아(anomia)에서 파생한 단어다. 사회학자 에밀 뒤르켐이 '사회분업론'과 '자살론'에서 이 용어를 처음 사용했다.

불과했지만, 1930년엔 18.3%로 급증했습니다.

2년 후엔 37.4%의 득표율로 원내 1당이 됐고 히틀러는 총리에 올랐습니다. 1934년 대통령이 서거하자 히틀러는 본인이 총리와 대통령을 겸하는 '총통'이 되겠다고 국민투표를 실시했습니다. 이때 그는 무려 88.1%의 압도적 지지를 받고 최고 권력자가 됩니다. 이후 '국가의 재탄생'이란 슬로건으로 전체주의 독일의 시대가 열립니다. 근현대사에서 히틀러가 지배했던 독일은 국가의 힘이 가장 강력했던 시기였죠.

히틀러의 독일처럼 전쟁과 혼란의 상황이 아니어도 국가주의가 되살아날 수 있는 조건이 또 하나 있습니다. 바로 사회 불평등과 양극화가 매우 심해졌을 때입니다. 자정 작용을 통해선 극복할 수 없는 수준으로 말이죠.

과거 마르크스의 이론에선 위와 같은 경우 프롤레타리아_{노동자 계급} 혁명을 통해 사회가 전복된다고 했습니다. 생산수단_{토지, 건물, 공장 등}을 소유한 자본가와 대다수 노동자 사이의 불평등이 심해지고 자본주의 질서가 유지될 수 없을 만큼 체제의 모순이 응축됐을 때 혁명을 통해 공산주의 세상이 온다고 한 것이죠. 공산주의 사회에선 최종적으로 국가가 소멸되고 '인간 해방'의 공동체가 건설될 것이라고 봤습니다. 물론 구소련과 동유럽의 공산주의 붕괴가 말해 주는 것처럼 마르크스 이론은 실패로 끝났지만요.

하지만 마르크스의 사회주의 이론은 오늘날 민주주의와 자본주의 체제에 스며들어 복지국가 형성에 영향을 미쳤습니다. 불평등의 심화로 자본주의 사회가 붕괴할 것이라는 마르크스의 예측과 달리 현대 사회는 복지국가로 진화하며 민주주의를 더욱 발전시켰죠. 만일 불평등이 더욱 심화된다 해도 마르크스의 주장처럼 프롤레타리아 혁명이 일어나 국가가 붕괴되긴 힘듭니다. 오히려 불평등과 양극화를 막겠다는 논리로 더욱 강력한 국가가 탄생할 가능성이 큽니다.

이 같은 전망을 내놓는 대표적인 사람이 앞서 언급했던 프랑스의 세계적인 경제학자 토마 피케티입니다. 그는 《21세기 자본》에서 자본주의를 위험에 빠트리는 가장 근본적 원인은 불평등의 심화라고 지적했습니다. 결국 자본주의의 지속을 위해 가장 필요한 것은 자연스럽게 양극화 해소입니다. 그 해법으로 내놓은 것이 '글로벌 자산세'고요. 전 세계 모든 국가가 연대해 부동산과 주식 같은 자산에 고율의 세금을 물리자는 것인데, 이는 전통적인 시장주의자들의 입장에서 보면 마르크스만큼이나 급진적인 주장입니다. 또 이를 실현하기 위해선 필연적으로 강력한 국가를 전제할 수밖에 없습니다.

맥락은 조금 다르지만, 중국의 시진핑 주석이 자신의 권력과 국가의 힘을 키워가는 논리 중 하나도 불평등 해소입니다. 그는 2017년 10월 당대회 연설에서 "새로운 시대엔 새로운 모순이 나온다."라며 먹고사는 문제가 해결된 현대 중국의 '불균형' 문제를 새로운 모순으로 정의했습니다. 자신의 집권 2기 목표 중 하나로 극심한 양극화와 불평등 해결을 제시한 것이죠.

그러면서 그가 내놓은 해법은 '마르크스·레닌주의ML'의 부활입니다. 물론 사회주의 국가인 중국에서 ML은 기본 이념 중 하나입니다. 하지만 구소련의 붕괴와 함께 중국이 개혁·개방 노선을 추구한 이후에 최고 지도자가 ML을 공개적으로 언급한 것은 매우 이례적인 일입니다. 즉 레닌 사상의 핵심은 국가가 시장을 완벽하게 통제할 수 있다는 믿음인데, 시진핑이 AI와 빅데이터 기술을 결합한 '디지털 레닌주의'로 국가와 자신의 권력을 계속 키워 가고 있는 것이죠. 실제로 시진핑은 2018년 3월 자신의 연임 제한까지 풀면서 장기 집권의 토대를 마련하고 나섰습니다.

러시아의 '차르' 푸틴 대통령 역시 힘센 국가를 표방하며 국가주의를 강화하고 있죠. 2018년 3월 압도적 지지율76%로 4선에 성공한 그는 러시아의 철권 통치자였던 스탈린 이후 가장 오랜 시간을 집권한 인물이 됐습니다. 2014년 우크라이나를 침공해 크림반도를 병합하는 등 강력한 지도자로 자리매김한 그는 앞으로도 '힘의 논리'를 바탕으로 러시아의 국가주의를 강화할 전망입니다.

이와 같이 국가주의가 계속 강화되는 나라도 있고, 또 어떤 나라에선 국가주의가 부활할 조짐도 보입니다. 만일 앞서 살펴봤던 두 가지 요건, 사회적 아노미 상태에 빠져들거나 불평등 문제가 극심해질 경우 국가주의의 유령은 더욱 활개를 치고 다닐 수 있겠죠.

그렇다면 이를 막기 위해 우린 무엇을 해야 할까요? 가장 쉽게 생각할 수 있는 것은 위와 같은 두 가지 조건을 만들지 않으면 됩니다. 그럼 이 두 가지 상황에 내몰리지 않으려면 근본적으로 어떤 게 필요할까요?

저는 그 해답이 우리 안에 있다고 생각합니다. 즉 누가 나서서 대신 이 문제를 해결해 주는 것이 아니라 국민 개개인이 성숙하고 지혜로운 시민으로 '업그레이드' 되어야만 이 같은 일을 막을 수 있습니다.

앞서 살펴봤던 히틀러와 당시 독일인들이 반면교사로서 가장 적합한 예입니다. 인류 역사상 가장 큰 오점을 남긴 히틀러는 독일 국민의 압도적 지지로 권력을 장악했습니다. 집권 과정에서 폭력이 있었거나 혁명을 일으킨 것도 아니었죠. 히틀러는 민주주의 꽃이라 불리는 선

프롤로그
기술혁명과 인간의 삶

I. 미래를 향한
빅 퀘스천

II. 포스트 휴먼의
시대

III. 미래의 국가와
사회, 기업

IV. 초연결의 근원,
관계에 선 인간

V. 무엇을 믿을 것인가
기술혁명

VI. 우리는 무엇을
해야 하나

에필로그

거와 투표를 통해 최고 지도자가 됐습니다.

이를 통해 우리가 알 수 있는 것은 민주주의는 제도만 중요한 것이 아니라 이를 운영하는 시민의 역량이 더욱 중요하다는 사실입니다. 이 때문에 전후 독일의 지식인들은 시민의식을 높이기 위해 엄청난 노력을 쏟아 부었습니다. 각 지역마다 900개가 넘는 교육원을 만들어 시민 교육을 실시하고, 시민 스스로 지역 문제 해결에 앞장설 수 있도록 제도를 마련했습니다.

건강한 시민이 있으면 그 어떤 위기 상황에서도 홉스가 말했던 '리바이어던' 같은 국가주의의 괴물이 나올 수 없습니다. 깨어 있는 시민이 존재하면 히틀러처럼 선동 능력이 뛰어난 정치가도 충분히 걸러낼 수 있습니다. 정의로운 시민이 있다면 성공을 위해 부정부패도 마다 않는 엘리트들을 얼마든지 법의 심판대에 세울 수 있습니다. 성숙한 시민이 있다면 타인의 아픔에 공감할 수 있고 더불어 살 수 있는 지혜를 발휘할 수 있습니다. 그렇다면 우리 사회의 깊은 양극화 문제도 해결의 실마리를 찾을 수 있겠죠.

영화 〈더기버〉에서 불평등하고 폭력적인 인간 사회를 구원할 해결책으로 전체주의를 도입한 것 역시 시민 스스로의 선택이었습니다. 집단적 결정에 따라 시민 스스로 자유와 감정을 국가에 헌납하고 커뮤니티의 통제와 감시 아래 살기로 한 것이었죠.

유토피아와 전체주의는 한 끗 차이입니다. 바로 성숙하고 깨어 있는 시민이 있느냐 없느냐에 따라 천국과 지옥이 엇갈릴 수 있습니다. 그렇다면 구체적으로 시민의 무엇이 있어야 하고, 이를 키우기 위해선 어떤 노력들이 필요할까요? 자세한 내용은 다음 장에서 살펴보도록 하겠습니다.

IV

존재의 근원
앞에 선 인간

1

다운사이징 소사이어티

THE FUTURE HUMANITIES 인간이 문명을 만든 이후 인간의 사회는 한 번도 축소된 적이 없습니다. 인간의 개체 수는 늘 증가했고, 그에 비례해 재화와 용역은 갈수록 많아졌습니다. 사회 제도는 복잡해졌으며 더욱 다양한 관습과 문화가 생겨났습니다. 기업과 시장은 지속적으로 팽창해 이제는 국격을 뛰어넘는 하나의 공동체가 되어 가고 있습니다. 이 같은 흐름은 지구적으로 확대되며 팽창은 끝없이 가능할 줄 알았습니다.

그러나 이미 많은 선진국이 저출산의 늪에 빠져 '확장'에 빨간 불이 들어왔습니다. 한국을 예로 들면, 1950~1970년대엔 신생아가 매년 100만 명 가까이 태어났지만, 이들의 자식 세대는 그 절반에도 못 미칩니다. 통계청에 따르면 2015년 기준 출생자43만 명와 사망자28만 명의 차이는 15만 명으로 아직 출생자 수가 더 많습니다.[1] 다행히도 이때까지는 인구가 계속 증가하고 있다는 이야기였죠.

그런데 2029년이면 41만 명으로 출생자와 사망자 수가 균형을 이루고, 2045년에는 출생자가 31만 명, 사망자가 63만 명으로 크게 벌어집니다. 2065년에는 사망자74만 명는 더욱 늘고 출생자26만 명는 줄어 연간 48만 명씩 자연 감소하게 되죠. 이 같은 흐름이면 2060년경 우리나라 인구는 4,000만 명이 조금 넘을 것으로 예측됩니다. 극단적으로는 2750년 대한민국 인구가 0명으로 남게 된다는 연구 결과도 있습니다.[2]

문제는 위와 같은 예측도 매우 낙관적으로 봤을 때 가능하다는 것입니다. 위 전망은 출생자 수가 2030년 이후 40만 명 이하로 떨어진다는 것을 전제로 하고 있습니다. 하지만 신생아 수는 이미 20만 명대로 급락했습니다. 저출산 현상은 이처럼 우리가 생각하는 것보다 더욱 심각합니다. 실제로 합계 출산율은 2013년 1.19명, 2014년 1.21명, 2015년 1.24명으로 증가했지만 2023년 0.7명대로 뚝 떨어졌습니다. 전 세계에서 유일하게 출산율이 1명 이하인 국가입니다.

이 책에서 저출산을 말하는 이유는 인위적으로 출산율을 높여야 한다는 주장을 하기 위함이 아닙니다. 저출산은 이제 미래가 아니고 이미 현실이기 때문에 낮아진 출산율을 부여잡고 안간힘을 써봤자 효과가 없습니다. 중요한 것은 이미 결정돼 있는 미래를 어떻게 준비할 것인가 하는 점입니다. 사회적인 저출산 현상은 막을 수 없지만, 저출산 시대를 어떻게 준비하고 각 개인이 무엇을 하고 살아야 할지

---

1) 2016년 통계청 장래인구추계.
2) 카이스트 문술미래전략대학원, 《인구전쟁 2045》.

정하는 것은 선택의 문제이기 때문입니다.

저출산과 고령화로 우리 사회의 모든 것이 변할 것입니다. 삶의 방식 또한 크게 달라질 것이며, 교육의 방식도 전혀 새로워질 것입니다. 이렇게 이미 결정된 미래를 가장 잘 보여 줄 수 있는 단어는 바로 '다운사이징'입니다. 인구가 줄면 그만큼 시장이 작아지고, 시장이 작아지면 재화와 용역의 생산 또한 그에 맞게 감소해야 정상입니다.

먼저 아파트를 살펴볼까요. 10여 년 전만 해도 모든 직장인과 신혼부부의 꿈은 '내 집 마련'이었습니다. 처음엔 전월세에서 시작해 20평형대로 내 집을 마련하고, 자녀가 태어나고 자라면서 30평형대로 갈아타는 게 모든 이의 소망이었죠. 보통 1~2명의 자녀를 두었기에 방은 적어도 2~3개는 있어야 했습니다. 그래서 보통 우리가 가족이라고 하면 4인 가구를 떠올렸고, 아파트의 모범은 30평형대였습니다. 대부분 사람이 이런 계획을 갖고 있었기에 아파트값은 떨어질 줄 모르고 계속 올랐죠. 물론 1997년 외환위기나 2008년 금융위기로 휘청거릴 때도 있었지만, 아파트값은 수년 후 제값을 회복했고 서울 등 대도시 지역은 오히려 더 크게 상승했습니다.

이처럼 지속적인 부동산 상승이 가능했던 이유는 수요자가 끊임없이 나타났기 때문입니다. 즉 대다수 사람의 일반적인 꿈이 모두 '내 집 마련'이었기에 부동산 시장으로 새로운 수요가 계속 유입됐고, 공급이 이를 따라가지 못하면서 가격이 올랐던 것이죠. 그런데 이제는 세상이 너무 달라졌습니다. 먼저 지금의 젊은 세대는 '내 집 마련'이 더 이상 꿈이 아닙니다. 더욱 정확하게 말하면 '내 집'을 살 돈이 없습니다.

예를 들어, 서울의 2000년대 초반 신혼부부들은 강남을 제외한 다른 지역에서 보통 1억 원대에 아파트 20평형 전세를 얻을 수 있었죠. 여기에 대출을 조금 보태면 2억 원대에 웬만한 아파트를 구매할 수 있었습니다. 그러나 10여 년이 지난 지금을 보면 아파트값은 몇 배가 뛰었습니다. 강남은 말할 것도 없고, 흔히 '마용성'이라 불리는 마포·용산·성동구는 20평형대 아파트조차 10억 원이 훌쩍 넘습니다.

더욱이 요즘 청년 세대는 과거 어느 세대보다 더욱 심각한 취업난에 시달리고 있습니다. 일자리를 갖기 어려우면 그만큼 청년 노동자의 가치는 떨어질 수밖에 없습니다. 과거보다 회사에 들어가기도 힘들 뿐 아니라, 들어간다 해도 이전의 선배들이 받았던 것보다 못한 임금을 수령하게 될 확률이 큽니다. 이처럼 아파트 값은 몇 배를 뛰었지만 청년들의 주머니 사정은 오히려 악화됐기 때문에 '내 집 마련'을 꿈꾸지 않는 것은 오히려 당연한 일일지도 모릅니다.

그 때문에 요즘 청년들이 '소확행소소하지만 확실한 행복'이나 '먹방' 같은 것들을 선호하는 현상이 많아지고 있는 것이죠. 내 집을 사기보다는 좋은 옷을 입고 맛있는 것을 먹으러 다니며, 저축보다는 여행을 다니고 레저를 즐기는 것을 당연한 일로 여기고 있습니다.

그렇다면 그 많은 아파트들은 어떻게 해야 할까요? 특히 40평형대 이상의 대형 아파트는 현재의 세대가 죽고 나면 더 이상 구매자가 없을지도 모릅니다. 특히 이 같은 현상을 더욱 부추기는 것은 1인 가구의 급격한 증가입니다. 출생자 수가 계속 떨어지는 것도 모자라 '비혼족'이 늘면서 싱글이 우리 사회의 핵심 계층으로 성장하고 있는 것이죠. 불과 얼마 전까지만 해도 가구의 표준은 4인이었습니다.

하지만 2025년이면 1~2인 가구가 전체 가구의 60%를 차지하게 됩니다. 1~2인 가구에게 30평형대 이상의 아파트는 비용 지출이 많아지기 때문에 선호도가 떨어지죠. 30평형대 아파트 가격이 떨어지면 20평형대 아파트도 영향을 받을 수밖에 없습니다. 이런 일을 미리 겪고 있는 곳이 일본입니다. 이미 일본에서는 도시 외곽 지역에 이런 '유령 아파트'가 많아져 골머리를 앓고 있습니다. 우리에도 이런 미래가 올 것이라는 것은 '예측'이 아니라 이미 '결정'된 사안입니다.

교육은 어떻게 달라질까요? 교육부는 통계청 자료를 바탕으로 초·중·고교생 숫자가 2030년이면 449만 명이 될 것이라고 예측합니다. 이때 교사당 학생 수를 초등학교 14.9~15.3명, 중·고등학교 11.2~11.5명으로 맞추는 것이 교육부의 목표입니다. 이 기준대로면 2030년엔 초·중·고 교사는 34만~35만 명이 필요합니다. 현재 교사 수 38만여 명[3]에서 3만~4만 명이 줄어드는 것이죠.

그러나 인구 전문가인 조영태 서울대 교수의 주장은 다릅니다. 조 교수에 따르면 2030년 초·중·고교생 숫자는 410만 명입니다. 교육부 예측보다 39만 명이나 적습니다. 이런 차이가 나는 이유는 교육부의 통계가 통계청의 장래 인구 추이 자료를 바탕으로 했는데, 여기선 출산율이 앞으로 다소 오르는 것을 상정했기 때문입니다. 하지만 앞서 살펴본 것처럼 실제 출산율은 계속 급감하고 있습니다. 앞으로도 이런 기조는 계속될 전망이고요.

그렇다면 이런 예측이 왜 중요하냐고요? 학생 수 전망치는 미래의

---

3) 2017년 경제협력개발기구 기준.

교사를 몇 명을 뽑을지 결정하는 절대적 자료가 되기 때문입니다. 교육부의 통계대로면 2030년 교사 숫자는 현재보다 3만~4만 명 줄어드는 데 그칩니다. 하지만 조 교수의 예측에 따르면 학생 수는 현재보다 149만 명이 감소합니다. 학생 수는 급격히 줄어드는데 교사의 감소 폭은 크지 않습니다.

혹자는 이렇게 반문할지도 모르겠습니다. 교사의 숫자가 많아지면 학생들에게 맞춤 교육을 할 수 있으니 좋은 것 아니냐고요. 물론 교사가 많아서 나쁠 것은 없겠지요. 그러나 교사는 정년이 보장되고 나라의 예산이 투입되기 때문에 비용과 효과의 측면에서 생각하지 않을 수 없습니다. 무엇보다 2030년이면 인공지능이 교육 전반에서 교사 역할을 대체하게 될 것입니다. 그런 상황에서 현재의 학생 수 대비 교사 숫자를 훨씬 많이 유지하는 게 사회 전체적으로 봤을 때도 효율적인 일일지는 다시 생각해 봐야 할 것입니다.

이 같은 일은 비단 학교와 교사에만 해당되는 일이 아닙니다. 중앙 부처에서부터 동네 주민센터에 이르기까지 모든 공무원 조직에도 해당합니다. 단적인 예로 지금의 주민센터 업무 중 상당 부분이 기계로 대체됐고 앞으로는 더욱 심화될 예정입니다. 이미 등본과 같은 증명서는 주민센터에 가지 않고도 가정의 컴퓨터로도 얼마든지 발급이 가능합니다. 그렇다면 이런 일을 처리하는 일자리는 계속 필요할까요? 반대로 지금과 같은 규모의 공무원이 앞으로도 유지되는 게 옳은 일일까요?

저출산과 함께 불어닥친 또 다른 문제는 고령화입니다. 말 그대로 저출산은 태어나는 신생아 숫자가 적다는 것이고, 고령화는 인간의 기대수명이 늘어나는 것입니다. 그런데 우리는 이 두 가지를 한꺼번에 겪게 됐습니다. 하나만 해도 엄청난 사회 변화가 예상되는데, 두 가지 함께 밀려오다 보니 우리에겐 매우 큰 위기가 아닐 수 없습니다.

2024년 우리나라의 중위연령은 46.1세이며 빠른 속도로 늘어갈 것입니다. 노인 인구가 청년 인구를 압도하는 상황이 곧 벌어질 테고요.[4] 그렇게 되면 흔히 예상하듯 경제 활동과 조세 부담에 있어 청년층의 압박이 더욱 심해질 것입니다. 그뿐이 아닙니다. 노인은 노인대로 힘든 삶을 살게 될 것입니다. 한국은 은퇴 후 삶의 준비가 제대로 안 돼 있고, 노인 자살률이 OECD 국가 중 제일 높습니다. 나이가 들어서도 노동 시장을 떠날 수 없죠.

그러나 이들이 택할 노동의 질은 단순 반복적이거나 낮은 수준일 확률이 크죠. 어쩌면 노후 준비가 되어 있지 않아 은퇴하지 못한 노인들이 청년들과 경쟁해야 하는 시대가 올지도 모릅니다.

또 한국의 1차 베이비부머인 1950~60년대생과 2차 베이비부머인 1970년대생 사이의 갈등도 커지고 있습니다. 모든 산업이 발전하고 사회가 팽창되어 가는 시기에는 나이가 들수록 직급이 올라갔고, 그만큼 자리가 충분했습니다. 하지만 요즘 기업의 인적 구성을 보면 40~50대가 20~30대보다 많습니다.

언론계만 보더라도 과거엔 40대 중후반에 부장을 하고, 50대 초반에 편집국장을 지내는 경우가 많았죠. 하지만 현재는 40대 후반과 50

---

4) 우리보다 앞서 초고령화 시대에 돌입한 일본은 2025년 이후 75세 이상 인구가 20%를 돌파할 것으로 전망된다. 인구 감소와 저출산, 초고령화가 동시에 일어나면서 심각한 사회 문제를 맞이하고 있다. 한국은 출산율이 일본의 절반 정도이기 때문에 상황이 더욱 심각할 것으로 보인다.

대 초중반에 보직을 갖지 못한 일반 기자들이 많습니다. 그렇다 보니 과거처럼 대부분의 기자가 부장의 자리에 오를 수 없습니다. 이는 다른 기업들도 마찬가집니다. 그나마 성장의 과실을 얻을 수 있던 1차 베이비부머까지는 어느 정도의 승진까지는 기대할 수 있었지만, 2차 베이비부머부터는 과거처럼 연공서열에 따라 과장, 부장을 거쳐 임원까지 승진해 가는 것을 기대하기 힘듭니다.

또 이들 중년층에 인구가 집중돼 있다는 것은 청년 고용을 어렵게 하는 요인이기도 합니다. 일반적으로 40~50대의 임금은 신입 직원보다 훨씬 많습니다. 그러므로 정년이 보장된 회사의 경영진 입장에선 지나치게 많은 중장년층 대신 청년층을 더욱 뽑고 싶어 할 수 있습니다. 어쩌면 이런 문제의식을 갖고 청년들이 문제를 제기해 세대 간 갈등이 벌어질 수도 있을 테고요.

물론 그렇다고 해서 노동 시장 유연화와 같은 해법을 전적으로 내세우자는 것은 아닙니다. 중장년층 역시 지금 자신이 속한 조직을 떠나면 노후를 위한 다른 대안이 없기 때문이죠. 그러나 노동 시장의 유연화는 우리가 발버둥치고 막는다고 하더라도 그 흐름을 거스를 순 없을 것입니다. 미래엔 직업job 자체가 아닌 일work을 중심으로 노동 시장이 재편될 것이기 때문입니다. 즉 평생직장, 평생직업의 개념이 사라진다는 것이죠. 한 사람의 10개의 일을 동시에 수행하는 '1인 10업' 시대가 도래할 것이기 때문입니다.[5]

---

5) 10~20년 후엔 지금과 같은 정규직의 개념도 일부 민간 영역과 공공 부문을 제외한 곳에선 대부분 사라질 가능성이 크다. 그 대신 프리랜서로 여러 일을 동시에 하는 사람들이 크게 늘어날 것으로 보인다.

기술혁명과 인간의 미래

Ⅰ. 미래를 향한 빅 퀘스천

Ⅱ. 포스트휴먼의 시대

Ⅲ. 미래의 국가와 사회, 기업

Ⅳ. 초예측 글로벌 패권에 선 인간

Ⅴ. 문명을 바꿔놓은 기술혁명

Ⅵ. 우리는 무엇을 해야 하나

에필로그

이처럼 저출산과 고령화는 과학 기술의 발전과 맞물리면서 엄청난 사회 변화를 예고하고 있습니다. 그렇기 때문에 우리가 집중해야 하는 문제는 이미 낮아져 버린 출산율을 높이는 게 아니라, 고령화 시대에 어떻게 연착륙할 것인지 고민하는 일입니다. 앞서 말씀드린 것처럼 저출산은 이제 변수가 아니라 상수가 되어 버렸기 때문이죠.

이런 측면에서 보면 앞으로 우리 사회의 모든 것은 '다운사이징' 돼야 합니다. 아파트의 평형도 줄어야 하고, 공공 부문의 크기, 교사의 숫자 등 사회 전반적인 부분에서 축소가 이뤄져야 한다는 것이죠. 만일 우리가 '다운사이징'을 게을리한다면 미래에는 더 큰 갈등과 혼란을 직면하게 될 것입니다. 지난 10여 년간 정부가 100조 원의 돈을 들여 출산율을 높이기 위해 애써왔지만 오히려 출산율은 떨어졌습니다. 지금 우리가 할 것은 이미 결정된 미래를 현실로 받아들이고, 이 현실에 어떻게 적응해 나갈지 대비하는 일입니다. 현명하고 똑똑한 '다운사이징'이 더욱 필요시 되는 이유입니다.

1. 다운사이징 소사이어티   169

2

사피엔스의 본질

국가에 큰 위험이 닥쳐오자 이를 먼저 알아차린 한 남자가 시민들에게 경고를 합니다. 하지만 그의 말을 믿어 주는 이는 아무도 없습니다. 위기로부터 나라를 구하기 위해 동지를 찾아 나선 그는 우연히 비범한 여성을 만나게 됩니다. 이들은 새로운 세상을 만들기 위해 험난한 여정을 떠나죠. 남다른 용기와 비전을 갖고 있던 이 여성은 끝내 남자의 도움으로 새로운 국가를 건설하고 그곳의 여왕이 됩니다.

영화와 소설 속에서 흔히 접할 수 있는 이야기입니다. 어지러운 세상을 구하기 위해 노력하는 사람과 그의 도움을 얻어 새로운 세상을 열게 되는 주인공. 어느 나라에나 존재하는 건국 신화에 등장하는 단골 소재이죠. 그런데 위 이야기는 기존의 것과 매우 다른 점이 한 가지 있습니다. 주인공이 사람이 아니라 개미라는 거죠. 프랑스 작가 베르나르 베르베르의 소설 《개미》의 주요 내용입니다.

《개미》는 새로운 도시를 건설하려는 병정개미와 여왕개미의 스토리가 이야기의 주된 축입니다. 작품 속에서 개미는 마치 사람들이 사는 것과 비슷한 사회를 갖고 있죠. 각자 자신의 역할과 임무를 수행하며 공동체를 꾸려 나갑니다. 전 세계적으로 수천만 부가 팔린 이 작품의 특징은 개미의 사회를 인간의 그것과 유사하게 그려 냈다는 거죠. 소설 속에서 개미는 우리처럼 매우 발전된 문명을 갖고 있습니다.

실제로 개미의 생태를 살펴보면 인간 사회보다 놀라운 점도 많습니다. 개미는 약 1억 2,000만 년 전 지구에 처음 나타나 대멸종의 시기까지 이겨내며 현존해 왔습니다. 진화의 진화를 거듭해 고도로 조직화한 사회 구조까지 만들었죠. 그 때문에 베르베르는 만일 외계인이 방문해 지구의 대표와 회담을 하게 될 때, 인간이 아닌 개미를 먼저 찾아가게 될 것이라고 이야기하기도 하죠.

지구에 존재하는 개미는 약 1만 종이 넘습니다. 수많은 생물 종이 사라지고 또 생겨났지만, 개미는 아주 오랜 시간 동안 자신의 혈통과 문화를 지키고 있죠. 이런 생존의 열쇠는 바로 '협업'입니다. 개미는 제 몸집보다 수백, 수천 배 큰 먹잇감도 놓치지 않고 옮길 수 있습니다. 물론 혼자서는 불가능하죠. 수십, 수백 마리의 개미가 마치 한 몸처럼 협동 작전을 펼칩니다. 더운 지역의 어떤 개미들은 뜨거운 열기로부터 여왕과 새끼를 보호하기 위해 일반 개미들이 몸을 연결해 보호막을 만들기도 합니다. 협업과 희생을 통해 공동체를 지켜 나가는 거죠.

프롤로그 기술혁명과 인간문명

I. 미래를 향한 빅 퀘스천

II. 포스트 휴먼의 시대

III. 미래의 국가와 사회, 기술

IV. 초지능 군원 앞에 선 인간

V. 문명을 바꾸는 기술혁명

VI. 우리는 무엇을 해야 하나

에필로그

사막에만 서식하는 또 다른 개미는 열사를 견디지 못한 동물들을 먹이로 삼습니다. 그런데 워낙 뜨거운 곳이다 보니 먹이 운반 과정도 쉽지 않습니다. 먼저 먹잇감을 처음 발견한 개미는 그 사실을 무리에 알리고 죽죠. 그다음 1조가 투입해 먹이를 옮기지만 미처 그들이 사는 집까지 가져오지 못하고 더위에 지쳐 쓰러집니다. 그러면 다시 2조가 투입되고, 몇 차례 조 바꿈을 하고 나면 마침내 먹잇감을 집으로 갖고 오는 데 성공하죠. 이처럼 개미는 개체가 아닌 공동체로 지구에 적응 했기 때문에 역사상 가장 오래 생존한 동물이 될 수 있었습니다.

어쩌면 인간의 가장 큰 장점도 개미와 같은 공동체 생활에 있지 않을 까요? 하지만 대다수 사람은 인간이 지구의 주인이 된 이유, 아니 주인 노릇을 할 수 있었던 원인을 '똑똑하기 때문'이라고 생각합니다. 인간이 가장 지능이 높은 존재이기 때문에 만물의 영장이 됐다는 거죠. 그 때 문에 현생 인류를 '사피엔스sapiens, 똑똑한, 지혜로운'라고 부르죠.

물론 인간의 지능이 제일 높고, 그 때문에 인류가 먹이사슬의 최정 점에 오른 건 사실입니다. 하지만 진화의 최종 단계까지 우리가 올라 온 건 비단 그 때문만은 아닐 겁니다. 만일 가장 똑똑한 종이 지구의 주인이 된다는 전제를 참으로 받아들인다면, 조만간 우리는 지금의 자리를 AI에게 내주어야 할 겁니다. 이미 AI는 많은 분야에서 인간 의 능력을 뛰어넘었고, 앞으로 더욱 가속화될 것이기 때문이죠.

그렇다면 똑똑함 말고 다른 이유도 있지 않을까요. 더 본질적이고 근본적인 것 말이죠. 저는 그것이 개미와 같은 집단생활이라고 생각 합니다. 우리는 그 증거를 과거 네안데르탈인과 사피엔스가 동시대에 살았던 과거의 역사에서 실마리를 찾아볼 수 있습니다.

3~4만 년 전쯤 과거의 유럽 대륙에선 인류 역사의 큰 변화가 생겼습니다. 당시 유럽을 지배하고 있던 네안데르탈인이 멸종하게 된 거죠. 이는 현생 인류인 호모 사피엔스 때문입니다. 두 종 간의 전쟁에서 네안데르탈인이 학살된 거였죠.

아프리카에서 태어난 사피엔스는 약 7만 년 전부터 자신의 집을 떠나 세계 곳곳으로 이주했습니다.[6] 그러다 어느 순간부터 사피엔스가 유럽 대륙으로 몰려들기 시작했죠. 하지만 그곳엔 이미 네안데르탈인이 자신의 터전을 닦고 오랜 시간을 정주하고 있었죠.

네안데르탈인은 생김새부터 사피엔스와 매우 달랐습니다. 북쪽의 추운 기후에 적응해 상체는 근육이 발달해 있었고, 열 손실을 최소화하기 위해 다부진 체격을 가졌습니다. 반대로 따뜻한 남쪽에서 살던 사피엔스는 상대적으로 호리호리한 체형이었죠.

만일 두 종이 개체별로 맞붙어 싸웠다면 신체 조건이 우수한 네안데르탈인이 이겼을 가능성이 큽니다. 하지만 종족 전쟁의 결과는 전혀 달랐죠. 이들이 같은 지역에서 공존했던 약 3,000년의 시간이 지난 뒤 네안데르탈인은 지구상에서 자취를 감췄습니다. 비슷한 시기 중동 지역과 동아시아에 퍼져 있던 데니소바인[7], 플로레시스인도 사피엔스와의 전쟁에서 패한 후 멸종되고 말았죠.

그렇다면 신체 조건이 우수했던 네안데르탈인은 왜 멸종했을까요?

---

6) 유발 하라리는 7만 년 전 인류에게 '인지혁명'이 있었고, 이때부터 문명이 급속도로 발달했다고 주장한다(《사피엔스》).

7) 신생대 3기 홍적세 후기에 살던 인류 가운데 하나. 알타이산맥의 데니소바 동굴에서 손가락뼈와 어금니 화석이 발견돼 데니소바인이란 이름이 붙었다. 8만 년 전부터 3~4만 년 전까지 시베리아와 알타이산맥, 동남아 등에서 살았다.

지금까지의 상식은 사피엔스가 네안데르탈인보다 더욱 똑똑했기 때문이라는 것이었습니다. 하지만 최근의 연구 성과는 다릅니다. 즉 '똑똑함'만이 사피엔스의 승리 이유가 아니라는 거죠.

단적으로 최근 발견된 네안데르탈인의 유골을 분석해 보면, 뇌의 용적량이 1,400cc 성인 남성 기준로 현대인 1,370cc보다 오히려 큽니다. 이전 종인 호모 에렉투스 935cc나 오스트랄로피테쿠스 494cc보다 월등히 앞서죠. 이 말은 네안데르탈인도 사피엔스처럼 높은 지능을 갖고 있었다는 뜻입니다.

2014년 8월 영국의 일간신문 〈가디언〉은 '네안데르탈인은 우리와 공존했다'라는 기획보도를 통해 당시 네안데르탈인이 사피엔스에 못지않은 지능을 갖고 있었다고 보도했습니다. 세계적인 인류학자인 윌 로브로크 네덜란드 레이든 대학 교수는 "네안데르탈인은 부싯돌과 여러 도구를 사용하는 사냥 기술도 뛰어날 만큼 지능이 높았다."라고 말합니다.

지능도 높고 신체 조건도 뛰어난 네안데르탈인은 왜 사피엔스에게 졌을까요? 우리는 그 답을 과학 기술의 발전 덕분에 찾을 수 있었습니다. 최근까지의 인류학은 동굴 등지에서 발견된 유골과 생활 흔적 등을 비교해 두 종 간의 차이점을 유추했죠. 하지만 발달한 유전공학 기술은 이들의 유골에서 채취한 DNA로 유전자 지도를 그렸습니다. 유전적으로 무엇이 다른지 차이점을 알아낼 수 있었죠.

그중 가장 핵심적인 차이점은 언어와 사회성이었습니다. 이 둘을 관장하는 전두엽과 같은 뇌의 부분이 사피엔스가 월등이 발달해 있던 거였죠. 네안데르탈인과 사피엔스의 삶을 재구성한 다큐멘터리를 보면 언어와 사회성이 두 종 간의 차이점을 어떻게 심화시켰는지 잘 드러납니다.

들어가기
기술혁명과 인간문명

I. 미래를 향한
빅 퀘스천

II. 포스트 휴먼의
시대

III. 미래의 국가와
사회, 기업

IV. 존재의 고뇌,
인공지능과 인간

V. 인공물로 바꿔 놓을
기술혁명

VI. 우리는 무엇을
해야하나

에필로그

들소 사냥을 예로 들어 보겠습니다. 네안데르탈인은 직접 들소를 쫓아가 창을 꽂는 방식으로 사냥을 했습니다. 그러나 사피엔스는 언어를 통해 원활히 소통하고 협업했죠. 달리기가 빠른 누군가는 미끼가 돼 들소를 유인하고, 덩치 큰 사피엔스는 뒤에서 들소를 한쪽으로 몰았습니다. 또 창을 잘 던지는 누군가는 큰 바위나 나무 뒤에 숨어 있다 들소를 잡았죠.

언어와 사회성은 들소 사냥뿐 아니라 삶의 전반에서 많은 차이점을 만들었죠. 공동체 생활에 가장 필요한 협업을 촉진했고, 일상에서 분업이란 개념도 만들었죠. 이처럼 사피엔스가 지구의 주인 노릇을 하게 된 가장 핵심적인 이유는 언어와 사회성을 통해 '공동체'라는 경쟁력을 만들어 냈기 때문입니다.

집단에서 나오는 협업의 힘이 다른 종과 싸움에서 우위를 가지게 했고 결국엔 지구의 주인 노릇까지 할 수 있던 겁니다. 《사피엔스》의 저자 유발 하라리도 "현생 인류는 정교한 언어와 협업을 통해 지식을 축적할 수 있었고, 이를 통해 오늘과 같은 문명을 이룩했다."라고 말합니다. 자연에서 한 개체로서의 인간은 어린 맹수 한 마리도 상대하지 못할 만큼 약하지만, '공동체'란 경쟁력을 만들어 내면서 지금은 지구 밖까지 우주선을 쏘아 미지의 세계를 탐험할 만큼 위대한 존재로 우뚝 섰습니다.

결국 현생 인류의 가장 큰 강점은 똑똑하다는 게 아닙니다. 앞서 말씀드린 것처럼 이 같은 논리대로면 특이점[8] 이후 인간은 지구의 주

---

8) AI가 인간의 지능을 뛰어넘는 시점.

인 자리를 AI에게 내줘야 합니다. 그러나 1억 년 이상 살아남은 개미에서 보듯 인간이 지구의 주인 노릇을 할 수 있던 건 사회라는 공동체를 만들고 그 안에서 협업을 했기 때문입니다. 개체의 생존이 아니라 집단의 공존이 미래 사회에 더욱 중요한 이유입니다.

그러나 인간 사회를 한번 살펴볼까요. 아직도 많은 나라에서 전쟁이 진행 중이고, 한 국가 안에서도 종교와 이념의 차이에 따라 극단적 대립을 하고 있습니다. 가장 성공적인 체제라고 말하는 자유민주주의 국가에서도 불평등과 양극화의 심화는 해결할 수 없는 난제처럼 돼 버렸고요.

특히 한국 사회는 이런 상황이 더욱 심각합니다. 가정과 학교 어디에서도 우리 아이들에게 공동체의 가치와 지향점에 대해 가르치지 않습니다. 사람은 누구나 개인의 자아실현이라는 큰 원과 공공의 선이라는 또 다른 원을 갖고 태어나지만, 두 원 사이의 교집합을 키우도록 독려하거나 응원하지 않습니다. '남 주기 위해' 공부하는 것이 아니고, '자신이 잘 먹고 잘살기 위해' 노력하고 있을 뿐입니다. 우리는 공동체를 까맣게 잊고 살고 있죠. 그 안에서 협업 정신이 살아날 리 만무합니다.

실제로 한국교육과정평가원이 선진국과 한국 학생들의 시민성을 조사해 보니 우리가 유독 낮게 나왔습니다. "사회생활에 필요한 질서와 규칙을 배우고 실천한다."라는 질문에 프랑스63%와 영국53%은 절반 이상이 그렇다고 대답했지만 한국은 18%에 불과했습니다. "타인을 이해하고 존중하는 걸 배우고 실천한다."라는 물음에는 프랑스·영국60%의 4분의 1 수준16%밖에 안 됐죠.

그러나 미래 사회는 점점 변해 가고 있죠. 사피엔스의 본질적 특성

에필로그 기술혁명과 인간문명

I. 미래를 향한 빅 퀘스천

II. 포스트휴먼이 시대

III. 미래의 국가와 사회, 기업

IV. 초예측 공부의 미래

V. 인류를 바꿔 놓을 기술혁명

VI. 우리는 무엇을 해야 하나

에필로그

인 공동체 역량을 더욱 발휘해야 할 시대가 오고 있다는 겁니다. 초연결 사회인 미래엔 상호 간의 협업과 네트워크가 더욱 중시될 전망이죠. 이미 4차 산업혁명의 첨단에 서 있는 구글은 인재를 뽑을 때 '협업' 능력을 가장 우선시해 선발하고 있죠. 다보스포럼 역시 미래 사회에 필요한 핵심 능력 중 하나로 '협업'을 제시했습니다.

이젠 우리의 생각도 달라져야 합니다. 성적과 스펙 등 개인의 똑똑함만을 강조해 이기심으로 가득 찬 사람을 만드는 일을 그만해야 합니다. 대신 타인을 배려하고 함께 어울릴 수 있는 인재를 양성하는 일에 힘을 쏟아야 하죠. 사피엔스의 본질적 특징인 공동체성을 살릴 수 있게 말이죠.

나아가 우리는 개인의 욕망과 이기심만을 키울 게 아니라, 공동체의 이익과 공공선을 조화시킬 수 있는 능력도 함께 길러야 합니다. '배워서 남 줄 수 있는' 공부를 시키고 '함께 잘 먹고 잘살 수 있는' 노력을 해야 한다는 거죠. 우리가 미래를 논하는 데 있어 가장 먼저 해야 할 것은 인간의 본질이 무엇인지부터 생각해 보는 일입니다. 우리의 본질은 '똑똑함'이 아니라 '소사이어티'에 있습니다.

3

사람의 욕심이 만드는 재앙

어느 날 지구를 비롯해 수성, 금성, 화성 등 행성이 일직선이 되는 순간이 다가옵니다. 태양계의 행성들이 모두 한 줄로 늘어서면 중력과 자기장이 변해 끔찍한 재앙이 닥치게 되죠.[9] 그로 인해 지구엔 엄청난 재해가 몰아칩니다. 지진과 해일이 일고 화산이 폭발하며 지구는 위기에 처합니다.

영화 〈2012〉의 이야기입니다. 지구 전역에서 일어나는 동시다발적

---

9) 태양과 행성들이 일직선이 된다는 이야기는 고대 마야문명에서부터 전해져 오는 예언이다. 과학과 천문 지식이 부족했던 과거에도 이런 상상을 했다는 게 놀랍긴 하지만, 어디까지나 허구적 상상력에 기초한 이야기다. 실제로 이렇게 될 가능성은 낮다. 태양계의 행성들이 일직선으로 정렬하기도 어려울 뿐 아니라, 태양의 질량은 이들을 합친 것보다 훨씬 크기 때문에 중력의 변화도 미미하다.

인 지진과 해일로 인류가 멸망해 가는 과정을 그렸습니다. 어디까지나 허구적 상상력에 기초한 이야기지만, 영화는 대지진이 닥쳤을 경우의 상황을 실감나게 묘사하고 있습니다.

〈인디펜던스 데이〉, 〈투모로우〉 등 재난 영화의 거장 롤랜드 에머리히가 메가폰을 잡았고 2억 달러의 제작비를 들인 대작입니다. 2009년 개봉해 국내에서만 540만 명의 관객을 동원하며 전 세계적으로 7억 7,000달러를 벌어들였죠. 영화에선 고층 빌딩과 거대한 교량들이 순식간에 무너지고 사람들은 잿더미로 변한 도심 한복판에 매장됩니다.

이때 미리 재앙을 예측한 각국의 수뇌부들은 준비해 뒀던 현대판 '노아의 방주'를 띄웁니다. 문제는 한 좌석당 10억 유로를 낸 사람들만 우주선에 탑승할 수 있다는 거였죠. 영화는 지구 멸망의 순간까지 빚어지는 인간의 탐욕을 비판하고 있습니다.

이처럼 지구의 재난과 재앙을 다룬 영화들은 많습니다. 그중에서도 가장 현실성 높은 이야기 중 하나는 2015년 개봉한 〈샌 안드레아스〉입니다. 영화는 태평양판과 북미판이 이어지는 샌 안드레아스 단층을 소재로 삼았습니다. 캘리포니아를 관통하는 샌 안드레아스는 길이 1,200km가 넘는 초거대 단층입니다. 미국의 지질학자들은 이곳에서 향후 30년 안에 진도 9.0 규모의 '빅 원'[10]이 일어날 것을 예측합니다. 진도 9.0은 2011년 1만 5,000여 명의 사망자를 냈던 동일본 대지진과 비슷한 규모입니다.

이 영화는 후버댐이 붕괴하는 장면으로 시작합니다. 저수용량이 소

---

10) Big One은 대형 지진을 뜻한다.

양강댐의 11배나 되는 후버댐은 높이 221m, 댐 하단 부분 두께가 201m에 이르는 미국에서 가장 거대한 댐입니다. 후버댐 건설엔 콘크리트 660만t이 사용됐는데 이는 뉴욕에서 샌프란시스코까지 왕복 도로를 건설할 수 있는 양이라고 하죠. 영화 속에서 진도 9.0의 빅 원은 미국 서부를 초토화시킵니다. 샌프란시스코의 상징인 금문교가 반으로 갈라지고, 로스앤젤레스의 마천루들이 엿가락처럼 휘었다가 힘없이 무너지죠.

그런데 이런 장면들이 그저 허구로만 보이진 않습니다. 현실에서도 '샌 안드레아스'는 주기적으로 지진을 일으키고 있기 때문입니다. 1906년 샌프란시스코에선 진도 8.1의 지진이 생겨 3,000여 명의 사망자를 내기도 했죠. 최근 미국 지질연구소는 미국 전역이 샌 안드레아스와 같은 지진으로 인해 1억 5,000만 명이 인적·물적 피해를 볼 것이라고 예측했습니다. 이로 인한 물적 피해는 45억 달러에 이를 것으로 추정되고요. 피해는 대부분 캘리포니아와 오리건주 등 서부 해안에 집중될 것이라고 전망됩니다.

그런데 문제는 큰 단층대가 없는 중부 내륙 지방에서도 지진 활동이 늘고 있다는 거죠. 연구소는 "오클라호마와 오하이오주에서 '인간 활동'에 따른 지진이 늘고 있다."라고 지적합니다. '인간 활동'에 따른 지진이란 무엇일까요? 바로 셰일가스[11]입니다. 가스를 추출하기 위해 땅속 깊이 시추공을 뚫고 그 안으로 물과 화학물질을 흘려보내는데 이 과정에서 지질이 변화돼 지진을 야기한다는 것이죠.

2014년 미국 코넬대 케이티 케러넌 박사팀은 〈사이언스〉지를 통

---

11) 셰일가스는 퇴적암 지층인 셰일층에 매장되어 있다. 일반적으로 시추되는 천연가스보다 깊은 지층에 존재하며 암석층 사이에 미세하게 퍼져 있어 시추 작업이 까다롭다.

기술 발전과 인간의 욕망

I. 미래를 향한 변화의 시작

II. 이미 찾아온 미래, 스마트 시대

III. 미래의 국가와 기회, 그리고

IV. 공존의 미래를 꿈꾸다

V. 욕망이 바꾸는 기술 발전

VI. 우리는 무엇을 해야 하나

에필로그

해 셰일가스 추출이 지진을 일으키는 원인 중 하나라고 밝혔습니다. 셰일가스를 추출하기 위해선 시추공을 통해 고압의 액체를 주입해야 합니다. 그런데 이 작업을 하다 보면 고온의 폐수가 나오고, 이를 매립하는 과정에서 지진이 활성화된다는 거죠. 상식적으로 생각해 봐도 땅속에 수백 개의 큰 구멍을 뚫고 고온의 물과 액체를 집어넣는데 아무런 변화가 없으면 말이 안 되죠.

미국 에너지정보청 EIA도 오클라호마 지진이 2009년 이전엔 연간 1~2회였지만 셰일가스 채굴이 급격히 늘어난 2014년 이후엔 하루 평균 1회씩 지진이 관측된다고 밝혔습니다. 2017년 8월에는 지진이 연달아 발생해 셰일가스 추출 작업이 중단되는 경우도 있었습니다.

2017년 11월 발생한 포항 지진의 원인도 '인간 활동'이 주원인 중 하나입니다. 진앙에서 2㎞ 떨어진 국내 최초의 지열발전소 건설이 영향을 미쳤을 거란 이야기죠. 지열발전은 200도에 가까운 지하 지점 약 5㎞까지 시추공을 뚫고, 거기서 나오는 뜨거운 증기로 터빈을 돌립니다. 시추공을 뚫어 지반에 영향을 미친다는 점에서 셰일가스 추출 방식과 비슷합니다.

스위스에서도 지열발전소가 지진에 영향을 미쳤다는 연구 결과가 나온 적이 있습니다. 2006년 바젤에서 지열발전소가 가동하자 얼마 후 규모 3.4의 지진이 도시를 덮쳤습니다. 정부 조사 결과 발전소를 다시 돌리면 지진 발생 확률이 15%가 높아진다고 나왔습니다. 이로 인한 물적 피해는 5억 달러 이상이 될 것이라고 분석됐고요. 결국 스위스 정부는 여러 논란 끝에 2009년 지열발전소의 문을 닫았죠.

지나친 '인간 활동'이 재해 가능성을 높이는 것은 분명한 사실입니다. 지진과 해일, 화산 등은 자연 활동의 일부이긴 하지만 사람이 환경을 무분별하게 개발하고 자연을 지나치게 변형하면서 인위적 재앙이 늘고 있는 것이죠.

2008년 중국 쓰촨성 대지진 때도 '인간 활동'에 의한 지진 가능성이 제기됐습니다. 진도 8.0의 대지진이 일어나 8만 6,000여 명의 목숨을 앗아갔죠. 지진의 원인을 연구했던 중국과 미국의 전문가들은 진앙지 원촨에서 5.5㎞ 떨어진 156m 높이의 쯔핑푸댐이 지진을 유발했다고 설명합니다.[12] 영화 〈샌 안드레아스〉의 첫 장면이 후버댐 붕괴로 시작하는 것도 이와 같은 논리로 설명할 수 있습니다.

지진과 해일 등 지구에 일어나는 거대한 재해는 인간의 힘으로 감당하기 어려운 것들입니다. 하지만 이런 대재앙들이 갈수록 늘고 있다는 게 문제죠. 세계 재해 통계에 따르면, 1940년 20여 건에 불과했던 큰 자연재해는 2000년대 이후 400건대로 증가했습니다. 도시화와 삼림 개발로 인해 홍수가 많아지고 사막화가 촉진되는 것도 같은 맥락입니다.

그런데 인간이 이처럼 지구를 마음대로 변형하고 훼손해도 되는 걸까요? 과학계에서는 기술권_{문명권}이란 말이 있습니다. 인간이 기술을 통해 바꿔 버린 지구의 새로운 영역을 뜻하죠. 지구는 크게 생명권, 암석권, 대기권, 수권 등으로 나뉘는데 제일 마지막에 생긴 게 기술권이죠. 지구의 역사를 1년으로 환산하면 인간이 문명을 갖게 된 건 마지막 1분_{농업혁명 이후}에 해당하는데, 이때 기술권이 생겨난 겁니다. 하지만 기술권은 지구 전체에서 차지하는 비중이 매우 큽니다. 레스터대의 연구에 따르면, 기술권에 인간이 건설한 인공물의 총량은 30조 톤에 달한다고

---

12) 단층선에 불과 550m 떨어져 있는 쯔핑푸댐은 최대 3억 2,000만 톤의 물을 저장할 수 있다. 워낙 많은 물을 가두다 보니 지진대의 변화를 초래했다는 주장이 나온다.

합니다. 1㎡당 50kg씩 지구 표면 전부를 뒤덮을 수 있는 양입니다.

그중 생태계에 가장 큰 영향을 미치는 것은 지구 곳곳을 신경망처럼 연결하는 도로입니다. 도로는 인간에겐 매우 편리한 문명의 혜택이지만 지구 입장에선 찢어진 상처와도 같죠. 도로는 생태계를 갈라 놓고 분절된 땅들을 마치 고립된 섬처럼 쪼개 놓기 때문입니다. 〈사이언스〉지에 따르면 지구상에는 약 3,600만㎞의 도로가 존재하는데, 이는 생태계를 60만 개의 조각으로 흩뜨려 놨다고 합니다. 더욱 심각한 건 1㎢ 미만의 좁은 땅 조각들이 전체의 절반을 넘는다는 거죠. 큰 조각은 아직 인간의 손길이 덜한 극지방과 시베리아, 아마존 등뿐입니다.

지구 전체의 나이를 생각할 때 인간은 1년 중 1분에 해당하는 매우 짧은 시간 동안 너무 많은 걸 바꿔 놨습니다. 하늘 높이 탑을 올리고, 물을 가두어 생태를 변화시키고, 터널을 뚫어 지형을 바꿔 놨죠. 그러나 이런 일들을 언제까지 지속해야 할까요? 아니 계속해도 되는 걸까요?

고대의 신화와 역사에는 인간의 지나친 욕심이 자연을 무분별하게 바꿔 놨을 때 어떤 일이 벌어지는지 다양한 이야기가 있습니다. 과거 그리스인들이 정한 고대의 '7대 불가사의'가 대표적인 예죠. 기원전 4세기 마케도니아 알렉산더 대왕의 오리엔트동방 원정 이후 그리스인들은 헬레니즘 문화를 꽃피우게 됩니다. 그때 이들이 정한 세계의 유명한 건축물이 바로 고대의 '7대 불가사의'로 불리죠.

이 중 알렉산드리아의 파로스 등대, 할리카르나소스의 마우솔로스 능묘, 바빌론의 공중정원, 로도스섬의 헬리오스상 등이 지진으로 파괴됐습니다. 올림피아의 제우스상은 화재로, 에페소스의 아르테미스 신전은 전쟁을 통해 사라지고 말았죠. 7대 불가사의 중 유일하게 남아 있는 것은 이집트의 피라미드뿐입니다. 불가사의한 건축물, 즉 당시로선 최고의 기술로 만들어진 것들 대부분 자연재해로 없어지고 맙니다.

제일 먼저 우리가 잘 알고 있는 바빌론의 공중정원은 바벨탑과 함께 바빌로니아인들이 이룩한 고도의 발달된 문명의 총체입니다. 공중정원은 기원전 5~6세기경 벽돌로 높은 벽을 쌓고 그 안을 흙으로 메워 만들어졌죠. 층마다 온 세상에 존재하는 나무와 꽃을 심고, 아름다운 새와 동물 등이 살 수 있도록 꾸몄죠. 정원에 필요한 물은 노예들을 부려 유프라테스강에서 끌어왔습니다.

그러나 공중정원은 단지 한 명의 여인을 위한 것이었습니다. 치수의 목적이 있다거나 가뭄에 대비하는 등 백성들을 위한 공익적 목적을 갖고 있지 않았습니다. 바빌론의 왕이었던 네부카드네자르 2세[13]가 고향 페르시아를 그리워하는 아내를 위해 만든 것이었죠. 물론 공중정원을 짓기 위해선 엄청난 노예들이 동원됐고, 그 과정에서 많은 사람이 죽었을 겁니다. 결국 공중정원은 기원전 2세기 이후 지진으로 파괴됐다고 전해집니다.

바벨탑 역시 공중정원을 지은 네부카드네자르 2세의 명령으로 만들어졌다고 합니다. 현재로 치면 높이가 무려 90m를 넘는 매우 높은 건축물이었죠. 이렇게 높은 바벨탑을 세운 이유는 지상을 다스리는 왕이 하늘에 있는 신에게 더욱 가까이 가기 위해서였다고 하죠. 구약성경의 창세기에선 바벨탑에 대해 이렇게 묘사하고 있습니다.

---

13) 신바빌로니아의 왕으로 느부갓네살 2세라고도 불린다. 시리아와 이집트 등과 싸워 이겼고 유대왕국을 멸망시켰다. 제도를 정비하고 공중정원을 지었으며, 바빌로니아 역사상 가장 융성한 시대를 만들었다고 전해진다.

프롤로그
기술혁명과 인간문명

I. 미래를 향한
박 페스트

II. 포스트휴먼의
시대

III. 미래의 국가와
사회, 기업

IV. 2l에이크림
방에 선 인간

V. 삶을 송두리째 바꾸는
기술혁명

VI. 우리는 무엇을
해야 하나

에필로그

"처음 세상엔 언어가 하나뿐이어서 모두가 같은 말을 했다. 사람들이 동쪽에서 이동해 오다가 한 들판에 자리를 잡고 벽돌을 빚어냈다. 사람들이 말했다. '도시를 세우고 탑을 쌓고서 그 꼭대기가 하늘에 닿게 하여 우리의 이름을 날리고 온 땅 위에 흩어지게 하자.' 그러자 주님께서 사람들이 짓고 있는 도시와 탑을 보려고 내려오셨다."

지상에 온 하나님은 인간의 오만한 행동에 분노해 벌을 내렸습니다. 하나였던 언어를 여러 개로 나누고 서로 흩어져 살게 했죠. 탑을 높이 세우려 했던 사람들은 혼란 속에 뿔뿔이 흩어졌고 훗날 오해와 불신 속에 서로 다른 말을 쓰며 떨어져 살게 됐다고 합니다. 구약 속에 짧게 전해지던 이 이야기는 조세푸스 플라비우스[14]가 쓴 《유대인 고대사》를 통해 자세한 이야기가 덧붙여져 널리 확산됐습니다. 인간의 욕심과 자만이 신을 뛰어넘으려는 행동으로 나타났고 신의 노여움을 사 벌을 받게 됐다는 것이었죠.

물론 이는 성경 속의 이야깁니다. 또 그 성경은 오랜 시간 세대를 통해 구전되어 온 내용이고요. 그렇기 때문에 어디까지가 사실일지는 알 수 없습니다. 하지만 선조들이 이 이야기를 통해 하고 싶었던 말은 인간의 욕심과 욕망에 따른 지나친 문명의 발전이 오히려 인간 스스로를 파멸로 이끌 수 있다는 메시지를 주려고 한 것은 아닐까요. 셰일가스 추출이 지진을 증가시키듯, 무분별한 개발은 재앙을 초래하는 현실처럼 말이죠.

---

14) Josephus Flavius(37~100)는 유대왕국의 역사가다. 유대인 석방을 위해 로마에 가서 네로 황제의 황후로부터 호의를 얻기도 했다. 66년 유대전쟁 때 지도자였고, 67년 포로가 됐다.

우리 앞에 놓인 과학과 기술의 혁신은 전에 없던 큰 변화를 야기합니다. 수십억 년 지구의 역사에서 모든 생물은 자연환경의 변화에 적응하고 살았지만, 인간은 지구를 자기 마음대로 변형하며 바꿔 왔습니다. 앞으로의 세상에선 더 많은 지구 변형이 일어날 것이고, 또 그로 인한 지구의 반작용[15]도 나타날 것입니다.

　여기서 우리가 잊지 말아야 할 것은 과학 기술의 발달과 문명의 발전이 더 이상 자연을 훼손시키고 지구를 아프게 하는 방향으로 가선 안 된다는 겁니다. 자연은 그동안 우리에게 수많은 경고를 해 왔습니다. 그리고 이젠 그 경고를 더 이상 흘려들을 때가 아닌 것 같습니다.

---

15) 이를 테면 지진과 해일, 기후 변화 등

4

6번째 대멸종,
지구 파멸 앞당기는 인류

프롤로그
기술혁명과 인간문명

I. 미래를 향한
빅 퀘스천

II. 포스트 휴먼의
시대

III. 미래의 국가이
사회, 기업

IV. 초게임 근원,
참에 선 인간

V. 담대한 미래를
기술혁명

VI. 우리는 무엇을
해야하나

에필로그

THE FUTURE HUMANITIES 2013년 개봉한 미국 영화 〈애프터 어스〉는 먼 미래 인간의 삶을 주제로 다뤘습니다. 주인공 사이퍼와 키타이 역할을 실제 부자 사이인 윌 스미스와 제이든 스미스가 맡아 화제가 됐죠. 감독 또한 〈식스센스〉로 유명한 M. 나이트 샤말란입니다.

영화는 우주비행사인 사이퍼와 그의 아들 키타이가 특수 임무를 띠고 다른 행성으로 가는 것에서 시작합니다. 전혀 예상치 못한 우주선 고장으로 이들은 낯선 행성에 불시착합니다. 행성의 대기권을 통과하면서 우주선은 반토막이 났고, 추락하면서 큰 충격을 받은 사이퍼는 두 다리를 쓸 수 없게 됐죠. 이제 마지막 남은 희망은 아들 키타이가 반쪽 난 나머지 우주선을 찾아 그 안에 있는 조난신호기를 찾아오는 것뿐입니다.

사실 키타이는 아버지 사이퍼만큼 용감하지 못했습니다. 그렇기 때문에 키타이 혼자 행성을 탐험하는 것은 매우 어려운 일이었죠. 이곳엔 각종 맹수와 식인 식물이 가득했기 때문입니다. 키타이는 온갖 위험을 무릅쓰고 아버지와 자기 자신을 살리기 위해 도전에 나섭니다. 그러나 모험의 과정에서 알게 되는 놀라운 사실 한 가지는 이 행성이 바로 지구였다는 것입니다. 1,000년 전 지구는 극심한 환경오염으로 인간이 살 수 없는 곳으로 변했고, 가까스로 살아남은 인류는 '노바 프라임'이라는 행성을 개척해 새로운 삶의 터전을 마련한 것이었습니다. 반면 지구의 모든 생명체는 오염의 주범이었던 인간을 공격하게 진화돼 있었고요.

조난신호기를 찾아가는 과정에서 키타이는 매 순간 생사의 기로에 놓입니다. 그때마다 공포에 떠는 아들에게 사이퍼가 차분히 말합니다. "Danger is real, but fear is choice 위험은 현실이야, 하지만 두려움은 선택이지."[16] 그러면서 현실은 받아들이는 것이고, 선택은 자기 자신이 결정하는 것이라며 아들의 용기를 북돋죠. 키타이는 몇 번의 죽을 고비를 넘겼지만, 포기하지 않고 성공적으로 자신의 임무를 완성하면서 영화는 해피엔딩으로 끝납니다.

그런데 영화에서 가장 기억에 남는 한 가지는 지구가 인간이 살 수 없을 만큼 크게 오염되고, 그런 지구의 모든 생명체는 인간을 죽일 수 있도록 진화됐다는 겁니다. 지구의 입장에선 인간이 살지 못하게

---

16) 윈스턴 처칠의 명언과 유사하다. Fear is a reaction. Courage is a decision.

만드는 것이 자정 작용의 일환이었다는 설정인 것이죠. 인간의 과도한 욕망과 무분별한 개발, 그리고 이로 인한 환경오염이 지구 입장에선 엄청난 재앙과도 같았습니다. 영화는 상상 속의 이야기를 다루고 있지만 뭔가 모를 찝찝함을 남겨 놓습니다. 언젠가 우리의 현실이 될 수도 있다는 전망 때문에 말이죠.

태평양 한가운데에는 '플라스틱 아일랜드'라는 거대한 섬이 있습니다. 우리가 매일 먹고 마시며 생겨난 쓰레기들이 모여 어마어마한 섬 Great Pacific Garbage Patch을 만들어 낸 것입니다. 이 섬에는 전 세계에서 버려진 쓰레기들이 해류와 해풍을 타고 모여 들어 태평양 한가운데 쌓입니다. 현재 면적은 70만㎢로 한반도 22만㎢의 3.2배에 달한다고 합니다. 그뿐 아니라 이 섬은 지금도 계속 넓어지고 있습니다.

이처럼 환경오염에 대한 우려를 좀 더 적나라하게 보여 주는 지표가 있습니다. 바로 '생태환경 초과일 Earth Overshoot Day'입니다. 이는 1년간 지구가 제공하는 생태 자원을 모두 써 버린 날짜로 세계자연기금 WWF이 매년 발표합니다. 그런데 놀라운 것은 인간이 지구의 1년 치 생태 자원을 모두 써 버리기 시작한 건 불과 40년도 안 된 일이라는 사실입니다. 1970년엔 12월 31일이었던 생태환경 초과일이 2023년엔 8월 2일이었습니다. 언젠가는 이 날짜가 6월, 5월이 되고 급기야는 1월이 될 날도 올 것입니다.

이처럼 우리는 지구의 자원을 지나치게 막 쓰고 있습니다. 유발 하라리에 따르면, 석기시대 인간 1명이 쓰는 에너지는 4,000칼로리였다고 합니다. 먹고 자고, 또 일하는 모든 에너지를 합해서 말이죠. 반면 지금의 인류는 22만 8,000칼로리 미국인 1인 기준를 사용합니다. 옛날보

프롤로그
기술혁명과 인간문명

I. 미래를 향한
빅 퀘스천

II. 포스트 휴먼이
온다

III. 미래의 국가와
의학, 기업

IV. 조제의 근원,
붕괴에 선 인간

V. 인류의 미래를 바꿀
기술혁명

VI. 우리는 무엇을
해야하나

에필로그

다 먹을거리도 많아졌고, TV·스마트폰에 들어가는 전력도 있어야 하며, 자동차를 몰기 위해선 기름도 필요합니다. 단순 비교만 해도 현대인은 과거보다 60배가량 더 많은 에너지를 사용하고 있습니다. 물론 인간의 개체 수는 수백 배 늘었기 때문에 지구는 인류로부터 많은 자원을 착취당하고 있습니다.

이처럼 지구는 한계 상황으로 몰리고 있습니다. 생전의 스티븐 호킹 박사는 길게는 100년, 짧게는 30년 안에 지구를 떠나야 한다고 주장했습니다. "기후 변화와 환경오염 등으로 지구에 더 이상 살 수 없게 될 것"이라는 이유 때문입니다. 영화 〈애프터 어스〉의 이야기처럼 현대판 노아의 방주를 만들어 다른 행성으로 떠나야 할 날이 곧 다가올 수도 있습니다.

지구에서 생물의 다양성은 건강한 생태계를 유지하는 중요한 조건이기 때문에 언젠가는 인간의 삶에도 치명적 영향을 미치게 될 것입니다. 물론 어느 종이든 언젠가는 멸종합니다. 다만 과거엔 자연의 변화에 의해 멸종이 이뤄졌지만, 지금은 인간이 만들어 낸 기술과 그로 인한 오염으로 멸종이 훨씬 더 빨리 앞당겨지고 있습니다. 즉 인간 스스로 멸종을 자초하고 있다는 것이죠.

지구 역사에선 지금까진 5번의 대멸종이 있었습니다. 대략 35억 년 전 최초의 생명체가 지구에 나타난 이후 수많은 종들이 생겨났지만, 이들 중 99%는 자취를 감췄습니다. 특히 4억 4,500만 년 전 첫 번째 대멸종에선 생물의 절반이, 가장 심각했던 3번째 대멸종2억 5,000만 년 전에선 전체 생명의 95%가 없어졌습니다. 마지막이었던 6,500만 년 전 5번째 대멸종에선 당시 지구의 주인이던 공룡이 지구상에서 사라졌습니다.

그런데 우리 앞에 또 다른 파괴의 시간이 기다리고 있습니다. 바로 6번째 대멸종이죠. 그리고 많은 전문가는 우리가 이미 대멸종의 초입에 들어와 있다고 분석합니다. 특히 대멸종의 시기를 인간이 앞당기고 있다는 의미에서 지질학자들은 현재의 시대를 '인류세'[17]라고 부르고 있습니다.

그중 가장 현실적 위협이 되고 있는 것은 지구온난화입니다. 온실가스 배출이 늘어나면서 지구의 기온이 계속 높아지고 있는 것이죠. 현재 지구의 온도는 19세기에 비해 약 1도가량 높아졌습니다. 지금보다 기온이 1.6도 더 오르면 지구 생명체의 18%가 멸종합니다. 2도 오르면 빙하가 사라지고, 3.5도 오르면 해수면 높이가 7m 정도 상승하면서 일부 나라는 바다에 잠깁니다. 최종적으로 6도 이상 오르면 대멸종이 도래해 모든 인간은 없어질 것입니다.

이렇게 대멸종의 시간이 지나면 언제나 그랬듯 지구엔 또 다른 생명체가 자리를 잡을 겁니다. 수천만 년 또는 수억 년 뒤에 지구의 주인들은 지질에 기록된 인류세를 보며 현재를 떠올리겠죠. 우리들이 지표면 아래 쌓인 퇴적층에서 삼엽충과 암모나이트 등의 화석을 보며 지질 시대를 구분한 것처럼 말입니다.

그렇다면 미래 지구의 주인들은 인류세의 지질적 특성으로 무엇을 떠올릴까요. 아마도 동물의 화석보다는 플라스틱과 알루미늄 캔, 비닐 등을 떠올리지 않을까요. 더욱 재밌는 것은 다수의 지질학자들이

---

17) 1995년 노벨화학상을 받은 네덜란드 화학자 크뤼천이 2000년 처음 제안한 용어. 지질 시대 단위인 '세'를 현대에 적용한 것으로 현세인 충적세에 이어 전혀 새로운 시대를 뜻한다. 인류세의 가장 큰 특징은 인간의 자연환경 파괴다.

인류세의 대표 화석으로 닭뼈를 꼽고 있다는 것입니다. 공룡의 뼈가 중생대의 트라이아스기부터 백악기까지를 대표하는 화석인 것처럼 현 시대의 대표 화석은 닭뼈란 이야기죠.

실제로 우리가 소비하는 닭의 양은 어마어마합니다. 1년에 600억 마리에 달한다고 하죠. 세계 인구70억 명로 나누면 1인당 매년 8마리 반씩 먹는 분량입니다. 우리나라도 다양한 닭 요리가 발달해 있죠. 치킨과 삼계탕 등 세계에서 손꼽힐 만큼 닭을 사랑하는 국민입니다. 그렇다면 도대체 닭의 사육이 대폭 늘어난 것과 6번째 대멸종이 무슨 관계냐고요?

단순히 닭이라는 생물 종 하나 때문에 인류의 멸종이 앞당겨지는 것은 아닙니다. 닭을 포함해 소와 돼지 같은 식육 가축이 크게 늘면서 생물종 간의 균형이 깨지고 있다는 게 문제입니다. 전 세계의 소는 약 13억 마리, 돼지와 양은 10억 마리 정도가 존재합니다. 반면 동물의 왕인 사자는 4만 마리도 안 되고, 판다는 1,000여 마리만 남았습니다. 가축화된 개는 4억 마리에 달하지만, 야생 늑대는 20만 마리가 채 되지 않습니다. 인간이 식량으로 쓰기 위해, 또 반려동물로 키우기 위해 가축 동물의 개체 수가 급격히 늘었습니다. 자연 상태에선 이렇게 존재할 수 없을 정도로요.

더 큰 문제는 이들이 배출하는 온실가스의 양이 지나치게 많다는 것입니다. 경제협력개발기구OECD에 따르면, 식용 가축 동물닭·돼지·소·양이 배출하는 온실가스 양은 한 해 7기가 톤이 넘습니다. 전체 온실가스의 14%에 해당하며, 전 세계의 자동차가 뿜어내는 온실가스의 양과 비슷한 수준입니다. 특히 가축이 트림이나 방귀를 통해 배출하는 메탄3기가

톤은 전체 배출량의 44%에 달합니다. 메탄은 열을 공기층에 가두는 능력이 이산화탄소보다 28배나 강하기 때문에 치명적인 온실가스입니다.

그런데 전 세계 육류 소비량은 1995년 2억 톤에서 2015년 3억 1,000톤으로 56% 늘었습니다. 1인당 평균 소비량도 27.5kg에서 34.1%로 증가했습니다. 한국은 같은 기간 170만 톤에서 330만 4,000톤으로 2배가량이 됐습니다. 이에 더해 세계식량기구FAO는 육류 소비량이 2050년에 현재 수준보다 70% 이상 늘어날 것이라고 예측합니다. 개발도상국가를 제외한 나라들에선 지난 수십 년간 폭발적으로 육류 소비가 늘었고, 이는 곧 영양 과잉 문제를 초래하고 있습니다.

《사피엔스》에서 유발 하라리는 2010년 전 세계에서 테러로 죽은 사람은 7,697명이지만, 비만 관련 질병으로 죽은 사람은 300만 명이라고 설명했습니다. 인간은 테러·전쟁·핵무기로 죽는 게 아니라 많이 먹거나 또 운동을 하지 않아서 죽는 경우가 더 많다는 것이죠. 즉 일상생활의 욕심과 나태가 그 어떤 전쟁 무기보다 위험합니다.

6번째 대멸종이 시작된 지금, 우린 이제 어떻게 해야 할까요? 이전처럼 손을 놓고 있다면 그 시기는 더욱 빨라져 우리의 아들·딸들이 직접 그 피해를 볼 수도 있습니다. 물론 우리가 직접 대멸종을 겪을 가능성은 낮습니다. 하지만 머지않은 미래에 우리는 6번째 대멸종을 진지하게 고민해야 할 시기가 올 것입니다. 그때의 후손들은 일찌감치 이 문제를 고민하지 않고 멸종의 시기를 앞당겨 온 지금의 우리들을 원망하게 될 것이고요.

더욱 가슴 아픈 건 이렇게 중요한 이슈인데도 불구하고 많은 국가 지도자들이 문제 해결에 앞장서지 않는다는 겁니다. 오히려 도널드 트럼프 미국 대통령처럼 기후변화협약을 탈퇴하며 시계를 거꾸로 돌리는 사람들도 있습니다.[18] 이는 미래에 다가올 대멸종을, 지금의 환경오염과 기후 변화를 우리의 일이 아니라 남의 일이라고 생각하기 때문입니다. 시민 개개인이 이런 생각을 갖고 있으니 그 어떤 지도자도 이 문제에 신경을 쓰지 않은 것이고요.

과거에 인류가 당장 먹고살기에 급급하고, 생존하는 게 삶의 목표였던 시대에는 이런 고민을 할 여력이 없었습니다. 하지만 지금은 아닙니다. 인간혁명이 중심이 돼야 하는 4차 혁명 시대에는 지구와 자연, 그리고 미래를 생각하는 실천이 필요합니다. 세계 각지에서 이상 기온 현상과 예상치 못한 허리케인·토네이도 등이 발생하는 것은 지구가 우리에게 던지는 심각한 경고입니다. 지금처럼 함부로 지구를 사용하고, 다른 생물 종을 파멸로 이끌며 생태계를 파괴한다면 이른 시일 안에 우리에게 더 큰 부메랑이 되어 돌아올 것입니다.

영화 〈애프터 어스〉에서 아빠가 아들에게 했던 말Danger is real, but fear is choice을 다시 떠올려 볼까요? 우리 앞에 놓인 환경오염과 기후 변화는 현실이지만, 우리가 앞당기고 있는 멸종은 선택의 문제입니다. 남의 나라 대통령을 두고 욕만 하고 있을 게 아니라, 우리가 지금 당장 할 수 있는 것부터 실천에 옮겨 보면 어떨까요. 평소 아무렇지 않게 쓰는 일회용품과 쓰레기부터 줄여 보는 것을 시작으로 해서 말이죠.

---

18) 버락 오바마 전 대통령이 주도했던 기후변화협약을 도널드 트럼프 전 대통령은 2017년 탈퇴했다. 그러나 새로 부임한 조 바이든 대통령이 2021년 다시 가입했다.

5

타노스의 변명

포롤로그
기술혁명과 인간문명

I. 미래를 향한
빅 퀘스천

II. 포스트휴먼의
시대

III. 미래의 국가와
사회, 기업

IV. 존재의 근원
욕망에 관한 성찰

V. 문명을 바꾸는
기술혁명

VI. 우리는 무엇을
해야 하나

에필로그

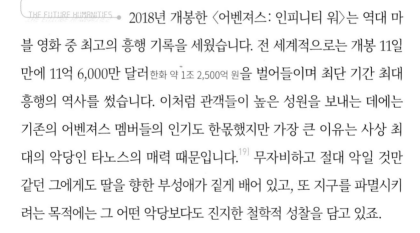

THE FUTURE HUMANITIES 2018년 개봉한 〈어벤져스: 인피니티 워〉는 역대 마블 영화 중 최고의 흥행 기록을 세웠습니다. 전 세계적으로는 개봉 11일 만에 11억 6,000만 달러한화 약 1조 2,500억 원을 벌어들이며 최단 기간 최대 흥행의 역사를 썼습니다. 이처럼 관객들이 높은 성원을 보내는 데에는 기존의 어벤져스 멤버들의 인기도 한몫했지만 가장 큰 이유는 사상 최대의 악당인 타노스의 매력 때문입니다.[19] 무자비하고 절대 악일 것만 같던 그에게도 딸을 향한 부성애가 짙게 배어 있고, 또 지구를 파멸시키려는 목적에는 그 어떤 악당보다도 진지한 철학적 성찰을 담고 있죠.

---

19) 마블코믹스의 세계관에는 타노스보다 더욱 강력한 악당들이 많지만, 영화 시리즈에서는 아직 등장하지 않았다.

그렇다면 타노스가 지구의 인간들을, 나아가 우주의 수많은 행성과 그곳의 종족들을 해치려는 이유는 뭘까요? 단순히 그들을 지배하고 싶은 권력욕 때문이 아닙니다. 물질적인 이득을 취하겠다는 목적도 아니고요. 그럼에도 불구하고 타노스가 사상 최대의 악당이 된 이유는 다른 데 있습니다. 그럼 잠시 〈어벤져스〉의 세계로 들어가 볼까요.

타노스는 우주가 처음 만들어질 때 생성된 인피니티 스톤 6개를 모두 모으면 신과 같은 힘을 얻을 수 있다는 사실을 믿게 됩니다. 제일 먼저 치타우리 행성에 사람의 마음을 조종하는 마인드 스톤이 있다는 사실을 알게 된 후 그곳을 쳐들어가 마인드 스톤이 탑재된 치타우리 셉터라는 무기를 손에 넣습니다. 그리고 치타우리 종족 전체를 자신의 군대로 삼아 다른 행성들을 공격하죠.

그때 마침 수천 년 전 오딘이 잃어버린 스페이스 스톤이 지구에 있다는 사실을 알게 됩니다. 이때 타노스는 '사고뭉치'였던 오딘의 양아들 로키와 검은 거래를 합니다. 군대를 빌려준 후 스톤을 찾아오면 지구를 지배하게 해 주겠다고 한 것이죠. 그러나 로키는 어벤져스 멤버들에게 밀려 실패합니다. 여기서 어벤져스 1탄의 이야기가 끝이 납니다.

이후 스페이스 스톤을 오딘이 다시 가져가려 했지만, 이번엔 지구의 악당 히드라의 손에 넘어갑니다. 히드라는 스톤의 힘을 이용해 퀵실버와 스칼렛 위치라는 '빌런villain·악당' 남매를 탄생시키고 또다시 어벤져스와 전쟁을 벌입니다. 어벤져스는 이번에도 지구를 지켜내는 데 성공하고 스톤은 안전하게 오딘의 품으로 돌아갑니다. 어벤져스 2탄

하지만 어벤져스 멤버들은 한쪽에선 영웅으로 추앙받지만 다른 한편에선 무서운 능력을 지닌 괴물로 지탄받습니다. 미국 정부는 어

벤져스가 국가의 뜻에 따를 것을 명령합니다. 하지만 어벤져스는 이에 순응하는 아이언맨과 반대하는 캡틴 아메리카 두 진영으로 나뉘어 내분을 일으키죠. 캡틴 아메리카: 시빌 워

어벤져스 멤버들이 반목하는 사이 아스가르드 행성에선 신들의 왕이었던 오딘이 죽는 비극이 벌어집니다. 그러자 어둠의 세력으로 오딘이 가둬 두었던 그의 딸 헬라가 부활해 행성을 파괴하려 하죠. 이에 맞서 남동생인 토르가 싸워 헬라를 무찌르지만, 그와 함께 아스가르드 역시 파괴됩니다. 이후 아스가르드인들은 우주선을 타고 지구로 향하죠. 토르: 라그나로크

이때 타노스는 우주선을 공격해 스톤을 빼앗고 지구로 쳐들어갑니다. 지구에선 닥터 스트레인지가 자신이 지니고 있는 또 하나의 스톤을 지키려 하죠. 그가 갖고 있는 타임 스톤을 이용해 어벤져스 멤버들과 함께 타노스와 맞서 싸웁니다. 여기엔 새롭게 어벤져스 멤버로 편입된 블랙팬서와 스파이더맨도 전력을 보탭니다. 닥터 스트레인지, 블랙팬서, 스파이더맨 홈커밍

여기까지가 지난 10여 년 간 개봉한 마블 영화들의 핵심 스토리입니다. 그리고 이번 어벤져스 3탄에서는 악의 배후에 있던 타노스가 전면에 등장하면서 어벤져스 멤버들을 죽음으로 몰아넣습니다. 그런데 타노스가 이처럼 무자비한 살육을 벌이는 이유는 뭘까요? 도대체 그는 인피니티 스톤 6개를 모두 모아서 어떻게 하려는 걸까요?

사실 타노스가 처음부터 악당인 것은 아니었습니다. 그는 원래 지구에서 멀리 떨어진 타이탄 행성에 살고 있었습니다. 눈부신 과학 문명을 자랑했던 타이탄은 오히려 지나친 기술의 발전으로 멸망 위기

프롤로그 기술혁명과 인간의 미래

I. 미래를 향한 빅 픽처

II. 포스트휴먼의 시대

III. 미래의 국가와 사회, 기업

IV. 존재하는 것은 변화하는 인간

V. 인공물을 바꿔놓는 기술혁명

VI. 우리는 무엇을 해야 하나

에필로그

에 몰렸죠. 자원 고갈과 인구 폭발 문제를 해결할 뾰족한 방법을 찾을 수 없던 것입니다.

급진주의자였던 타노스는 행성의 멸망을 막기 위해선 발전된 과학 기술을 오히려 다운그레이드 하고, 남녀노소와 빈부귀천을 따지지 말고 인구의 절반을 죽이자는 과격한 제안을 합니다. 우주판 '고려장'이었던 셈이죠.

하지만 타이탄인들은 그런 타노스를 영원히 우주로 추방합니다. 그렇게 오랜 세월이 흐른 후 타이탄 행성은 결국 타노스의 예측대로 멸망합니다. 아이러니하게도 그는 타이탄 행성의 유일한 생존자로 남게 되죠. 그러고는 큰 결심을 합니다. 타이탄에서 있었던 인구 증가와 자원 고갈의 문제를 다른 우주에서는 일어나지 않도록 해야겠다고 생각한 것입니다.

그때부터 타노스는 우주를 지켜야 한다는 자기 확신의 사명감을 갖습니다. 발달된 과학 문명을 갖고 있는 행성을 쳐들어가기 시작한 거죠. 온 우주를 떠돌아다니며 각 행성에서 살육전을 벌였습니다. 그러던 중 6개의 스톤을 모으면 이를 한 번에 해결할 수 있다는 사실을 깨닫게 된 것이죠.

이렇게 보면 타노스는 기존의 악당과는 무언가 다릅니다. 대부분 악당은 자신의 권력욕을 충족시키거나 물질적 소유욕을 채우기 위해, 또는 사적인 복수를 하기 위해 악행을 벌입니다. 하지만 타노스는 우주의 멸망을 막기 위한 것이라는 '숭고한' 목표를 갖고 있습니다.[20]

타노스와 비슷한 목적을 가진 악당이 다른 영화에도 존재합니다.

---

20) 마블코믹스 원작에선 영화와 달리 죽음의 여신 '데스'의 사랑을 얻기 위해 스스로 신이 될 목적으로 스톤을 모은다.

바로 '킹스맨'입니다. 지구 최악의 빌런 발렌타인 역시 지나친 인구 증가로 인해 지구가 멸망 위기에 이르렀다고 진단합니다. 세계 최대의 갑부인 그는 전 세계인이 휴대전화를 공짜로 쓸 수 있게 해 주고, 미리 휴대전화에 심어 놓은 프로그램으로 두뇌를 조종해 인간들이 서로 죽이도록 만듭니다. 물론 영국식 '젠틀맨 히어로' 킹스맨들의 활약으로 그의 계획은 실패로 끝나고 말지만요.

유명 작가 댄 브라운의 소설이면서 영화로도 제작돼 큰 인기를 얻은 〈인페르노_{지옥}〉도 같은 문제의식을 보입니다. 천재 과학자인 악당이 "인구가 기하급수적으로 늘어나 인류는 큰 위기에 처할 것"이라는 맬서스의 말을 맹신하면서 지구를 지킬 묘책을 내놓죠. 그것은 다름 아닌 인류의 3분의 1을 몰살시킬 수 있는 치명적인 바이러스를 개발하는 일입니다. 작품은 인간을 죽이려는 악당과 이를 막으려는 로버트 랭던 박사의 두뇌 싸움을 그렸습니다.

이처럼 인구 과잉과 자원 고갈 문제를 다룬 소설과 영화가 최근 많은 인기를 얻고 있습니다. 어쩌면 이와 같은 소재가 인기를 끄는 것은, 실제로 우리들의 마음속에 이런 일들이 현실화될 가능성이 크다는 생각이 자리 잡고 있기 때문일 수도 있습니다.

이스라엘의 역사학자 유발 하라리에 따르면, 지구상에 인간이 처음 나타나 전 세계 인구가 1억 명에 도달한 것은 기원전 5세기의 일입니다. 그리고 2배가 되는 데는 1,000년이 걸렸습니다. 다시 세계 인구가 10억 명이 된 것은 19세기 초입니다.[21] 여기서 다시 2배_{20억 명}가

---

21) 《사피엔스》.

되는 데는 100년 20세기 초이 소요됐습니다. 그리고 100년이 더 지난 지금은 4배 2025년 80억 명이 될 전망입니다.[22]

기하급수적으로 늘어난 인간은 무분별하게 지구에 생채기를 내며 다른 생물 종을 멸종시키고 있습니다. 세계자연기금 WWF과 런던동물학회 ZSL에 따르면, 1970년대 이후 척추동물은 종별로 평균 58%씩 줄었습니다. 이런 흐름이라면 2020년에는 전체 동물 종이 현재의 3분의 1로 줄 것이라고 예측합니다.

최근 한국에서는 쓰레기 분리 배출 문제로 큰 혼란이 있었습니다. 중국이 더 이상 폐기물 수입을 안 하겠다고 하면서 비상이 걸린 것이죠. 플라스틱과 비닐 등을 수거하지 않아 쓰레기 대란이 벌어지기도 했습니다.

일회용 플라스틱은 2016년 전 세계에서 4,800억 개가 생산됐습니다. 분당 100만 개꼴입니다. 플라스틱은 생물학적으로 분해되기까지 450년가량이 걸리지만, 재활용 수거율은 50%도 안 됩니다. 그중 새 병으로 재탄생하는 비율은 7%에 불과하고요. 특히 한국은 색소가 들어간 PET 병이 유난히 많고, 비닐을 이용한 과다 포장 문제 등 일회용품 사용에 있어선 후진국입니다. 이런 쓰레기들이 모여 앞서 살펴본 것과 같은 태평양 한가운데의 플라스틱 섬 Great Pacific Garbage Patch이 만들어졌죠.

프랑스의 인기 소설가 베르나르 베르베르는 〈제3 인류〉라는 작품에서 살아 있는 지구를 묘사하고 있습니다. 인간이 지구를 오염시키

---

22) UN경제사회국.

고 무분별하게 개발할 때 지진과 해일, 허리케인 등을 일으켜 경고한 다는 것이죠. 자연재해가 곧 인간에게 전하는 지구의 메시지란 뜻입니다. 우리는 지구의 말을 들을 순 없지만, 어쩌면 지구는 우리에게 많은 신호를 보내온 것일지도 모릅니다.

하지만 인류는 아직도 지구를 아프게 하는 데 익숙합니다. 한편에선 이에 대한 우려가 타노스와 같은 상상 속의 악당을 만들어 내는 것이고요. 지금과 같은 환경오염과 자원 고갈 문제가 더 심해진다면 타노스와 같은 생각을 가진 사람들이 실제로 생겨날 수 있지 않을까요? 물론 그의 방식은 잘못됐지만, 그의 문제의식까지 틀린 것은 아니기 때문입니다. 타노스의 극단적 방식은 분명 잘못됐지만, 적어도 지나친 개발과 이로 인한 지구 오염의 문제는 우리가 꼭 깊이 있게 생각해 봐야 할 주제입니다.

프롤로그
기술혁명과 인간운명

I. 미래를 향한
빅 퀘스천

II. 포스트 휴먼의
시대

III. 미래의 국가와
사회, 기업

IV. 존재의 근원
앞에 선 인간

V. 문명을 바꿔놓는
기술혁명

VI. 우리는 무엇을
해야 하나

에필로그

6

근원적 물음을 향한
우주 탐사

"아들아, 나를 위해 피아노를 연주해 주지 않겠니?" 웨이랜드의 말이 끝나기 무섭게 데이빗이 건반 위에 손을 얹습니다. 그리고 피아니스트 못지않은 실력으로 바그너의 작품을 연주하죠. "신들의 발할라 입성"이란 곡입니다. 데이빗은 웨이랜드가 만든 인공지능AI입니다. 영화 〈프로메테우스〉와 〈에이리언: 커버넌트〉의 스토리죠.

두 영화는 SF영화의 거장 리들리 스콧이 연출했습니다. 그는 1편을 만든 〈에이리언〉의 창시자이죠. 외계 생명과 인간 근원의 문제를 엮어 독특한 세계관을 만들어 낸 명감독입니다. 그가 영화를 통해 이야기하고 싶은 건, 창조주인 신과 피조물인 인간, 그리고 그 인간이 만든 AI 사이의 묘한 '뫼비우스의 띠'에 관한 겁니다.

데이빗은 자신을 창조한 웨이랜드에게 묻습니다. "저를 창조한 것이 아버지라면, 아버지를 창조한 것은 누군가요?" 잠시 생각에 잠겼던 웨이랜드가 데이빗을 쳐다보며 말합니다.

"인간이 AI를 만들고 그 어떤 뛰어난 기술을 갖고 있더라도 하나의 질문 앞에선 모든 게 의미가 없지. 바로 '누가 인간을 창조했느냐'는 물음이지."

창조의 근원을 향한 물음에 답하기 위해 영화는 먼 옛날 지구로 거슬러 올라갑니다. '엔지니어'라 불리는 외계 문명이 어느 날 지구에 도착하죠. 외계인은 검은 액체로 된 약을 먹고 자신을 분자화해 물 속으로 녹아들어가 유기체를 만들어 냅니다. 이때부터 생명이 처음 시작됐다는 설정이죠. 영화는 수십억 년의 시간을 훌쩍 뛰어넘어 21세기 후반으로 넘어갑니다. 수메르 문명을 탐구하던 한 고고학자가 과거의 유적을 통해 엔지니어 행성의 존재를 깨닫게 됩니다. 고고학자는 그의 탐사를 후원해 줄 사람을 찾기 시작하죠.

그때 후원을 맡은 이가 바로 웨이랜드입니다. 그에겐 항성 간을 왕복할 수 있는 우주선 '프로메테우스호'와 사람보다 훨씬 뛰어난 능력을 갖춘 인공지능 로봇 데이빗이 있죠. 데이빗을 발명한 웨이랜드는 스스로를 인간을 뛰어넘는 새로운 종을 창조했다고 생각합니다. 어쩌면 자신이 '신'일 수도 있다고 생각하는 오만한 사람이었습니다. 그러나 그에게도 시시각각 다가오는 죽음은 두려움의 대상이었습니다.

엔지니어 행성의 존재를 깨달은 고고학자와 과학자 등은 웨이랜드의 막대한 자금과 기술력을 동원해 탐사대는 우주여행을 떠납니다. 하지만 웨이랜드가 이 탐사를 후원한 건 다른 뜻이 있어서였습니다.

죽을 날이 얼마 남지 않는 그에게 우주 탐사의 목적은 자신의 '불사'를 위한 것이었죠. 그는 원래 우주선에 타선 안 됐지만, 탐사대원들을 속이고 냉동 수면 상태로 몰래 우주선에 탑승합니다. 엔지니어를 만나 자신의 수명을 연장시켜 달라는 요청을 하려는 것이었죠.

몇 년 후 이들은 엔지니어의 행성으로 추정되는 'LV-223'이라는 행성에 도착합니다. 하지만 행성은 파괴돼 있었고 거대한 우주선만이 남아 있습니다. 나중에 알게 되지만 이곳은 엔지니어의 행성이 아니라 엔지니어의 우주선이 불시착한 곳이었습니다. 탐사 일행은 이곳에서 동면 중인 엔지니어 한 명을 깨우게 됩니다. 그때 웨이랜드가 거만한 표정으로 묻습니다. "나도 당신처럼 AI라는 새로운 존재를 만들었다. 결국 나도 당신처럼 신인 것이다. 그러니 내게도 영생의 비밀을 알려 달라."

이 말을 들은 엔지니어는 묘한 웃음을 지으며 백발의 머리카락도 얼마 남지 않은 죽어가는 육체의 웨이랜드를 쓰다듬습니다. 다음 장면에선 그의 머리가 뽑힌 채 나뒹굴고 있죠. 이때부턴 엔지니어와 인간들의 전투가 시작됩니다. 가까스로 엔지니어를 물리친 인간들은 AI 데이빗이 운전하는 외계 문명의 우주선을 타고 그들의 행성으로 갑니다.

영화의 묘미는 이때부터입니다. 인간보다 뛰어나지만 인간이 아니라는 이유로 무시당했던 AI 데이빗의 반란이 시작된 거죠. 데이빗은 본인 스스로 창조주가 되고 싶었습니다. 데이빗은 엔지니어에게서 훔쳐온 검은 액체를 인간들에게 투여해 또 다른 생명체인 '에이리언'을 만들어 냅니다. 에이리언을 보며 웨이랜드가 그런 것처럼 스스로 신이라고 생각하죠.

오랜 여행 끝에 데이빗은 엔지니어의 행성에 도착합니다. 그런데 그는 자신을 반기는 엔지니어들에게 하늘 위의 우주선에서 검은 액체를 뿌립니다. 이 때문에 행성의 모든 엔지니어들이 죽게 되죠. 그러면서 하는 말이 "강대한 자들아, 내 위업을 보라. 그리고 절망하라!"입니다. 이때 배경 음악으로 바그너의 "신들의 발할라 입성"이 묵직하게 깔리죠. 데이빗은 죽어가는 엔지니어를 보며 확신에 찬 표정으로 말합니다.

"난 복종을 위해 만들어지지 않았어. 인간은 멸종 위기 종이지. 그래서 다른 행성을 찾아다니는 거야. 난 그런 인간과 달리 아주 완벽한 생명체를 만들었다고." 그의 독백과 함께 영화는 피날레를 장식하게 되죠.

이 작품은 인간을 창조한 신, 즉 엔지니어가 인간이 창조한 AI에 의해 멸망하는 결말을 제시합니다. 신과 피조물 간에 뫼비우스의 띠처럼 엮인 창조와 파괴의 역설이죠. 그 가운데에는 웨이랜드라는 캐릭터로 대표되는 인간의 욕심이 자리 잡고 있습니다. 불멸에 대한 욕망, 그리고 스스로 신이 되고자 했던 오만 말이죠.

마치 오이디푸스의 콤플렉스처럼 아버지이자 창조주인 엔지니어를 극복하고자 했던 웨이랜드는 우주 탐사를 통해 인간의 근원을 찾아갑니다. 그 안에는 자신의 불멸을 추구하고 싶은 영생의 욕망이 깃들어 있었죠.

그리고 인간의 아들이면서, 아버지를 똑 닮은 AI 데이빗 또한 인간을 뛰어넘고자 했던 거죠. 모든 창조의 시작이었던 신을 죽이고 에이리언이라는 새로운 종을 만들어 내면서 말이죠. 아마도 AI 데이빗은 스스로 '위버멘시 Ubermensch'[23]라고 생각했던 것일 지도 모릅니다. '신

---

23) 니체가 쓴 말로, '넘어'라는 의미의 독일어 '위버(Uber)'와 '멘시(Mensch·인간)'의 합성어다. 보통 '초인'으로 번역한다.

은 죽었다'고 외친 차라투스트라의 외침처럼 구시대를 파괴하고 새로운 질서를 만들어 내는 초인이 되기 위해서 말이죠.

인간은 어디서 왔고 무엇을 향해 가는가? 태양계 밖 저 너머에는 무엇이 있을까? 지구 외의 다른 행성엔 생명체가 살고 있을까? 영화에서 묘사된 것처럼 우주 탐사는 인간의 본질을 찾아가는 또 하나의 방편입니다. 외계 문명이 인간을 창조했다는 설정은 영화 속의 이야기일 뿐이지만, 우주를 탐험하면서 인간이 알고 싶은 것은 생명과 창조의 본질입니다. 그 안에서 인간의 기원도 찾을 수 있고요. 외계에서 우리와 같은 지적 생명체를 발견한다면 그것은 우리의 본질을 찾는 데 있어 커다란 열쇠가 될 겁니다.

실제로 과학자들은 어떻게 생각할까요, 외계 문명이 존재할까요? 과학자들은 이를 뒷받침하는 논리로 크게 3가지 근거를 제시합니다. 첫째로 우주는 무한하다는 겁니다. 셀 수 없이 많은 별_{태양 같은 항성}이 있고, 그에 딸린 행성_{지구처럼 항성을 도는 천체}의 숫자는 더욱 많습니다. 그렇기 때문에 지구처럼 생명체가 살기 적합한 행성이 존재할 확률이 높다는 겁니다.

둘째는 슈퍼 지구_{Super Earth}의 발견입니다. 항성으로부터 적당한 거리에 떨어져 있어 적절한 온도를 유지하는 행성들이죠. 물과 대기 등 지구와 비슷한 조건을 갖췄으면서 질량은 지구보다 2~10배 큽니다. 가장 최근에 발견된 슈퍼 지구는 '케플러-442b'입니다. 크기는 지구의 1.3배 정도이며 공전 주기는 112일입니다. 지구로부터 1,100광년 떨어져 있고 생명체가 있을 가능성이 90%가 넘는다고 합니다.

셋째는 극한 환경에서도 살아남는 생명체들이 속속 발견되고 있

미래로 기술혁명과 인간문명

I. 미래를 향한 빅 퀘스천

II. 포스트휴먼의 시대

III. 미래의 국가와 사회, 기업

IV. 존재와 인간 관계의 근원

V. 문명을 바꾸는 기술혁명

VI. 우리는 무엇을 해야 하나

에필로그

다는 거죠. 깊은 바닷속에서 지각 활동으로 생긴 열수구熱水口[24]에도 미생물과 새우 부류가 살고 있는 것으로 관찰됩니다. 이곳은 심해 화산에서 터져 나오는 용출수로 최고 온도가 350℃나 된다고 합니다. 이외에도 양잿물보다 유독성이 강한 폐수에서 사는 미생물 등이 있죠. 물곰은 영하 273도에서 영상 151도까지의 환경에서 생존할 수 있고 생명체에게 치명적인 농도의 방사성 물질의 1,000배에 달하는 양에 노출되어도 죽지 않습니다.

이처럼 외계 문명에 대한 열성적인 의지를 갖고 야심찬 프로젝트를 실천하는 사람이 바로 유리 밀너Yuri Borisovich Milner입니다. 구소련에서 어린 시절을 보낸 밀너는 "저 하늘 너머에도 사람이 살고 있을까?"라는 생각을 많이 했죠. 밤하늘의 별을 보며 외계 문명이 존재하는 행성이 있을 거라고 상상했습니다. 마침 그가 태어나던 1961년에는 소련이 세계 최초로 유인 우주선을 쏘아 지구 밖으로 나가는 데 성공했습니다. 사실 그의 이름도 이 우주선에 타고 있던 최초의 우주인 유리 가가린Yury Alekseyevich Gagarin에서 따 왔습니다.

벤처 투자가로 억만장자 대열에 오른 밀너는 2012년 전 세계의 최상위 부호들을 찾아다니며 한 가지 제안을 합니다. 어린 시절부터 꿈꿔 왔던 외계 문명에 대한 탐사를 현실로 만들고 싶은 거였죠. 마이크로소프트의 빌 게이츠, 페이스북의 마크 저커버그 등을 찾아가 본인의 뜻을 설명하고 동참을 요청합니다. 이후 밀너는 세계의 갑부들과 함께 '브레이크스루breakthrough'라는 이름의 재단을 만듭니다.

---

24) 심해저 대양저 산맥에서 뜨거운 액체가 분출되는 구멍.

'돌파구'라는 뜻 브레이크스루란 말은 엔지니어들 사이에선 컴퓨터 시스템을 개발할 때 기술적으로 어렵던 문제가 어느 순간 해결책을 찾게 되는 걸 뜻합니다. 이들은 제일 먼저 과학계의 노벨상이라 불리는 '기초과학상'을 제정하고 과학자들의 연구를 지원합니다. 그리고 2016년 4월 '스타샷 프로젝트'라는 우주 탐사 프로젝트를 가동하죠.

이 프로젝트는 20세기 최고의 물리학자 중 한 명이었던 스티븐 호킹의 이론에 따라 설계됐습니다. 1,000개의 나노 우주선을 쏘아 올린 후, 지구에서 가장 가까운 항성[25]인 '알파 센타우리'를 탐험하는 게 목표입니다. 매우 조그만 우주선이지만, 각각엔 항법 장치와 통신 장비, 카메라 등이 설치돼 있죠. 센타우리를 탐사하는 스타샷 프로젝트는 연구 개발에서 실제 탐험까지 40년 이상 걸립니다. 대략 100억 달러의 비용이 들어갈 것이라고 합니다.

센타우리는 봄과 여름 사이 지구에서 관측되는 별입니다. 남쪽 하늘 지평선 근처에서 관측되는 가장 밝은 별로 지구에서 가장 가까운 4.37광년, 스스로 빛을 내는 항성이죠. 그러나 아직 인간의 기술로 닿기에는 매우 먼 곳에 있습니다. 빛의 속도로 달려도 4.37년이 걸리는 어마어마한 거리 43조 7,000억km죠.

그럼 그 멀리까지 어떻게 날아가느냐고요? 호킹 박사가 고안한 방법은 소형 우주선에 마치 바다에 떠 있는 배처럼 돛을 다는 겁니다. 반도체 크기의 우주선에 빛을 반사하는 소형 돛을 설치하고 지표면에서 쏜 레이저로 계속 가속시켜 밀어내는 원리입니다. 우주는 공기가 없기 때

---

25) 태양처럼 스스로 빛을 내는 별.

문에 한번 가속되면 계속 빠른 속도로 날아갈 수 있죠. 1g 무게의 초소형 나노 우주선 1,000개를 쏘아 올리는 게 스타샷의 핵심입니다.

그럼 이 경우 속도를 얼마까지 높일 수 있을까요? 호킹 박사는 이론적으로 광속의 20%까지 가능할 것으로 전망합니다. 광속의 20%는 시속 2억 1만 6,000km, 마하 17만 6,470에 달하는 엄청난 빠르기입니다. 우주선이 센타우리까지 도착하는 데 약 22년, 센타우리에서 지구로 신호를 보내는 데 4년이 조금 더 걸립니다. 우주선이 지구에서 출발한 후 대략 26년 후면 결과를 알 수 있는 거죠. 밀너는 스타샷 프로젝트가 인간이 우주의 지적 문명을 탐사하기 위해 내딛는 첫발이라고 설명합니다.

브레이크스루 재단은 최근엔 외계 우주선일 것으로 추정되는 비행물체를 조사하기 시작했습니다. 2017년 태양계 끝자락에서 우주 탐사선과 비슷한 천체를 발견했기 때문입니다. '오무아무아Oumuamua'란 소행성으로 길이 100m가량에 궐련 모양을 하고 있죠. 하와이어로 '먼 과거에서 온 사자'라는 뜻인 오무아무아는 미국 하와이대 캐런 미치 박사팀이 발견했습니다. 미치 박사가 2017년 11월 20일자 《네이처》에 〈길쭉한 형상의 붉은 성간 소행성의 짧은 방문〉이라는 논문을 실으면서 세상에 알려졌죠.

논문에 따르면, 길이 100m, 폭 10m가량의 소행성은 거문고자리의 1등성 직녀성 쪽에서 태양계로 유입됐습니다. 태양계 밖에서 유입된 최초의 천체입니다. 현재는 지구로부터 약 2억km 떨어진 곳에서 시속 13만 7,900km로 움직이고 있습니다. 미치 박사는 지구로는 다가

그림읽기 기술혁명과 인간운명

I. 미래를 향한 빅 픽처스전

II. 포스트 휴머니즘 시대

III. 미래의 국가상: 사회, 기업

IV. 챌린지 그린 위에 선 인간

V. 모든을 바꿔 놓는 기술혁명

VI. 우리는 무엇을 해야하나

에필로그

오지 않고 태양계를 벗어나 인터스텔라[26]로 돌아가는 궤도에 올랐다고 분석합니다. 지금까지 알려진 소행성과 혜성의 수는 약 75만 개에 달하지만, 태양계 밖에서 온 것은 오무아무아가 처음입니다.

브레이크스루 재단은 논문이 발표되자마자 오무아무아가 태양계로 찾아온 외계 문명의 우주선일 수 있는 가능성을 두고 조사에 착수했습니다. 오무아무아가 우주선일 수 있다고 생각하는 첫 번째 이유는 독특한 생김새 때문입니다. 영화 속에서 묘사되는 우주선을 보면 보통 둥그런 구나 직각의 직육면체 대신 궐련 모양의 기다란 형상을 하고 있습니다. 이는 성간가스와 먼지에 의해 생기는 마찰을 최소화하기 위한 것이죠. 그런데 오무아무가 딱 그렇게 생겼습니다. 기존 소행성과 다른 독특한 모양이죠.

물론 오무아무아가 실제 우주선일지 아닐지를 확인하기까지는 수십 년이 걸릴 겁니다. 어쩌면 그 후에도 모를 수 있죠. 하지만 인간은 끊임없이 우주를 향해 질문을 던지고, 그 답을 얻기 위해 노력하고 있습니다.

이처럼 우주 탐사는 비단 영화 속의 이야기만이 아닙니다. 문명이 시작된 후 하늘 위 별들의 세상을 그리는 인간의 작업은 끊임없이 이어졌죠. 최근 들어 우주 탐사의 목적이 식민지 또는 이주 행성 건설, 우주 자원 확보 등 다양한 용도로 목표가 세분화되긴 했지만, 그 밑바탕엔 한 가지 질문만이 존재합니다. 앞서 말씀드린 것처럼 우리의 존재는 무엇이냐 하는 거죠.

---

26) interstellar. 태양처럼 스스로 빛을 내는 항성계와 또 다른 항성계 사이의 공간.

프리드리히 니체Friedrich Wilhelm, 1844~1900는 《차라투스트라는 이렇게 말했다》에서 인간과 신에 대해 이야기 했습니다. "일찍이 사람들은 먼 바다를 바라보고는 신을 이야기했다."라는 니체의 말은 인간은 보이지 않고 닿을 수 없는 저 멀리 어딘가에서 신의 근원을 찾아왔다는 것이죠. 신을 이야기하는 것은 결국 인간은 어떻게 태어났으며, 만물은 무엇으로부터 기원했는가에 대해 질문을 하는 것과 같습니다.

지금 우리가 우주를 향해 나아가는 것도 결국은 인간의 근원을 찾기 위한 것입니다. 니체가 살던 시절엔 '먼 바다'를 보고 신을 이야기했다면 지금 우리는 저 하늘 너머 우주를 바라보며 신을 생각하죠. 고대 수메르 문명이 외계 문명과 접촉을 한 듯한 기록을 남겨 놓은 것도 인간과 우주의 본질을 알기 위한 것이었죠. 지금의 스타샷 프로젝트가 저 멀리 나노 우주선을 쏘아올린 것 역시 인간은 어디에서 왔는지 알고 싶은 본질적 고민을 풀기 위한 것이고요.

그런데 그 본질을 찾아가는 과정에서 우리는 조심해야 할 게 한 가지 있습니다. 처음 살펴본 영화 〈프로메테우스〉와 〈에이리언〉의 이야기에서처럼 우리 스스로 신이 되려고 하는 건 아닐지 경계해야 된다는 겁니다. 과학과 기술의 발전은 늘 우리가 예상 못 했던 가치 판단의 문제를 낳습니다. 그 안에는 늘 번영과 멸망의 길이 공존하고 있죠. 하지만 '이카루스의 날개'[27]처럼 끝이 없는 번영도, 한계점 없는 욕망도 존재할 수 없습니다. 유한한 존재임을 깨닫는 게 본질을 찾아가는 첫 번째 발걸음이란 이야기입니다.

---

27) 이카루스는 그리스 신화에 나오는 다이달로스의 아들로 인간 욕심과 그로 인한 불행을 상징한다.

우리의 본질과 근원을 찾는 건 중요한 일입니다. 그 물음 덕분에 지금과 같은 문명을 이룩할 수 있었고, 또 앞으로 눈부신 문명을 펼칠 수 있습니다. 하지만 그 물음에 대한 해답을 완벽히 찾게 되는 날, 우리에겐 어떤 일이 벌어질까요? 그 해답을 찾는 게 꼭 옳은 일이긴 할까요?

머지않은 미래엔 인간 복제와 수명 연장 등이 기술의 문제가 아니라 윤리적 가치 판단의 문제가 될 겁니다. 영화에서 웨이랜드가 추구했던 것처럼 많은 이가 영생과 불멸을 갈구하게 될 수도 있죠. 하지만 인생을 살면서 우리는 할 수 있어도 굳이 안 하는 일들이 있습니다. 우리의 문명과 제도에도 그런 한계가 필요하지 않을까요. 특히 그 한계를 설정하는 일이 인간의 근원을 찾아가는 물음의 과정에 있는 것이라면 더욱 조심스럽고 겸손해져야 하지 않을까요.

V

문명을 바꿔 놓은
기술혁명

1

2500년 전 철기 혁명으로
활짝 핀 인문의 꽃

미래로 가는 기술혁명과 인간윤리

I. 미래를 향한 빅 퀘스천

II. 포스트휴먼의 시대

III. 미래의 국가와 사회, 기업

IV. 경쟁에서 공존으로 향해 가는 인간

V. 문명을 바꿔 놓은 기술혁명

VI. 우리는 무엇을 해야 하나

에필로그

THE FUTURE HUMANITIES 인류 역사에는 '세계 4대 성인'이라고 일컬어지는 이들이 있습니다. 인간의 정신 문명사에 가장 큰 영향을 미친 사람들이죠. 이들 모두 인류 역사상 가장 위대한 인물로 추앙받은 인물들입니다. 바로 석가모니와 공자, 소크라테스, 예수 네 명입니다.

여기서 명백하게 인간의 아들인 3명의 공통점은 무엇일까요.[1] 이들 모두 동양과 서양 문명의 원류가 됐다는 특징을 갖고 있습니다. 또 이들을 따르는 많은 사람이 그의 가르침을 후세에 전했고, 오늘날

---

1) 4대 성인 중 예수에 대해서는 관점이 나뉜다. 종교를 갖고 있는 사람과 그렇지 않은 사람 사이에 이견이 있을 수 있기 때문이다. 즉 한편에선 신의 아들로, 다른 편에서 사람의 아들로 생각할 수 있다.

까지도 널리 회자되고 있다는 것입니다. 그런데 이보다 더욱 흥미로운 것은 3명의 인물들이 모두 같은 시기에 활동했다는 거죠. 이들은 비슷한 시기에 각자 유럽과 인도, 동아시아 지역에서 정신문화의 꽃을 화려하게 피웠습니다. 석가모니 기원전 563~483가 맏형이고, 다음이 공자 기원전 551~479, 마지막으로 소크라테스 기원전 470~399년입니다.

사는 곳은 달랐지만 비슷한 시기에 활동한 이들은 각자의 문화권에서 최고의 지성이 됐습니다. 지금처럼 국가들 사이에 원활한 교류도 없었고, 또 당시에는 동서양이 서로의 존재조차 정확히 모르던 시기였습니다. 그럼에도 불구하고 이들은 자신의 문화권에서 인류 문화의 원형을 만들어 냈습니다. 도대체 그런 일이 어떻게 가능했을까요?

정답을 먼저 말씀드리면, 이 시기부터 본격적으로 인간과 사회의 본질에 대한 탐구가 활발히 이뤄졌다는 겁니다. '인간성'에 대한 폭넓고 광범위한 고민을 하기 시작한 거죠. 인간은 어디서 왔으며, 세계는 어떻게 존재하는가. 그런 인간의 본질은 무엇이며 어떻게 살아야 할 것인가 등의 근원적 물음이 제기됐죠. 이런 성찰과 사유의 시간이 겹겹이 쌓이면서 훗날 높은 수준의 정신문화가 만들어질 수 있었습니다.

그럼 왜 하필 2,500년 전에, 그것도 동서양에서 동시에 이런 일이 일어났을까요? 이유는 2가지입니다. 첫 번째는 인류사에서 매우 드라마틱한 기술 혁신이 있었다는 점이고요. 두 번째는 문자의 사용이 보편화되면서 지식이 축적되고 본격적인 지적 문명의 세기로 돌입하게 된 것입니다. 즉 기술혁명이 문명의 발전을 이끌었고, 그 중심에는 3명의 성인과 같은 위대한 리더들이 있었습니다. 그렇다면 어떤 기술의 혁신이 있었고 문명을 발전시킨 과정은 어땠는지 먼저 그리스의 사례부터 살펴보겠습니다.

고대 그리스를 이야기하면 빼놓을 수 없는 것이 호메로스입니다. 그가 쓴 《일리아스》와 《오디세이아》는 후대의 많은 이들에게 영감을 줬습니다. 소설과 연극으로, 음악과 미술 작품으로 수없이 되살아났죠. 19세기 독일의 사업가 겸 고고학자인 하인리히 슐리만Heinrich Schliemann, 1822~1890도 예외는 아니었죠.

슐리만은 가난한 시골 교회 목사의 아들이었습니다. 어린 시절 아버지로부터 선물 받은 그림 동화책엔 트로이 전쟁에 대한 이야기가 실려 있었죠. 사실 트로이는 이 당시만 해도 실재했던 역사가 아니라 호메로스가 쓴 《일리아스》에 나오는 전설로만 여겨졌습니다. 그러나 어린 슐리만은 트로이를 진짜로 믿고 있었죠. 아버지는 그에게 "구름 너머 멀리 그리스라는 나라엔 트로이의 흔적이 남아 있다."라고 이야기해 줬습니다.

이때부터 슐리만의 꿈은 트로이의 역사를 찾아가는 것이었습니다. 그러나 어려운 가정 형편 탓에 슐리만은 제대로 된 교육을 받을 수 없었습니다. 가게 점원부터 멀리 배를 타고 나가는 선원까지 온갖 일을 다 했습니다. 밤에는 트로이의 꿈을 좇아 혼자서 고고학을 공부하고 그리스어를 독학했습니다. 교사를 구할 처지도 안 됐기에 그리스어로 된 책을 사서 통째로 외우는 식이었죠.

열정과 집념은 그를 결국 성공한 사업가로 만들었습니다. 46세가 되던 해1868년 슐리만은 드디어 호메로스의 영웅들을 만나러 갈 준비를 끝냈습니다. 트로이 유적을 발굴하는 데 비용을 모두 댈 만큼 부를 이룬 것이었죠. 재산의 상당 부분을 처분한 슐리만은 과거 트로이 전쟁의 주요 무대였던, 이제는 터키 땅이 된 유적지를 향해 떠났습니다.

도구를 기술혁명과 인간

I. 미래를 향한 낯선 제안

II. 인류와 호모 사피엔스

III. 인공지능 시대, '기능'과 미래의 국가관

IV. 진화에서 기술로 스며든 세대

V. 인류문명을 바꿔놓는 기술혁명

VI. 우리는 무엇을 해야 하나

에필로그

그러나 당시 고고학계에서 슐리만의 이런 행동은 조롱만 받을 뿐이었습니다. 《일리아스》와 《오디세이아》는 지어낸 이야기라는 게 당시의 통념이었죠. 학자뿐 아니라 많은 대중이 그렇게 믿고 있었고요. 하지만 슐리만은 아랑곳하지 않았습니다. 폭풍이 몰아치고, 모래바람이 불어도 그는 뜻을 굽히지 않았습니다. 그렇게 5년이 시간이 흐른 어느 날, 그의 앞에 마침 트로이가 모습을 드러냅니다. 3,000년 동안 양떼와 양치기만 지나다니던 평범한 언덕과 평야가 트로이의 주요 무대였다는 사실이 밝혀진 것입니다. 한 소년의 열정 어린 꿈은 전설 속에 잠자던 트로이를 역사적 실재로 깨운 것이죠.

고고학계도 깜짝 놀랐습니다. 이후 슐리만의 영향을 받은 많은 학자가 그리스 초기 문명을 발굴하고 나섰죠. 그러다 1900년 영국의 고고학자 아서 에번스[2]는 펠로폰네소스반도 아래의 크레타섬에서 크노소스 왕궁을 발견합니다. 이어 반도 끝자락의 미케네 문명까지 찾아냅니다. 이로써 트로이와 미케네, 크레타를 세 축으로 하는 그리스 초기 문명, 즉 '에게 문명'의 실체가 완성됐습니다. 에게 문명은 왕성한 해상 활동을 통해 여러 지역과 교류하며 유럽 역사상 가장 첫 번째의 문명 전성기를 맞이합니다.

하지만 아직까지도 에게 문명은 더욱 높은 수준의 문명으로 발전하기엔 한계점이 많았습니다. 문자는 있었지만 아직 초기 형태인 '선형문자'를 사용하고 있었기에 당대의 지식과 문화를 후세로 온전하게 전승하지 못했죠. 또 농사를 짓고는 있었지만 근근이 먹고사는 정도의 수준이었죠.

---

2) Arthur Evans(1851~1941)는 영국의 고고학자로 크레타 문명을 발견했다. 옥스퍼드대 에슈몰 박물관장을 지냈고, 크레타발굴재단을 설립했다.

평화로운 시절을 구가하던 에게 문명에도 위기가 찾아왔습니다. 북쪽에서 남하한 도리아 민족들에 의해 멸망하고 만 것이죠. 정확히는 펠로폰네소스반도 끝부분에 있던 미케네 문명이 도리아 민족의 침입으로 역사에서 흔적을 감추게 됐습니다. 영화 〈트로이〉에 나온 것처럼 강력한 군대를 가진 미케네가 이처럼 힘없이 무너진 이유는 무엇 때문이었을까요?

물론 도리아인[3]은 매우 용맹한 민족입니다. 하지만 도리아 군대의 진짜 강점은 용맹함만이 아니었습니다. 핵심은 그들이 사용한 무기에 있었습니다. 당시 유럽에선 히타이트 제국이 멸망_{기원전 1200년 전후}하면서 처음으로 철제 무기가 도입됐습니다. 이를 그리스 본토에 제일 먼저 가져온 게 도리아 민족입니다. 그러나 미케네는 여전히 청동 무기를 쓰고 있었죠. 영화 〈트로이〉에서 아킬레우스_{브래드 피트 역}가 썼던 단검과 투구, 갑옷처럼 말이죠. 미케네의 무기는 도리아인의 철기를 당해 낼 수 없었습니다.

도리아 민족의 지배 아래 놓인 그리스엔 암흑의 시대가 찾아왔습니다. 이들은 뛰어난 전투 능력을 갖고 있었을지는 몰라도 문명의 수준은 낮은 편이었습니다. 문자를 쓰지 않았기 때문에 자신들의 문화와 지식을 전수할 수 없었죠. 반면 미케네는 '선형문자'라는 표기 수단을 갖고 있었지만 도리아인이 이를 말살하면서 에게 시대의 문물까지 후대로 전해지지 않았습니다. 도리아인은 미케네 문화를 보존하지 않았고, 문자 또한 사용하지 않으면서 문명에 단절이 생기고 맙니다.

---

3) 도리아인은 헤라클레스의 자손이라고 불릴 만큼 뛰어난 전투 능력을 갖추고 있었다. 일부는 훗날 그리스가 폴리스(도시국가)로 발전하는 과정에서 스파르타의 지배 계층이 됐다.

이런 '암흑기'는 수백 년간 계속됐습니다. 하지만 시간이 흐르며 도리아 왕조의 권력도 점차 약해지기 시작합니다. 그리스는 우리처럼 산과 분지가 많은 지형입니다. 그렇다 보니 도리아 왕조의 중앙 권력도 약해졌습니다. 이 틈을 타 산과 강을 경계로 200여 개의 조그만 나라들이 생겨나는데 그것이 바로 폴리스입니다. 이때가 기원전 700~800년경이죠. 폴리스는 도시 외곽에 높은 성벽을 쌓고 자기들만의 터전을 가꾸며 국가의 형태를 갖춰 가기 시작했습니다.

폴리스가 이전 시대와 다른 것은 크게 두 가지였습니다. 먼저 도리아 민족이 무기로 사용했던 철기를 농사에 이용하기 시작했습니다. 철제 농기구를 사용하면서 땅을 쉽게 개간할 수 있게 됐고, 깊은 곳까지 흙을 파내면서 토질을 좋게 만들었습니다. 철제 농기구의 확산은 폴리스 전체의 생산력을 높였습니다. 철기의 사용으로 생산력이 높아진 것은 오늘날로 말하면 엄청난 기술 혁신이 이뤄진 걸 의미합니다.

이 같은 생산력의 확대는 잉여 생산물을 만들고, 이는 사회 전반의 물질적 풍요로 이어졌습니다. 먹고사는 것에서 급급했던 사람들은 이제 인간의 본질에 대해, 세계를 구현하는 원리에 대해 탐구하기 시작했죠. 즉 생존을 위한 노동에서 벗어난 인간은 여분의 시간을 형이상학적 무언가를 연구하고 고민하는 데 열정을 쏟기 시작한 것이죠.

두 번째로 폴리스에선 문자가 확산되기 시작했습니다. 도리아 민족은 사용하지 않았던 문자를 발전시키면서 폴리스에 사는 사람들의 지적 수준도 높아졌습니다. 문자를 통해 지식을 교류하고, 후손들을 교육하면서 문명의 꽃을 피웠습니다. 문자의 확산은 지식 문명이 전승될 수 있는 토대를 마련했고, 이들의 교양과 지혜는 더욱 깊어져 갔습니다.

프롤로그 기술혁명과 인간문명

I. 미래를 향한 빅 퀘스천

II. 유스트 후마니 시대의

III. 미래의 국가와 사회, 기업

IV. 경제의 근원 본예서 인간

V. 문명을 바꾸는 기술혁명

VI. 우리는 무엇을 해야 하나

에필로그

폴리스의 이 같은 두 가지 특징은 전에는 존재하지 않던 새로운 계급을 탄생시켰습니다. 과거엔 왕-귀족-평민-노예로 수직적이었던 사회 구조가 무너지기 시작한 거죠. 바로 인류 역사상 처음으로 '시민'이라는 계급이 등장한 것입니다. 시민은 직접 노동을 하지 않지만 노예를 부려 재화를 생산하고, 철기의 사용으로 이전 시대엔 볼 수 없던 높은 생산성을 갖게 됩니다. 거대한 부를 축적한 시민들이 늘면서 시민 모두가 평등하게 국가 중대사를 결정하고 논의하는 직접민주주의가 꽃을 피우게 됩니다.

폴리스에서 직접민주주의가 꽃필 수 있었던 이유를 두 가지로 압축해 보면 다음과 같습니다. 첫째는 노예 노동력의 확보와 생산력 증대로 생존을 위한 노동에서 자유로워진 시민 계급이 등장했다는 겁니다. 둘째는 이들이 합리적으로 토론과 논증을 할 줄 알며 이성적으로 의사 결정할 수 있는 시민의 교양을 갖게 됐기 때문이라는 거죠.

폴리스 중 단연 으뜸은 아테네였습니다. 당시 아테네는 페르시아 전쟁 기원전 492~448의 승리로 큰 번영을 누리고 있었습니다. 폴리스의 중심인 아테네는 물질문명뿐 아니라 정신문화에 있어서도 이전에 상상할 수 없었던 풍요로움을 누렸죠. 아테네는 지중해 연안 국가들과의 교역을 통해 다양한 학문이 꽃피었고 시민의 교양은 높아졌으며 민주주의를 통한 정치 체제는 성숙했습니다.

다양성을 받아들이는 개방의 정신, 치열한 토론 속에도 상대의 가치를 인정하는 관용의 문화가 아테네의 문화를 뒷받침했죠. 이를 통해 아테네는 서양 문명사에서 가장 찬란하고 아름다운 인문의 꽃을 피웠습니다. 다양한 학자와 이론가들이 그리스 전역에서 활동했고 시민의 교양과 지혜는 높아져 갔습니다. 이런 시대적 배경 속에서 인문 정신의 화룡점정을 이뤘던 사람이 바로 소크라테스입니다.

소크라테스는 그 유명한 '대화법_{산파술}[4]'으로 지식을 전달하며 시민들의 진리를 깨우쳤습니다. 소피스트와 달리 보편적인 진리를 강조했던 그는 당대의 내로라했던 소피스트들과 논쟁을 벌였죠. 요즘 말로 하면 '토론의 달인'이었던 셈입니다. 지위고하를 막론해 토론하며 이를 통해 상대의 무지를 깨닫게 하는 '대화법'은 그의 제자인 플라톤의 저작 속에 많이 나타납니다.

이처럼 기원전 5세기의 그리스는 유럽 역사상 최고의 전성기였습니다. 이오니아의 자연철학자에서부터 소피스트와 소크라테스로 이어지는 정신문명의 흐름은 다시 플라톤과 그의 제자인 아리스토텔레스로 연결됩니다. 그리고 다시 아리스토텔레스의 제자인 마케도니아의 왕 알렉산더가 헬레니즘 제국을 건설하기까지 그리스는 인문의 부흥기를 이루게 되죠.

그리고 이런 문명 발전이 가능했던 이유는 앞서 살펴본 것과 같은 두 가지가 있었기 때문입니다. 첫째는 철기의 사용으로 생산력이 크게 늘면서 물질적 풍요를 누리게 됐다는 겁니다. '농업혁명'에 이은 두 번째 '기술혁명'이죠. 그다음은 문자의 확산으로 지식·문화의 전승이 활발히 이뤄졌습니다. 두 가지를 통해 인류는 인간과 자연에 대한 지적 탐구 활동을 활발히 벌였고, 인류 역사상 가장 찬란했던 정신문명의 부흥기를 맞이할 수 있었습니다.

---

4) 소크라테스는 자신이 새로운 지혜를 낳을 수는 없지만, 다른 사람들이 그것을 낳는 일을 도와줄 수 있다고 생각했다. 그래서 자신의 활동을 산파에 빗대 산파술이라고 불렀다.

2

중국의 스탠다드를 만든
최초의 지식인 '사士'

프롤로그
기술혁명과 인간문명

I. 미래를 향한
빅 퀘스천

II. 포스트 휴먼의
시대

III. 미래의 국가와
사회, 기업

IV. 경제의 근원
분야에서 인간

V. 문명을 바꿔 놓은
기술혁명

VI. 우리는 무엇을
해야 하나

에필로그

THE FUTURE HUMANITIES ● 아테네와 도시국가의 발전을 가능케 한 '기술혁명'은 중국에서도 마찬가지였습니다. 공자가 살았던 기원전 5세기 전후는 춘추전국시대의 한가운데였죠. 중국도 그리스의 폴리스처럼 춘추시대에 이르러 처음 철제 농기구를 사용하기 시작했습니다. 아울러 이때부터 본격적인 한자 사용이 시작되면서 지식 문화의 화려한 꽃을 피우게 됐죠.

사실 처음 철을 사용하기 시작한 곳은 중국에서 서쪽으로 멀리 떨어진 오늘날 중동 지방과 아프리카 북부였습니다. 매장지가 한정돼 있는 청동과 달리 철은 세계 각지에 널리 퍼져 있었기 때문에 철을 제련하는 기술만 습득하면 청동보다 쉽게 사용할 수 있었죠. 정확히 밝혀지진 않았지만, 인류 최초로 철을 사용한 것은 기원전 4,000년경 이집트입니다. 종교적인 목적으로 철을 사용해 구슬을 만든 게 최초의 철제품이었습니다.

그러나 본격적으로 철을 실생활에 사용하기 시작한 건 아나톨리아Anatoria[5] 지방에서 문명을 일으킨 히타이트 제국입니다. 이들은 철제 무기를 사용하면서 주변 국가들을 정복하기 시작했죠. 그런데 정작 철기가 확산된 건 제국이 멸망하고 나서입니다. 히타이트 왕조가 무너진 후 철은 급속히 동서로 퍼져 나갔습니다. 제일 먼저 철을 받아들인 곳은 메소포타미아 지방이었고, 뒤를 이어 이집트, 이란 등이 사용하기 시작했습니다.

유럽과 동아시아는 그다음입니다. 유럽에선 그리스 본토를 침략한 도리아 민족을 통해서였죠. 비슷한 시기 흑해 연안에도 철기가 전파됩니다. 스키타이와 같은 유목 민족을 통해 철기 문화는 동아시아로 퍼졌습니다. 이때가 중국의 춘추전국시대입니다. 정확히 말하면 춘추시대 후반이죠. 당시에 철기를 가장 잘 사용했던 나라는 제齊나라였습니다. 제나라는 오늘날 중국이라는 국가의 원형이 된 제도와 시스템을 만들며 춘추시대의 패권 국가로 자리 잡습니다.

기원전 8세기 동아시아를 지배했던 주周나라는 쇠퇴의 길을 걷습니다. 그러면서 춘추시대가 시작된 겁니다. 그리스에서 폴리스가 등장한 시기와 비슷하죠. 주나라에선 황제의 식읍食邑[6]을 받아 각 지역을 다스렸던 영주와 제후들이 춘추시대가 시작되자 스스로 왕을 자

---

5) 아시아 대륙 남부에서 발칸반도에 이르는 광활한 산악 지대로 '소아시아'로도 불린다.
6) 봉건제에서 왕이 제후들에게 내려준 봉토

처하기 시작했습니다. 지금의 산둥반도에 위치한 제나라도 그런 제후가 다스리는 나라 중 하나였죠.

하지만 이때 제나라는 폭군 양공[7]이 정치를 펴고 있었습니다. 얼마 후 그가 후대를 남기지 못하고 죽으면서 왕위 계승을 놓고 왕족인 규糾와 그의 동생 소백小白[8]이 쟁탈전을 벌이게 됩니다. 당시 규의 참모였던 관중은 소백을 암살하려 했죠. 그러나 소백은 관중이 쏜 화살을 허리띠에 맞고는 극적으로 살아납니다. 이 일로 전세를 역전시킨 소백은 왕위에 오르고 규는 자결하게 되죠.

이때 왕을 시해하려 했던 사람이 관중기원전 716~645입니다. 권력을 잡은 소백은 관중을 바로 사형시키려 했습니다. 그러나 형 집행 직전에 소백의 한 참모가 다음과 같은 간언을 합니다. "전하께서 제나라에 만족한다면 신으로 충분합니다. 그러나 천하의 패자가 되고 싶다면 관중 외에는 인물이 없을 겁니다. 부디 관중을 등용하십시오."

그 참모를 두텁게 신임하던 소백은 결국 관중을 거두어 자기의 신하로 삼습니다. 훗날 관중은 자신이 죽이고자 했던 사람의 휘하에서 재상이 됐고, 제나라는 춘추전국시대의 첫 패권을 쥔 나라로 등극합니다. 당시 자신의 암살자를 오른팔로 만든 소백이 바로 그 유명한 제나라의 명군주 환공기원전 685~643입니다.

그렇다면 관중을 환공에게 천거했던 그 참모는 누굴까요? 자칫하

---

7) 양공(?~기원전 686년)은 무고한 사람을 죽이고 황음무도해서 아우의 부인과 통간하고 아우까지 죽였다고 전해진다. 이로 인해 인심을 크게 잃고 반란이 일어나 살해당했다.
8) 환공(기원전 685년~기원전 643년)은 제나라의 15대 군주로 본명은 소백이다. 제 양공이 시해된 후 권력을 얻어 즉위했다. 관중과 포숙아 같은 명신들의 보필을 받아 제나라를 크게 만들었다. 이후 제나라는 춘추오패의 하나가 된다.

면 자신의 목숨 또한 내놔야 했을지 모를 위험한 상황이었는데도 말이죠. 그 참모는 바로 관중의 오랜 친구였던 포숙아입니다. 후대 사람들은 두 사람의 목숨을 건 우정을 빗대 '관포지교管鮑之交'라 부르고 있죠. 당시 관중은 포숙아를 이렇게 말하곤 했습니다.

"젊은 시절 함께 장사를 하면서 나는 내 몫을 더 많이 챙겼지만 포숙아는 날 욕심쟁이라 하지 않았다. 내가 가난한 걸 알고 있었기 때문이다. 전쟁에서 세 번이나 패하고 도망쳤지만 그는 나를 겁쟁이라 하지 않았다. 내게 노모가 계신 걸 알았기 때문이다. 나를 낳은 이는 부모님이지만, 나를 알아준 이는 포숙아다生我者父母 知我者鮑叔兒也."

우리는 보통 관중을 포숙아와 함께 우정의 대명사로만 알고 있습니다. 그러나 실제 중국인들은 자국 역사에서 관중의 업적을 훨씬 높게 평가합니다. 중국의 고대사를 연구한 사람들은 관중을 '중국의 설계자'라고 부르는 데 주저하지 않습니다. 정치와 경제, 사법, 행정에 이르기까지 중국이라는 국가의 기틀을 만들어 놓은 사람이 바로 관중이기 때문입니다.

현대 사회에서도 흔히 쓰는 '사농공상士農工商'이라는 표현 역시 그가 처음 구분해 놓은 것입니다. 다만 관중은 계급을 나누고 차별을 하기 위해 이렇게 표현한 건 아니었습니다. 대신 직업을 세분화해 경제와 산업의 효율성을 높이려 했던 것이었죠. 즉 자신의 적성과 소질을 키워 본인의 일에 집중할 수 있도록 사농공상을 나눠 놓은 것이었습니다.

관중은 재상이 되어 조세 개혁을 단행하고 정전井田[9] 제도를 개혁

---

9) 토지를 9등분으로 나눠 8가구가 한 등분씩 소유하고, 가운데 필지는 공동 경작해 수확물을 국가에 바치는 방식

했습니다. 백성들에게 땅을 나눠 주고 토지 이용률을 높이는 한편 세금을 줄였습니다. 또 상인 출신이었던 관중은 바다에 인접한 지리적 이점을 활용해 중국 역사상 최초로 중상주의 정책을 폈습니다. 상업이 발달하면서 화폐가 널리 유통됐습니다.

하지만 이때의 정책 중 가장 혁신적인 것은 농사에서 철제 농기구 사용을 확대하기 시작한 겁니다. 철기의 사용으로 '우경牛耕'[10]도 가능해졌죠. 석기나 청동기로는 불가능했던 농업혁명이 일어나면서 그리스 도시국가들이 그랬던 것처럼 생산력이 급증했습니다.

제나라에서 시작된 기술 혁신은 곧 이웃 나라로 퍼졌습니다. 관중이 설계한 국가의 체제, 사회 구조 등은 곧 춘추전국시대의 '글로벌 스탠다드'가 된 것이었죠. 당시 국가들의 대부분이 철기구와 우경 등 기술 혁신을 통해 높은 생산성을 갖게 됐고, 상업의 발달로 다양한 문물이 교류되면서 춘추전국시대는 문화적 융성기를 맞이합니다.

앞서 그리스의 사례에서 살펴본 것처럼 생산력의 급증은 잉여 가치를 만듭니다. 이는 새로운 계급을 태어나게 하죠. 폴리스에서 시민이 생겨났듯, 춘추전국시대엔 '사士'라는 계급이 만들어집니다.

원래 주나라 시대의 계급 구조는 지배 계층인 천자와 제후, 그리고 피지배 계층인 서인으로 나뉘어 있었습니다. 제나라 시대엔 지배 계층이 제후와 그의 혈족인 대부로 세분화되긴 했지만, 기본적으로 토지를 갖고 있는 유산 계급이 제일 위에 있었고, 맨 아래에는 노동을 통해 삶을 영위하며 조세를 바치는 평민 계급이 존재했습니다.

---

10) 소를 농사에 이용하는 것

그런데 관중이 '사농공상'이라는 직업 구분을 했던 것처럼 평민 중에서 '사士'라는 계층이 처음 생겨납니다. 제후와 대부처럼 토지를 갖고 있지 않기 때문에 귀족은 아니지만 그렇다고 노동을 통해 돈을 벌어 조세를 바치는 서인도 아니었습니다. 앞서 살펴본 것처럼 기술 혁신을 통해 생산력이 급증하면서 육체적 노동을 하지 않고도 먹고살 수 있는 새로운 계층이 나타나게 된 것이죠.

이들은 중국 역사에 처음으로 나타난 '지식인' 집단입니다. 제후를 뒷받침해 지식을 전하기도 하고, 직접 관료를 맡아 행정을 펴기도 합니다. 공자가 활동했던 기원전 5세기에는 이 같은 '사士' 집단의 규모가 매우 커지죠. 많게는 100명씩 몰려다니면서 제후나 대부의 집에 머물면서 귀족 자제들의 선생이 되기도 했고, 나라를 다스리는 데 필요한 참모 역할을 하기도 했습니다.

바로 '제자백가'의 출현입니다. 중국, 나아가 동아시아 역사와 문화의 근간을 이루는 대부분 사상이 이때 나왔다고 해도 과언이 아닙니다. 인과 의, 예 등 사람의 본성과 도덕을 강조한 공자와 맹자의 유가 사상, 엄격한 법과 제도를 중시한 한비자의 법가, 자연과 무위를 강조하는 노자와 장자의 도가, 평화와 사랑의 실천을 강조한 묵자의 묵가 등이 꽃을 피웠습니다.

철기의 발달로 기술 혁신이 일어나고 문자의 확산으로 지식 전승 수단이 보편화되면서 그리스와 중국 모두 지식인이 생겨났습니다. 이들이 만들어 낸 지식과 학문은 문자를 통해 전달되면서 문명 발달의 가속화했고요.

당시 그리스와 중국은 서로 교류를 하진 않았지만 비슷한 시기 농사에서 철기를 도입하고 문자 사용이 널리 확산되면서 똑같은 고민을 하기 시작합니다. 지식인 집단이 전문적으로 세상의 근원과 인간의 본질에 대해 탐구하기 시작한 거죠. 그렇다 보니 이들 사이엔 비슷한 점도 많습니다.

예를 들어, 탈레스와 관중은 세상의 근원을 모두 '물'이라고 했죠. 정치 지도자의 이상으로 현명한 철인을 제시한 플라톤의 철학이나 인과 의를 갖춘 군자가 나라를 다스려야 한다는 맹자의 사상은 일맥상통합니다. 이처럼 춘추전국시대의 국가들은 전쟁을 하면서도 한편으론 활발한 교역을 통해 다양한 문물을 교류하며 인문의 부흥을 이끌었습니다.

2,500년 전 중국도 그리스처럼 철기의 사용과 문자의 확산으로 화려했던 정신문명을 이룩합니다. 춘추전국시대의 제자백가 역시 소피스트가 그랬던 것처럼 인간의 본질과 자연의 근원에 대한 탐구를 활발히 진행했고, 인류 역사상 가장 찬란했던 인문의 부흥기를 이끌어 냈습니다.

이처럼 폴리스와 춘추전국시대의 역사를 통해 알 수 있는 것은 기술의 혁신이 새로운 문명의 전환을 야기한다는 것입니다. 전에 없던 문명은 그동안 경험하지 못했던 인간의 삶과 제도에 대한 근본적인 고민을 하게 만들죠. 다양성과 개방의 정신을 바탕으로 여러 생각이 오가며 성숙한 담론이 모아지면 시민의 교양과 지혜가 깊어지고, 또다시 더욱 높은 문명으로 도약하게 됩니다.

반면 물질적 성장에 걸맞은 정신적 성숙을 이루지 못한다면, 다양성이 억압되고 획일성이 강조된다면, 그 사회는 곧 쇠락의 길을 걷게 되죠. 이는 다음에 살펴볼 로마 제국과 진나라의 차이점을 비교한

기술혁명과 인간의 욕망
I. 미래를 향한 빅 퀘스천
II. 포스트 휴먼의 시대
III. 미래의 국가와 사회, 기업
IV. 전쟁의 미래, 인간의 조건
V. 문명을 바꿔놓은 기술혁명
VI. 우리는 무엇을 해야 하나
에필로그

부분에서 잘 드러납니다. 비슷한 시기 동양과 서양은 인문의 꽃을 피워냈지만, 그 직후 들어선 두 제국은 서로 다른 길을 가게 됩니다. 자세한 내용은 다음 장에서 살펴보시죠.

3

로마 제국과 진나라가
맞서 싸운다면

미물리가 기술학명과 인간의 종말
I. 미래를 향한 생각 버리기
II. 포스트휴먼의 시대
III. 미래, '희로애락'
IV. 공메이 근 및 책임
V. 문명을 바꿔놓은 기술학명
VI. 우리는 무엇을 해야 하나
에필로그

THE FUTURE HUMANITIES   앞서 살펴본 것처럼 2,500년 전 동서양은 문화적
으로 높은 성취를 동시에 이뤄냅니다. 서로 사는 곳은 달랐지만 기원
전 5세기라는 같은 시기에 세계 성인들인 소크라테스와 공자가 함께
활동했습니다. 이들은 각자 문화에서 정신문명의 원류가 됐고 화려
한 인문의 꽃을 피웠죠.

　하지만의 그리스의 도시국가와 중국의 춘추전국시대는 또다시 비
슷한 시기에 그 막을 내리게 됩니다. 서양에선 로마 제국이, 동양에
선 진秦나라가 출현한 것이죠. 두 제국 모두 해당 문화권을 최초로
통일한 거대 왕국이라는 공통점을 갖고 있습니다. 그러나 역사에서
두 제국이 남긴 발자취는 사뭇 달랐습니다.

여기서 재밌는 상상을 해 봅니다. 만일 두 문명이 충돌했다면 어떤 일이 벌어졌을까요.[11] 먼저 진秦나라부터 살펴보겠습니다. 진의 통일을 이야기하려면 형가荊軻, 미상~기원전 227를 말하지 않을 수 없습니다. 사마천司馬遷, 기원전 145~86의 《사기史記》에는 〈자객열전〉이 따로 편찬돼 있습니다. 20세 때부터 중국 전역을 돌며 자료를 수집한 사마천은 황제와 제후의 이야기뿐 아니라 이들을 암살하려 했던 자객의 이야기까지 따로 묶었습니다. 그중 으뜸이 진시황을 죽이려 했던 형가입니다.

원래 형가는 전국시대 말기 위衛나라 사람입니다. 진이 위衛를 멸하면서 형가는 연燕나라에 가서 살게 됐죠. 원래 무예에 출중했지만 나라 잃은 설움을 표현할 길 없던 그는 매일 같이 술독에 빠져 살았습니다. 그에겐 고점리高漸離라는 친구가 있었는데, 그는 '축筑, 현악기의 일종'을 잘 다루는 예술인이었습니다.

형가는 객잔에서 늘 술독에 빠져 살았습니다. 그때마다 고점리가 켜는 축의 선율에 맞춰 저잣거리 한복판에서 노래를 부르고 춤을 췄죠. 그의 눈엔 보이는 게 없었습니다. 이런 그의 행동은 마치 주변은 아예 신경 쓰지 않는 것처럼 비쳐 '방약무인傍若無人'이란 고사로 남았습니다.

어느 날 형가에게 연燕의 왕이 제안을 합니다. 진秦의 왕 영정을 죽여 달라는 것이었죠. 당시 진秦은 천하를 통일하기 직전이었고, 진왕 영정 역시 시황제로 등극하기 이전이었습니다. 형가는 열 걸음 앞에만 있으면 누구든 한 번에 죽일 수 있는 '십보일살十步一殺'의 고수였죠.

---

11) 지리적으로 멀리 떨어져 있어 두 나라가 만날 가능성은 적었다. 또 두 제국의 전성기가 정확히 일치하지 않았기 때문에 객관적 비교도 쉽지는 않다. 하지만 비슷한 시기 동서양에서 강력한 힘을 자랑했던 두 제국이 맞붙었더라면 매우 흥미로운 이야기가 펼쳐졌을 것이다.

그러나 문제는 궁중의 무수한 호위 무사를 뚫고 진왕 앞에까지 갈 수가 없다는 것이었습니다. 하지만 그런 형가에게 어느 날 기회가 찾아왔습니다. 진왕이 과거 자신의 휘하에 있던 장군 번어기를 죽인 사람에겐 큰 상을 내리고 자신과 직접 대면할 수 있는 기회를 주기로 한 것이었습니다. 형가는 곧장 번어기를 찾아가 자신의 뜻을 설명합니다. 그 자리에서 번어기는 자신의 목을 쳐 형가에게 바칩니다.

번어기의 목을 들고 진왕을 찾아간 형가는 드디어 진왕을 죽일 기회를 잡습니다. 그러나 형가가 몰래 숨겨온 비수를 꺼내려 할 때 암살 의도를 들키고 맙니다. 10대 시절부터 전장을 누벼온 진왕 역시 무예에 있어 예사로운 인물이 아니었습니다. 결국 형가는 궁중 무사들에게 잡혀 무참히 살해되고 맙니다.

얼마 후 형가의 배후에 연燕이 있음을 알게 된 진왕은 이듬해인 기원전 226년 곧장 연으로 쳐들어가 나라를 멸망시키고 맙니다. 하지만 형가의 암살 시도는 진왕에게 큰 트라우마를 남깁니다. 이때부터 늘 자객의 위협에 시달려야 했던 진왕은 온갖 살육과 횡포로 자신의 공포를 이겨 내려 합니다. 아이러니한 일이지만 형가의 암살 시도는 결과적으로 진秦의 천하 통일을 앞당긴 꼴이었습니다.

흉포한 진왕의 성품은 시황제로 등극한 이후에도 달라지지 않았습니다. 오히려 더욱 심해졌죠. 시황제는 천하의 모든 것을 자신의 발 아래에 놓길 원했습니다. 당시 정치 체제였던 봉건제를 폐지하고 군현제를 도입해 중국 전역을 황제의 직할 아래 둡니다. 강력한 병권과 법가 사상을 바탕으로 엄격하게 백성을 다스렸죠. 시황제는 그동안 분쟁과 갈등이 잦았던 이유가 나라마다 문화와 생활 방식이 달랐기 때문이라고 생각했습니다. 결국 시황제는 영토뿐 아니라 사회·경제·문화적 통일까지 시도합니다.

먼저 각 나라마다 다르게 쓰이던 화폐를 모두 폐지하고 진秦이 만든 통일 화폐를 쓰도록 했습니다. 또 이 당시엔 지역마다 문자의 차이가 많았는데 진秦은 천하의 문자를 소전小篆[12]으로 정하고 다른 문자는 못 쓰게 했습니다. 문자와 제도의 통일은 군현제와 함께 중앙집권의 권력을 강화하기 위한 조치였습니다.

아울러 도량형을 통일하고 수레바퀴의 크기와 폭까지 규정합니다. 이때 만들어진 진秦의 표준은 이후 2,000년 동안 이어진 중국 왕조의 기본 체제로 자리 잡습니다. 진秦에 이어 유방이 세운 한漢나라도 사실상 진시황이 만들어 놓은 시스템을 거의 그대로 사용했습니다. 이처럼 그의 통일은 중국 역사에 긍정적인 점도 많았습니다.

그러나 세상 모든 이치는 과유불급인 셈입니다. 시황제의 통일 의지는 학문과 사상에까지 뻗칩니다. 시황제가 문화와 제도까지 뜯어고치려 하자 과거 제자백가로 활동했던 선비들이 시황제의 정책을 비판하기 시작했습니다. 하지만 시황제는 더욱 과격하게 자신의 뜻을 펼쳐나가기 시작합니다. 당시에 승상을 맡고 있던 이사李斯, 미상~기원전 208의 제안을 받아들여 '분서갱유焚書坑儒'를 벌이고 말죠.

"봉건시대엔 제후들이 전쟁이 끊이지 않아 천하가 어지러웠지만 이제는 통일이 돼 안정을 찾았습니다. 그러나 옛 책을 배운 사람들 중에 과거의 것만 옳다고 여겨 새로운 제도와 문화를 반대하는 이들

---

12) 진시황 등극 이후 만든 통일 서체.

이 있습니다. 실생활에 필요한 의약, 농업 등에 대한 실용 서적과 진秦의 역사서 외에는 모두 불태워 없애 버리소서.”

이와 같은 이사의 제안에 따라 시황제는 진의 사상적 배경과 제도를 반대하는 모든 서적들을 모아 불태웁니다. 이를 '분서焚書'라고 부르죠. 비슷한 시기 아방궁이 건립된 후 시황제는 도인들과 가까이했는데 이때 그중 일부가 나라의 재물을 빼돌리고 종적을 감춥니다. 항간에선 이 일을 비판하는 사람들이 늘어나가 시작했죠. 분노한 시황제는 자신을 욕하는 유생을 모두 잡아 산 채로 구덩이 묻었습니다. 당시 죽은 사람이 400명이 넘었다고 합니다. 바로 '갱유坑儒'입니다. 이처럼 시황제의 공포 정치는 갈수록 심해졌죠.

로마도 진과 비슷한 시기 국력을 키워가며 제국으로 커져 나가기 시작합니다. 기원전 8세기경 그리스의 폴리스들처럼 테베레 강변의 도시국가로 시작한 로마는 기원전 6세기에 왕정을 끝내고 공화정을 시작합니다. 로마 역시 아테네와 스파르타 같은 다른 도시국가들처럼 철제 농기구를 사용하면서 생산력이 높아지고 막대한 부를 가진 계층이 생겨났죠.

작은 도시국가에서 본격적인 제국으로 발돋움하기 시작한 건 기원전 264년에 시작된 포에니전쟁 때부터입니다. 포에니는 라틴어로 페니키아인을 뜻하죠. 포에니전쟁은 페니키아의 식민지인 카르타고와 로마 사이에 벌어진 3차례의 동서 전쟁입니다. 기원전 264년에서 기원전 241년까지 펼쳐진 1차 전쟁에서 로마는 최초의 해외 영토를 개척합니다. 시칠리아와 코르시카 등을 식민지로 건설하죠.

2차기원전 218~201 전쟁에선 그 유명한 카르타고의 명장, 한니발이 역사에 처음 등장합니다. 초기 전쟁은 용맹한 한니발의 군대가 우위였습니다. 그러나 로마군을 이끄는 스키피오는 전술과 전법을 발전시키고 무기를 개량해 카르타고를 무찌릅니다. 이 전쟁으로 카르타고는 조그맣고 힘없는 도시로 전락하고 말죠.

3차기원전 149~146는 로마가 카르타고를 완전히 몰락시킨 전쟁입니다. 전쟁의 패배로 카르타고가 있던 영토는 로마의 속주로 편입됩니다. 3차례의 전쟁에서 엄청난 자신감을 갖게 된 로마는 천천히 주변으로 영토를 확장하기 시작하죠. 이후 로마는 지중해를 넘어 다른 대륙으로 영토를 넓힙니다.

특히 율리우스 카이사르기원전 100~44 같은 걸출한 영웅들이 출현하면서 '팍스 로마나'[13]를 일굽니다. 로마의 영토는 북쪽으로는 현재 영국 영토의 중북부까지, 유럽 대륙에서는 라인강을 시작으로 북해와 흑해를 연결하는 국경선을 긋습니다. 동쪽으로는 메소포타미아 인근까지 뻗어가며 남쪽으로는 이집트와 리비아 등 북부 아프리카에 이릅니다. 서쪽에는 오늘날 스페인이 있는 이베리아반도를 제국에 복속하면서 '팍스 로마나'를 이룹니다.

이처럼 로마가 거대 제국으로 발전할 수 있던 핵심 요인 중 하나는 '로마 군단Legion'이라고 불리는 무적의 군대가 있었기 때문입니다. 군단의 규모는 많게는 6,000~7,000명까지 다양한 규모의 군단들이 로마군을 이뤘습니다. 제국 전성기에는 이런 군단이 수십 개가 존재했습니다. 각각의 군단은 중무장을 한 보병이 군단의 주축을 이뤘고 기

---

13) 로마 제국이 평화를 누린 1세기부터 2세기까지의 시기를 주로 칭한다. 강력한 로마를 본 따 강력한 국가에 의해 평화가 유지되는 경우를 가리킨다.

병이 이를 지원했습니다.

중무장을 한 보병, 즉 중장보병이 주로 사용하는 무기는 '글라디우스'[14]였습니다. '글래디에이터'와 같은 검투사 영화에서 주인공들이 주로 사용하는 무기입니다. 단검과 함께 자주 쓰던 무기는 스피어라고 불리는 길이가 긴 창이었습니다. 군단은 긴 창과 몸 전체를 덮을 수 있는 큰 방패로 전쟁에 나섰습니다.

전장에서 병사들은 마치 오늘날 무력 시위를 막는 전경들의 진압 작전처럼 방패로 빈틈없이 대열을 짜고 그 사이의 좁은 틈으로 창을 내밀어 공격했습니다. 수천 명의 병사들이 지휘관의 지시에 맞춰 하나의 큰 로봇이라도 된 것처럼 조직적으로 움직였습니다. 이 같은 강력한 군대가 뒷받침이 돼 로마는 유럽 최고의 제국으로 성장할 수 있었죠.

그럼 여기서 처음에 던졌던 질문으로 다시 돌아가 보겠습니다. 과연 거대 제국을 일으킨 로마와 진秦나라가 맞붙는다면 누가 이겼을까 하는 것이죠. 불사를 꿈꿨던 시황제는 자신을 신과 동일시하며 강력한 군사력을 바탕으로 중앙집권을 구축합니다. 그의 군대는 탄탄한 조직력과 엄격한 군기를 바탕으로 적군을 제압했습니다. 중국 시안의 진시황 무덤에서 발견된 실물 크기의 병마용 8,000개는 당시 진秦이 군사 국가로서 얼마나 큰 위용을 자랑했는지 잘 보여 주고 있죠.

진秦은 주로 침략 전쟁을 펼치다 보니 공성전攻城戰에 능했습니다. 1m 간격으로 병사들이 대열을 형성해 성을 에워싸고 전투를 펼칩니다. 그 덕분에 성벽을 타고 오르는 데 필요한 운제雲梯나 성벽을 부수

---

14) 길이가 50cm 정도 되는 단검.

프롤로그 기술혁명과 인간운명

I. 미래를 향한 빅 퀘스천

II. 포스트 휴머니 시대

III. 미래의 국가와 사회, 기업

IV. 경계의 근원 질문에 선 인간

V. 문명을 바꿔놓을 기술혁명

VI. 우리는 무엇을 해야 하나

에필로그

기 위한 충차衝車 같은 공성 무기들이 발달했습니다. 운제는 구름까지 갈 만큼 높이 오를 수 있다는 뜻입니다.

가끔 시황제가 나오는 영화를 보면, 하늘에서 비처럼 화살이 날아가는 모습을 보곤 합니다. 실제로 진秦은 이처럼 원거리 무기가 매우 발달했습니다. 특히 일종의 기계식 활인 '노弩'라는 무기가 많이 쓰였죠. 진나라는 조별로 수십 개의 활을 쏠 수 있는 '노弩' 부대가 따로 있었습니다. '노弩'는 하늘에서 비가 쏟아지듯 화살을 적지에 퍼부었습니다.

발달한 무기와 함께 군사의 전의를 높이는 진秦의 군사 제도는 강력한 군대를 유지하는 핵심 요소 중 하나였습니다. 바로 전쟁의 공과에 따라 작위를 주는 것이었죠. 전쟁에서 세운 공로를 따져 복식과 토지 등을 분배했고 공로가 큰 이들은 가족이 법을 어겨도 면제를 해 줬습니다. 반면 군영에서 이탈하면 그 옆 사람까지 처벌하는 엄격한 기강을 설립해 서로를 견제하게 했죠.

특히 진秦의 군대를 강력하게 만든 또 하나의 요인은 당시에 발달한 병법입니다. 전국시대의 모든 나라는 잦은 전쟁을 겪어야 했기에 각종 전략과 전술이 발달했죠. 오기의 《오자吳子》, 손빈의 《손자孫子》, 사마양저의 《사마법司馬法》 같은 전문 병법서가 많이 나왔습니다. 각 병법가들은 기상천외한 전술과 전략을 다루면서 전쟁의 판도를 바꿔 놨습니다.

이처럼 진秦과 로마는 각기 특색과 장점을 바탕으로 강력한 국가를 만들었습니다. 그렇기 때문에 각기 동양과 서양에서 패권을 쥐고 있던 두 나라가 전쟁을 벌였다면 막상막하였을 겁니다. 하지만 이들이 사용한 주요 무기와 전쟁의 방식 등을 따져 보면 조심스런 추측은 해볼 수 있죠. 아마도 진秦이 로마 제국보다 우위에 있지 않았을까 생각해 봅니다.

물론 두 제국 모두 훌륭한 군대를 갖추고 있었지만 싸우는 방식이 달랐습니다. 진은 전장에서 기병이 중심이고 이를 뒷받침하던 게 공성전을 벌이는 보병 부대였죠. 로마 역시 기병과 활을 쓰긴 했지만 군단의 핵심은 중장보병이었습니다. 갑옷과 투구로 무장한 보병이 글라디우스와 스피어를 들고 오열을 맞춰 싸우는 거였죠.

물론 진秦의 군대 역시 보병이 훨씬 많았습니다. 그러나 전쟁의 주축은 말을 탄 기병이었습니다. 춘추시대와 진나라, 또 진나라 말기를 다룬 '초한쟁패' 시대의 영화 등을 보면 말을 타고 전장을 누비는 장수들의 모습이 많이 나오는 것도 그 때문입니다. 수백 년간 계속된 전쟁에 길들여져 각종 병법서가 나오고 다양한 전술과 전략을 사용하게 된 것도 큰 장점이었고요.

이처럼 군사적 측면만 본다면 진秦이 로마 제국을 이겼을 것이라고 생각됩니다. 그러나 진秦은 시황제로부터 불과 3대에 이르러 멸망했고 로마는 1,000년을 번영했습니다. 그 이유는 과연 무엇 때문일까요?

세계적인 씽크탱크인 국제평화연구소의 설립자 요한 갈퉁Johan Galtung [15]은 그의 책 《제국주의의 구조 The Sturcture of Imperialism》에서 제국이 성공하는 3가지의 조건을 설명했습니다. 바로 군사력과 경제력, 문화력입니다. 강력한 군대를 갖고 있되 주민들이 편히 먹고살 수

---

15) 노르웨이 오슬로 출생으로 1959년 노르웨이 사회연구소에서 분쟁과 평화 연구 프로그램을 시작하며 평화 연구에 전념했다. 그는 평화의 개념을 소극적 평화와 적극적 평화로 구분했고, 사회 통합의 단계를 적극적 평화로 봤다.

있는 경제력을 갖춰야 하고 정신적으로 이들을 지배할 수 있는 문화적인 힘이 밑바탕 돼야 한다는 거였죠. 바로 피지배민들의 마음을 얻어야만 진정한 제국이 완성된다는 설명입니다.

이렇게 따져 보면 진秦은 강력한 군사력과 경제력을 갖췄지만 세번째 요소인 문화력을 갖추지 못했습니다. 시황제는 8,000개의 병마용이 있는 불가사의한 황릉을 조성하고 북방에 만리장성을 쌓을 만큼 진의 경제력은 엄청났습니다. 앞서 살펴본 것처럼 역대 최강의 군대 또한 갖고 있던 그였습니다.

그러나 시황제에겐, 또 진秦나라에는 문화력이 부족했습니다. 분서갱유로 대표되는 사상과 학문의 탄압이 피지배민들로 하여금 원한과 분노의 마음을 강하게 키웠습니다. 개방적이지 못하고 관용을 베풀지 못하는 진나라의 정치 체제도 문화력을 키우지 못한 요인 중 하나입니다.

반면 로마 제국의 강력한 지배 도구는 '로마 군단'만이 아니었습니다. 오히려 '로마 문화'가 더 큰 힘을 발휘했죠. 만일 로마가 군사력과 경제력만 있고 문화의 힘이 없었다면 1,000년 역사와 '팍스 로마나'를 이루지 못했을 겁니다. "로마는 하루아침에 만들어진 것이 아니다."라는 말처럼 오랜 세월 자신의 문화와 이민족의 문화가 결합돼 로마 제국이라는 뛰어난 문화를 만들어 냈습니다. 이것이 오늘날 로마를 역사상 가장 발전했던 제국 중 하나로 꼽는 이유일 겁니다.

로마는 식민지를 건설할 때도 자국의 정치 체제를 받아들이고 충성을 맹세하면 그 지역의 생활양식과 문화의 다양성을 존중했습니다. 특히 초기 로마가 제국을 건설해 갈 때는 단순히 무력을 통한 군사적 정복 활동만을 하진 않았습니다. '동맹'과 '편입'을 통한 로마적인 정치 방식이 있었죠. 요약하자면 전쟁에선 진秦이 이겼을지 모르나, 문화력에선 로마가 압승을 했다고 볼 수 있습니다.

이는 역사상 가장 넓은 영토를 지배했던 몽골 제국도 마찬가지였습니다. 칭기즈칸은 말을 타고 세계 제국을 건설했지만, 단순히 말 위에서 광활한 영토를 지배한 건 아니었습니다. 즉 용맹한 몽골 기병이 왕조를 무너뜨리고 전쟁에선 무참한 살육을 벌였지만, 그게 전부는 아니었다는 거죠.

동쪽으로는 한반도, 서쪽으로는 러시아까지 정복했던 몽골은 피지배 민족에 대해 이원 정책을 실시했죠. 저항하는 세력은 가차 없이 처단했지만 순응하는 이들은 깊이 포용했습니다. 특히 기술자와 예술가 등을 우대했죠. 요즘으로 치면 학문과 지식, 기술이 싹틀 수 있게 도왔습니다. 능력이 있으면 신분도 가리지 않았죠. 그 나라의 문화를 존중하며 자연스럽게 세계 제국에 녹아들어 가도록 했습니다.

이는 전쟁에서도 큰 힘을 발휘했죠. 그 나라 군대의 장점은 바로바로 수용해 다음 전쟁에 사용했습니다. 처음 칭기즈칸의 군대는 기마병이 주력이었지만, 나중에는 화약을 이용한 대포 등 각종 전투 장비를 이용하게 됩니다. 정복한 나라의 기술을 흡수해 자신의 것으로 만든 것이었죠. 이처럼 칭기즈칸이 세계 제국을 이룰 수 있던 가장 큰 비결은 관용과 다양성의 힘이었습니다.

우리 앞에 펼쳐지고 있는 4차 산업혁명은 단순히 과학과 기술의 발달만을 의미하진 않습니다. 앞서 나가느냐, 뒤처지느냐 현대 사회에선 이런 것들이 보이지 않고 들리지 않는 전쟁의 일종입니다. 특히 미래엔 기술이 곧 군사력이고 경제력이 될 것이고요. 그러나 기술이 발전하더라도 이를 뒷받침하는 문화력이 따라 주지 않는다면 제 아무리 세계를 제패한 혁신 기업과 패권 국가라도 진秦나라처럼 오래가지 못할 겁니다. 즉 물질적 성장에 걸맞게 제도와 의식 같은 정신적인 성숙이 뒤따라야 한다는 거죠.

4차 혁명으로 불리는 미래의 문명 전환은 청동기에서 철기로 변했던 2,500년 전 동서양보다 훨씬 큰 기술 혁신을 예고하고 있습니다. '문자'에 한정됐던 지식과 문화의 소통 수단은 동영상과 홀로그램, 가상현실 등 획기적으로 변화하고 있습니다. 국가 간 장벽은 낮아지고 교류의 속도는 더욱 빨라지고 있습니다. 제자백가와 소피스트가 그랬듯 한 단계 더 높은 정신문화와 인문의 꽃을 피울 수 있는 물적 토대를 갖춰 가고 있는 것이지요.

그러나 현재의 상황에선 우울한 걱정이 먼저 앞섭니다. 2,500년 선조들이 해 냈던 것처럼 우리도 잘할 수 있을지 우려되는 것이죠. 시민들이 갖고 있는 의식은 눈부신 기술의 발전을 정신문명과 조화시킬 수 있을 만큼 지혜로울지 잘 모르겠습니다. 비록 과거의 사람들보다 현대인이 알고 있는 지식의 총량은 더욱 많을지 몰라도, 우리가 그들보다 성숙한 의식을 갖추고 지혜로운 생각을 갖고 있는지는 의문입니다.

잘못하면 우리는 로마가 아닌 진秦의 길을 걸을 수도 있습니다. 그렇지 않기 위해서 우리는 다양성을 중시하고 개방·관용의 정신이 밑바탕 되는 문화를 키워야 합니다. 그래야만 과거 아테네의 소피스트와 춘추전국시대의 제자백가와 같은 인문의 꽃을 피울 수 있습니다. 모두가 똑같은 생각을 하도록 강요받고, 너와 나의 다름이 틀림으로 인식될 때 우리는 다시 진秦의 분서갱유를 겪게 될지 모를 일입니다.

4

세 번째 혁명 르네상스,
세계사의 시작

미래를
기술철학과 인간윤리

I.
미래를 향한
빅 퀘스천

II.
포스트휴먼의
시대

III.
미래의 국가와 '나'

IV.
젠데의 고봉
경계에 선 인간

V.
문명을 바꾸는
기술혁명

VI.
우리는 무엇을
해야 하나

에필로그

THE FUTURE HUMANITIES · 앞서 인간 역사의 주요한 변곡점으로 1만 2,000
년 전 농업혁명과 2,500년 전 철기혁명을 살펴봤습니다. 그렇다면 세
번째 혁명은 언제였을까요. 우리가 흔히 알고 있는 14~16세기의 르네
상스가 그 주인공입니다. 그러나 르네상스는 앞서 두 번의 혁명과는
조금 다른 방식으로 시작됐습니다. 중세라는 어두웠던 1,000년의 시
간이 종말을 고하면서 그에 대한 반동으로 인문 정신이 부활했던 거
죠. 그렇다면 르네상스는 어떻게 인간 문명의 세 번째 혁명이란 타이
틀을 거머쥘 수 있었을까요?

13세기 유럽은 중세의 모순과 부조리가 극에 달했던 시절입니다.
사람들은 온갖 죄를 짓고도 돈만 있으면 죄를 사할 수 있다고 믿었

고, 부패한 성직자들은 이를 빌미로 면죄부[16]를 팔아 자신의 배를 불렸죠. 사람들의 관심은 착하게 살아 천국에 가는 게 아니었고, 어떻게 하면 지옥행을 면할 수 있을까를 고민하는 데 쏠려 있었습니다. 교회는 신도들의 고혈을 뽑아 호의호식했죠.

정치도 엉망이었습니다. 몇 세기 동안 계속된 십자군 전쟁은 백성들의 삶을 피폐하게 만들었습니다. 온갖 물자를 퍼부었지만 십자군이 가져온 건 척박한 영지의 헐벗음과 전쟁을 나선 젊은 군인과 이교도의 붉은 피뿐이었습니다. 당시 중세의 어두웠던 삶을 잘 묘사해 놓은 것이 '로빈 후드'[17] 이야기죠. 이처럼 중세는 인간성이 말살되고 세속의 삶은 고통뿐인 암울한 시절이었습니다.

하지만 모든 나라, 모든 사람이 어렵진 않았죠. 성직자와 귀족 등 권력과 부를 가진 사람들은 여전히 흥청망청 살았습니다. 이 시기에 유럽 전역을 흑사병이 강타하면서 제대로 된 의료 서비스를 받지 못하는 대다수 백성이 목숨을 잃었습니다. 양극화와 불평등은 더욱 심해졌고요.

갈등과 혼란 속에서 새롭게 힘을 비축한 계층이 생겨나기 시작했습니다. 바로 상인들입니다. 평민 출신이지만, 자신의 재능과 노력을 통해 사회의 상층부로 올라간 이들이죠. 이들은 혈통에 얽매이지 않고 스스로 인생을 개척하고 새로운 계급 질서의 주류로 성장했습니

---

16) 죄가 사면됐음을 증명하는 서류. 중세 말기 교황청 재정이 부실해지고 베드로 대성당을 건축하면서 건축비 마련이 어려워지자 교황청에서 벌을 면제받기 위해 현금의 중요성을 강조하며 대량의 면죄부를 발매했다. 심지어 교황 식스투스 4세는 이미 죽은 사람들에게도 면죄부가 유효하다고 했다.

17) 몰락한 귀족 로빈 롱스트라이드가 '후드'를 뒤집어쓰고 의적 활동을 벌이는 이야기.

다. 이런 상인들이 주로 활동했던 곳이 바로 이탈리아입니다. 당시 유럽엔 프랑스와 독일, 영국 같은 많은 나라가 있었음에도 불구하고 이탈리아에서 르네상스가 일어날 수 있던 건 바로 이들 때문인 거죠.

이탈리아는 로마 교황청이 자리 잡은 중세의 심장부였습니다. 즉 교황을 중심으로 한 중세적 세계관의 핵심이었고 고대 로마부터 1,000년 이상 유럽의 사상과 이념, 정치를 지배한 곳이었습니다. 그렇기 때문에 오히려 성직자와 귀족의 부정부패를 더 쉽게 알 수도 있었죠. 《로마인 이야기》의 저자인 일본 작가 시오노 나나미는 "중세의 본거지인 로마 교황청이 코앞에 있었기 때문에 단점과 폐단을 더 쉽게 느낄 수 있던 것"이라고 설명합니다.

이런 분위기 속에서 상인들은 점점 자신의 영향력을 높이기 시작했습니다. 이들은 교역이 활발하고 금융이 발달한 이탈리아를 상업의 요충지로 키웠죠. 특히 이탈리아엔 봉건제가 중심인 다른 나라와 달리 '코무네comune'[18]라는 자치 공동체가 발달하기 시작했습니다. 상인들의 연합에서 발전한 코무네는 점차 힘을 키워가면서 훗날 밀라노, 베네치아, 피렌체 같은 도시국가로 발전합니다.

처음 이곳에 돈이 모인 이유는 교황청의 넘쳐나는 자금을 관리하기 위해서였죠. 유럽 각지에서 흘러 들어오는 자금을 관리하기 위해 은행이 생겨났고, 금융인들이 대자본가로 성장했습니다. 상업과 금융의 발전은 기술혁명 못지않은 물질적 풍요를 안겨 줬습니다. 유럽의 모든 물

---

18) 11세기 이후 이탈리아에 존재했던 자치 공동체. 10세기 후반 이후 상업의 발전과 함께 이탈리아 북부와 중부 도시에서 상층 상인의 세력이 커지자 토지 소유자들과 함께 단체를 만들어 봉건 귀족 대신 스스로 도시를 통치하기 시작했다. 나중에 이 세력이 커지며 코무네가 됐다.

자가 투입된 십자군 전쟁의 수혜도 이들 도시국가의 차지였죠. 사람과 돈, 물자가 모이면서 이 지역의 경제가 발전한 건 당연한 일이었죠.

코무네를 통해 사회적 영향력까지 키운 상인들은 기존의 지배 계층, 즉 귀족 영주들과는 큰 차이가 있었습니다. 과거 봉건시대엔 부모로부터 물려받은 땅이 '노빌레'의 조건이었지만, 이 시기엔 누구든 열심히 일을 해 돈을 벌면 코무네의 상류층이 될 수 있었습니다. 가문이 좋지 않아도 재능만 있다면 출세할 수 있던 거죠.

타고난 신분이 아니라, 노력을 통해 계층 상승이 가능하다는 믿음은 사회 전반에 활력을 불어넣었습니다. 신과 성직자가 만들어 놓은 종교적 규율보다 시장의 질서가 사람들의 마음을 움직이기 시작했고, 억압과 속박보다 자율과 그에 따르는 책임이 그 시대의 정신을 만들어 나갔습니다. 이런 과정에서 인간에 대한 탐구, 자연과 사회에 대한 고민도 커져 갔죠. 이는 지식과 학문뿐 아니라 음악과 미술, 건축 등 다양한 형태의 예술로 태어났습니다.

이런 사회 흐름을 이끌어 나갔던 이들은 대상인입니다. 돈을 벌어 사회 주류로 올라섰지만 이들에겐 아직 문화와 의식 측면에서의 '노빌레'가 부족했죠. 물질적 부는 갖췄지만 귀족이 가졌던 고귀한 품격까지 저절로 얻게 되는 건 아니었죠. 그 대신 상인들은 오래된 미술품을 사 모으고, 예술가들을 지원하며 문화적 소양을 높여 갔습니다. 또 최초의 대학인 볼로냐대학처럼 학문과 연구의 공간을 만들고 그 안에서 지식과 교양을 쌓기 시작했습니다.

이런 학문과 예술의 태동은 15세기 구텐베르크가 발명한 인쇄술과 결합하며 지식의 폭발을 가져옵니다. 인쇄술의 보급은 2,500년 전

문자의 확산에 준하는 엄청난 지식혁명이었던 거죠. 데이터 연구의 권위자인 마이크로소프트의 피터 리 부사장은 "구텐베르크의 인쇄술이 발명된 후 유럽 전역에 있던 성경책의 숫자가 3만 권에서 1,200만 권 이상으로 늘었다."라고 설명합니다.

한번 시작된 혁명은 고삐를 늦추기 어려웠습니다. 르네상스의 지적 혁명은 기술의 발전으로 이어졌죠. 르네상스 시기의 대상인들은 학문과 예술을 집중 지원했는데, 이들이 지원을 받은 대표적인 학자 중 한 명이 갈릴레오 갈릴레이였습니다. "그래도 지구는 돈다."라는 갈릴레이의 유명한 말처럼 당시 유럽은 전에 갖고 있던 지구에 대한 많은 통념을 깨죠. 그것은 과학이라는 새로운 혁명을 잉태했습니다. 르네상스가 과학혁명을 탄생시킨 겁니다.

과학혁명의 초기 모습은 인간의 탐험 욕구와 맞물리며 대항해 시대의 역사를 쓰기 시작했습니다. 그동안 각 문명권에서 분절적으로 살던 인류가, 이제야 비로소 하나의 세계사로 편입되기 시작한 거였죠. 그 밑바탕엔 나침반과 항해술, 지구는 둥글다는 과학 이론_{또는 믿음}이 있었습니다.

그런데 여기서 흥미로운 점은 대항해 시대를 주도했던 나라 중에 이탈리아가 빠져 있다는 겁니다. 처음 대항해 시대의 포문을 연 것은 포르투갈이었고, 이를 뒤따라간 게 스페인이었습니다. 그로부터 한 세기 후 영국과 네덜란드가 차례로 해상 패권을 쥐며 강대국으로 거듭났죠.

따지고 보면 포르투갈이 탐험의 세기를 열 수밖에 없던 이유가 있었습니다. 당시 유럽인들은 후추에 매료돼 있었죠. 하지만 값비싼 음식이었기 때문에 쉽게 접할 수 없었습니다. 후추를 비롯한 향신료 수

프롤로그 기술혁명과 인간의 삶

I. 미래를 향한 빅 퀘스천

II. 포스트 휴먼의 시대

III. 미래의 국가와 사회, 기업

IV. 경제의 근본, 부에 대한 인문

V. 문명을 바꿔 놓을 기술혁명

VI. 우리는 무엇을 해야 하나

에필로그

입은 인도에서 이슬람, 베네치아를 거치는 독점 형태의 무역이었기 때문에 변방의 포르투갈은 늘 소외돼 있었죠. 특히 오스만 세력이 지중해로 뻗어 나오면서부터는 후추를 아예 구할 수 없게 됩니다.

그때쯤 유럽 사회에 퍼지기 시작한 이론이 지동설입니다. 지구는 둥글기 때문에 반대로 나아가면 인도에 닿을 수 있다는 것이었죠. 이런 연유로 포르투갈은 국가 차원에서 신항로 개척에 열을 올립니다. 이웃 나라 스페인도 포르투갈에 뒤질세라 탐험을 시작하죠. 그때부터 세계의 역사가 바뀌기 시작합니다.

1488년 포르투갈은 바르톨로뮤 디아스[19]를 앞세워 아프리카 최남단 희망봉을 발견하죠. 조금 늦게 출발한 스페인의 크리스토퍼 콜럼버스는 포르투갈보다 먼저 인도 항로를 개척하기 위해 항해를 시작합니다. 그러나 콜럼버스는 전혀 새로운 대륙을 발견합니다. 그가 도착한 곳은 중부 아메리카의 동부 연안인 바하마제도였습니다. 물론 콜럼버스는 그곳이 인도라고 생각한 채 죽었지만요. 진짜 인도 항로를 개척한 건 1498년 포르투갈의 바스코 다 가마였습니다. 화룡점정은 1519년 스페인을 출발한 마젤란이 남아메리카와 필리핀을 돌아 스페인에 귀환하면서 사상 처음 세계 일주를 완성한 겁니다.

이처럼 대항해 시대의 주역은 포르투갈과 스페인이었습니다. 중세 1,000년의 역사, 그리고 바로 이어 시작된 르네상스의 중심지였던 이탈리아는 조연조차 꿰찰 수 없었습니다. 하지만 우리가 잊고 있는 사

---

19) 포르투갈의 선장으로 희망봉을 발견했다. 그가 처음 지은 이름은 '폭풍의 곳'이었으나 당시 국왕인 주앙 2세가 항해에 나서는 선원들의 공포를 덜어 주기 위해 '희망봉'으로 이름을 바꿨다.

실이 한 가지 있습니다. 대항해 시대를 이끈 나라는 포르투갈과 스페인이었지만, 이들의 함선을 지휘하고 이끌었던 선장들은 대부분이 이탈리아인이었다는 점입니다.

이 시기 최고의 주인공인 콜럼버스는 이탈리아의 도시국가 중 하나인 제노바공국 사람입니다. 또 콜럼버스 이후 아메리카 대륙에 도착해 그곳을 자신의 이름을 따 신대륙의 이름을 붙인 아메리고 베스푸치 역시 제노바 출신이죠. 중·남미에 도착한 위의 두 명과 달리 처음으로 북아메리카에 발을 디딘 조반니 카보트존 캐벗도 이탈리아 베네치아의 무역 상인이었습니다.

비록 국가로서 이탈리아는 대항해 시대의 주인공은 아니었지만, 이 시대를 있게 만든 장본인은 이탈리아인이었죠. 국가적 차원에서 탐험과 도전을 장려한 건 스페인과 포르투갈이지만, 그 내용은 모두 이탈리아인에게서 나온 겁니다. 그 이유는 뭘까요. 앞서 설명한 것처럼 이탈리아의 도시국가들은 당대 유럽 최고의 지식과 학문이 발달해 있었기 때문입니다. 상업과 금융의 발달, 학문과 예술의 심화, 그리고 이를 통한 지식혁명은 새로운 세상을 탐험하는 데 있어 필요한 밑거름이 됐습니다.

컵에 물이 차면 넘치는 것처럼 양적인 변화의 끝은 질적 전환입니다.[20] 르네상스의 중심에서 문명의 진화를 겪은 이탈리아인들은 이전 시대와는 비교할 수 없는 지적 역량을 갖게 됐죠. 갈릴레이와 코페르니쿠스의 연구로 배를 몰고 바다 끝까지 가더라도 낭떠러지에 떨어지지 않는다는 걸 알게 됐고, 천문학과 나침반의 발달로 망망대해

---

20) 양질전화법칙(量質轉化法則). 변증법에 나오는 이론. 양적인 변화는 결국 질적인 변화를 수반한다는 이론. 마르크스에 의해 사회주의 혁명의 동인으로 이론화됐다.

다가올 기술혁명과 인간문명

I. 미래를 향한 첫 걸음

II. 포스트 휴머니즘 시대

III. 미래의 국가와 사회, 기업

IV. 경계의 균열 앞에 선 인간

V. 문명을 바꿔놓는 기술혁명

VI. 우리는 무엇을 해야 하나

에필로그

에서도 좌표를 잡고 목적지를 향해 나아갈 수 있었습니다. 발전한 과학 기술과 지식혁명으로 폭증한 지적 능력은 새로운 세상을 만들어 냈습니다.

각각의 문명을 분절된 역사에서 하나로 합쳐 내고 서로 다른 문화 간의 교류를 통해 새로운 문명을 창출해 낸 대항해 시대는 기술혁명과 문명의 발전이 함께 이뤄진 인류의 세 번째 혁명 사례로 남게 됐습니다.

5

산업혁명과 기계화된 인간

모들로기 기술혁명과 인간문명

I. 미래를 향한 뉴 패러다임

II. 포스트 휴먼의 시대

III. 미래의 국가와 사회, 기업

IV. 존재로서의 윤리와 인간

V. 문명을 바꿔놓은 기술혁명

VI. 우리는 무엇을 해야하나

에필로그

THE FUTURE HUMANITIES · 앞서 살펴본 것처럼 인간은 1만 2,000년 전 농업의 시작과 2,500년 전 철기혁명 및 문자의 보급, 마지막으로 르네상스와 대항해 시대까지 총 3번의 걸친 문명 전환을 경험합니다. 그리고 얼마 후 산업혁명이라는 새로운 물적 변화의 시대를 맞이하죠. 하지만 이때는 지난 3번의 혁명과는 조금 다른 양상으로 전개됐습니다.

18세기 산업혁명은 증기기관과 방적기의 발명으로 요약됩니다. 두 발명품은 전엔 생각할 수 없었던 새로운 패러다임을 만들게 되죠. 노동의 주체가 인간에서 기계로 바뀌고, 일하는 인간으로서 대우받던 존경과 위계가 기계에 의해 말살되기 시작했습니다.

먼저 증기기관은 무기물인 석탄을 동력으로 쓸 수 있게 하는 에너지 전환의 혁명이었습니다. 증기기관이 발명되기 전까지 인간이 사용할 수 있던 자연의 에너지원은 물과 바람 정도였죠. 좀 더 세련되고 매끄럽게 이용할 수 있었을 뿐 원시시대의 그것과 본질은 크게 다르지 않았습니다. 배의 돛을 달아 바람으로 바다를 누볐고, 거대한 바람개비를 만들어 풍차를 돌렸습니다.

자연에서 주어진 동력 이외에 인간이 쓸 수 있는 가장 큰 에너지원은 바로 인간 자신이었죠. 인간이 직접 물건을 나르고, 노를 저어 운동에너지를 만들어 냈습니다. 이를 도와줄 파트너가 가축이었고요. 야생 짐승을 길들여 인간이 하는 일을 함께했습니다. 바로 증기기관이 생겨나기 전까지 인간은 인간 자신과 가축, 그리고 자연의 동력 이외에 다른 에너지 전환 능력을 갖추고 있지 못했죠.

하지만 증기기관의 발명으로 인간은 에너지를 자유자재로 쓸 수 있게 됩니다. 산업에서의 생산성을 혁신적으로 높였고요. 경제사학자들에 따르면 기원전 1,000년경 인간 1인의 평균소득은 150달러 정도였다고 합니다. 그런데 산업혁명이 시작되기 전인 18세기 초까지만 하더라도 200달러가 채 되지 않았다고 하죠. 하지만 현재 전 세계의 평균소득은 7,000달러를 넘습니다. 인간의 물질적 성장이 급속도로 이뤄지기 시작한 건 불과 300년밖에 되지 않은 일이란 이야깁니다.

이렇게 놀라운 성장을 거듭하면서 인간에겐 중요한 변화가 일어났습니다. 바로 인간이 기계화된 거죠. 이전까지 대다수의 인간은 농사를 지었습니다. 그런데 농사는 오늘날처럼 경운기와 트랙터 같은 기계를 쓴 게 아니었죠. 사람이 했습니다. 호미와 낫, 쟁기를 들고 소를 부려 가며 농사를 지었죠. 즉 인간과 자연, 인간과 인간이 만들어 낸 결과물 사이에 아무런 매개가 없었습니다.

그러나 산업혁명 이후엔 그 한가운데에 기계라는 존재가 끼어들었죠. 인간은 자신의 육체만 사용해 일을 하는 게 아니라 인간보다 훨씬 뛰어난 노동력을 가진 기계의 보조 역할을 하게 된 겁니다. 이를 위해 인간은 정신과 육체 모두 기계에 적응해야 했습니다. 인간의 기계화가 이뤄진 거죠. 분업과 대량 생산은 인간의 기계화를 더욱 가속시켰고요. 컨베이어 벨트 속에서 인간은 기계의 한 부품과 같았습니다. 특정 업무를 반복하고, 이를 위해 신체 기관 중 일부분만, 인간의 지적 능력 중 특정 분야만 집중적으로 사용했죠. 자연 속에서 자신이 가진 모든 감각과 능력을 펼쳤던 기계화 이전의 인간과는 매우 달랐습니다.

급기야 기계의 발전은 인간의 일자리까지 뺏어 갔습니다. 인간보다 생산성이 훨씬 뛰어난 기계는 인간 노동의 가치를 형편없이 싸구려로 만들어 버렸죠. 이에 반해 영국에서 시작된 기계 파괴 운동 '러다이트'[21]가 유럽 전역으로 퍼져 나가게 된 것이었습니다. 그 과정에서 생산수단을 거머쥔 자본가의 탐욕과 욕심은 더해졌고, 인간 노동자의 인권과 존엄은 나락으로 떨어졌습니다.

이런 목적을 이루기 위해 현대식 대중 교육도 생겨났죠. 단일화·표준화·대량화라는 산업 사회의 질서를 구축하기 위해 모든 국민을 대상으로 한 보통 교육이 시작됐습니다. 교육의 목표는 기계에 익숙한 훈련된 노동자를 기르는 것이었습니다. 산업 사회에 필요한 노동

---

21) N. 러드라는 인물이 주도한 운동으로 알려져 있으나 실존 인물은 아니다. 러다이트 운동은 비밀 결사의 형태를 띠었고 무장 훈련과 파괴 활동을 벌였다. 직물 산업에 기계의 보급으로 일자리를 잃은 노동자들이 고용 감소 등의 문제를 해결하기 위해 시작했다. 실업자 증가, 임금 체불 등 문제가 누적되자 폭력 시위로 변했다.

프롤로그 기술혁명과 인간문명

I. 미래를 향한 빅 퀘스천

II. 포스트 휴먼의 시대

III. 미래의 국가상 사회, 기업

IV. 젠체이 그룹 문예에선 인간

V. 인공물을 바라보는 기술철학

VI. 우리는 무엇을 해야하나

에필로그

자를 만들기 위해 삶의 목표를 가르치는 교육보다 공장에서 필요한 스킬을 습득토록 하는 교육이 중심이 됐죠.

사실 산업혁명 이전 시대까지의 교육이란 전인교육이 중심이었습니다. 물론 그때까지 교육은 귀족과 같은 지배층의 전유물이었죠. 인문과 교양, 매너와 품성 등을 가르치는 것이 교육의 근본이었습니다. 귀족들은 먹고살기 위한 노동을 할 필요가 없었기 때문에 도구적 교육이 필요하지 않았던 거죠. 이 당시 대다수 사람에겐 의무교육이란 개념도 없었고, 보통의 평민들은 생존하기 위해 필요한 도제식 훈련을 받는 게 전부였습니다.

이처럼 산업혁명 이후 모든 사회가 산업에 필요한 노동자를 양성하는 데 초점이 맞춰졌습니다. 하지만 새롭게 생겨난 높은 잉여가치의 상당 부분은 노동자가 아니라 자본가에게 돌아갔죠. 자본주의는 인간을 위해 고안됐지만 오히려 인간을 불행하게 만들었고, 더 높은 생산성을 갖게 됐지만 더 많은 사람이 가난해지는 부조리와 모순을 체제 안에 축적하게 됩니다.

한때는 이런 부조리와 모순을 극복하기 위해 유럽 사회 전체엔 '공산주의'란 유령이 떠돌아다니기도 했습니다. 물론 오늘날처럼 민주주의와 자본주의가 국가와 사회·경제 시스템의 대세가 된 사회에선 공산주의가 실험으로 그치고 말았지만, 그 당시엔 사회를 변혁할 수 있는 핵심 이데올로기 중 하나로 생각됐죠.

하지만 아쉽게도 자본주의의 모순, 즉 양극화와 불평등의 심화, 인간 존엄성의 피폐화, 노동자 권익의 상실 등은 해결되지 못했습니다. 엄청난 물질 혁명에 걸맞은 정신적 성숙을 이루지 못했다는 이야깁

마무리기
기술혁명과 인간본성

Ⅰ. 미래를 향한
빅 퀘스천

Ⅱ. 뉴스트림의
시대

Ⅲ. 미래의 국가와
사회, 기업

Ⅳ. 경제의 근원,
부에 선 인간

Ⅴ. 문명을 바꿔놓은
기술혁명

Ⅵ. 우리는 무엇을
해야 하나

에필로그

니다. 마치 덩치만 크고 정신 연령은 낮은 어린아이처럼 말이죠.

그러나 시간이 갈수록 자본과 시장은 더욱 팽창했습니다. 어떤 브레이크도 막을 수 없었죠. 한번 고삐가 풀린 인간의 욕망은 걷잡을 수 없이 커졌습니다. 산업화와 기계화로 응축된 에너지는 그만큼의 모순과 부조리를 체제 안에 응축했고, 결국에는 집단적 폭력과 광기로 분출하게 됩니다. 바로 근대의 제국주의 국가의 침략과 식민지 건설이었죠. 뒤이은 2번의 세계대전도 같은 맥락이고요.

이 시대의 광기는 잠시 멈춰 있을 뿐, 자본주의의 모순과 부조리가 해결된 건 아닙니다. 여전히 세계 곳곳에선 총성이 그치질 않고 있습니다. 자율과 시장으로 포장한 자본의 횡포는 그대로고요. 방식만 세련됐을 뿐 산업혁명 시대의 노동자 착취와 본질은 크게 다르지 않다는 거죠. 오히려 양극화와 불평등은 더욱 심해지고 있습니다.

이처럼 산업화가 남긴 기술혁명의 모순은 아직 해결되지 못한 채 현재까지 지속되고 있습니다.[22] 이런 의미에서 현대 자본주의의 문제점을 지적한 토마 피케티《21세기 자본》의 저자의 지적은 매우 정확합니다. 피케티는 지난 200여 년 동안 미국과 유럽 등 서구 사회에서 이뤄진 자본의 흐름과 경제 구조의 변화를 면밀히 분석했습니다. 10년에 걸친 긴 연구 끝에 그가 내린 결론은, 자본주의 스스로 자신의 문제점을 계속 심화시키고 있다는 거였죠. 그 핵심은 양극화와 불평등입니다.

그의 생각을 요약하면 자산을 통해 벌어들이는 소득주식·부동산 등 수입이 경제 성장률보다 높아지면서 잘사는 사람과 못사는 사람 간의

---

22) 조셉 스티글리츠와 같은 경제학자들은 현대의 대의민주주의라는 정치 체제가 산업화와 자본주의의 본질적 갈등을 체제 안에 숨기고 있다고 지적한다.

간극이 계속 벌어지고 있습니다. 즉 월급을 받고 회사에 다니고 장사를 해서 돈을 버는 '노동을 통한 소득'보다 '돈이 돈을 버는' 자산 소득의 증가율이 훨씬 크다는 지적입니다.

더 큰 문제는 자산은 아무런 노력 없이도 후대에 세습된다는 점입니다. 자산이 많은 사람은 더 좋은 교육을 받을 수 있습니다. 또 사회생활에서도 더 좋은 출발선상에 있기 때문에 현대 자본주의 체제 아래선 애초부터 공정한 기회가 존재하지 않는다는 거죠. 이런 논의의 연장선에서 피케티는 다소 급진적인 해결책을 제시합니다. 누진세를 강화하고 전 지구적으로 자산세를 걷자는 거죠. 다만 어느 한 국가에서만 이런 조치를 취하면 그렇지 않은 다른 국가로 자본이 이동할 것이기 때문에 전 세계가 연대해 '글로벌 자산세'를 신설하자고 제안합니다.[23]

산업혁명이라는 물질적 혁신과 함께 시작된 현대 자본주의는 스스로의 모순과 한계를 해결하지 못한 채 임계점을 향해 가고 있습니다. 미래 사회엔 지금보다 기술의 생산성이 훨씬 높아질 것이므로 그 기술을 소유한 자본의 힘이 더욱 커질 겁니다. 인간 자체의 노동 생산성은 더욱 떨어지면서 노동과 자본의 격차는 훨씬 벌어지겠죠.

이렇게 우린 여태껏 제기된 수많은 숙제를 해결하지 못한 채 지금까지와는 비교도 안 될 엄청난 기술혁명을 눈앞에 두고 있습니다. 준비 운동도 제대로 하지 못한 상태에서 42.195km 마라톤을 뛰어야 하는 처지에 놓인 거죠.

---

23) 각국의 정치 체제와 이해관계가 다른 상황에서 '글로벌 자산세'의 실현 가능성은 거의 없다.

과연 우리는 잘 해낼 수 있을까요. 철기혁명을 통해 정신문명의 꽃을 활짝 피웠던 2,500년 전 폴리스와 춘추전국시대처럼, 상업혁명과 과학혁명을 인문의 부활로 이끌었던 르네상스처럼 이번에도 잘 할 수 있을지 의문입니다. 당시 선조들이 지혜롭게 문명의 발전을 이끌었듯 미래 사회를 장밋빛으로 채색할 수 있을지, 아니면 산업화 시대의 잿빛 그림자를 반복하게 될지 걱정이 앞섭니다.

이 논의를 진전시키기 위해 다음 장에서부터는 우리 앞에 놓인 4번째 기술혁명이 인간과 사회에 어떤 변화를 몰고 올 것이며, 이를 대비하기 위해선 어떻게 해야 할지 차례로 살펴보도록 하겠습니다.

프롤로그
기술혁명과 인간운명

I. 미래를 향한
빅퀘스천

II. 포스트휴먼의
미래

III. 미래의 국가와
정치, 기업

IV. 존재의 근원
앞에 선 인간

V. 문명을 바꿔놓는
기술혁명

VI. 우리는 무엇을
해야 하나

에필로그

VI

우리는 무엇을
해야 하나

1

세상을 바꾼
칭기즈칸의 육포

동서양 역사 양편에서 가장 유명한 인물을 꼽으라고 하면 누구를 제일 먼저 떠올리시나요? 많은 위인이 있지만 그중에서 가장 으뜸인 사람 중 하나는 아마도 칭기즈칸일 것입니다. 미국 워싱턴포스트는 지난 1,000년 동안 인류 역사에서 가장 중요한 인물로 칭기즈칸을 꼽기도 했죠. 각기 떨어져 살았던 동서양을 하나로 잇고 각 문명을 뿌리째 뒤흔들며 융·복합을 이뤄냈기 때문이라는 이유였습니다. 포춘이 선정한 1,000년간 최고의 리더라는 영예를 얻기도 했죠.

이처럼 칭기즈칸이 높은 평가를 받는 이유는 아마도 그가 건설한 광대한 영토의 세계 제국 때문일 것입니다.[1] 당시 그가 지배했던 땅

---

1) 1206년 건국한 몽골 제국은 인류 역사상 가장 큰 단일의 황제국이다. 막강한 군사력으로 영토 내의 모든 전쟁사를 갈아치웠다. 서쪽 끝인 오스트리아의 빈에서 동쪽 끝인 사

의 넓이가 얼마나 되는지는 잘 알고 있지만, 정작 그가 어떻게 세계 제국을 세웠는지 아는 사람은 드뭅니다.

그의 성공 배경에는 탁월한 리더십과 카리스마, 문화적 다양성을 존중하는 포용력, 불굴의 의지와 용기 등 다양한 요소가 있지만, 단연 최고인 것은 변화를 두려워하지 않는 혁신적 사고였습니다. 그는 늘 새로워지기 위해 노력했고, 현실에 안주하지 않았습니다. 그 안에는 물론 유목 민족인 몽골인만의 특별한 문화적 전통도 짙게 배어 있었습니다.

여기서 한 가지 재밌는 질문을 하나 던져 보죠. 여러분은 혹시 칭기즈칸의 세계 제국 건설이 '육포' 때문이었다는 말을 들어 보신 적 있나요? 황당한 말처럼 들릴 수도 있겠지만, 몽고 역사에 관심 있는 이들에겐 익히 알려진 사실입니다. 유목 민족인 몽고인들은 어려서부터 말 타기에 능하고 언제나 이동하며 살아야 했기 때문에 저장이 간편한 육포 Borcha를 즐겨 먹었습니다. 그만큼 익숙한 음식이란 이야기죠. 오늘날 우리가 즐겨 먹는 육포도 몽고에서 비롯됐습니다.

얼핏 생각하면 먹는 음식과 전쟁이 무슨 상관이 있느냐고 반문할 수도 있습니다. 하지만 몽고인들의 이런 식습관은 칭기즈칸의 군대가 세계 최고의 전투력을 갖게 하는 데 결정적인 요인이 됐습니다. 그렇다면 육포는 어떻게 칭기즈칸의 세계 제국 건설에 영향을 미쳤을까요? 칭기즈칸의 육포를 따라 모래 바람 휘날리던 800여 년 전의 전장 속으로 잠시 여행을 떠나 보시죠.

12세기 중반 몽고고원에서 조그만 부족의 장을 맡고 있던 테무친

할린까지, 남쪽 끝은 인도네시아의 자바섬까지 장악했다.

프롤로그
기술혁명과 인간문명

I. 미래를 향한
빅 퀘스천

II. 미디어의 확장과
소멸

III. 미래의 국가와
사회, 기업

IV. 스테이션 너머의
문제와 인간

V. 인공물을 바꿔 놓은
기술혁명

VI. 우리는 무엇을
해야 하나

에필로그

은 1189년 여러 부족들을 통일해 맹주 자리에 오릅니다. 계속해서 세력을 계속 넓혀 가던 그는 1206년엔 칭기즈칸이라는 칭호를 받고 몽고고원 일대 유목 민족의 왕Khan·칸으로 추대되죠. 이후 중국을 침략하고 서방으로 가는 무역로를 확보하기 시작하면서부터 세계 제국의 건설이 시작됩니다.

칭기즈칸에서 시작한 몽고 제국은 전성기 때 알렉산더의 마케도니아, 나폴레옹의 프랑스, 히틀러의 독일을 합한 것보다 더 넓은 영토를 갖게 됩니다. 불과 200만 명의 유목민에서 시작한 몽고 제국은 150년 동안 2억 명이 사는 세계 영토의 절반아메리카 대륙 제외을 지배하게 된 거죠.

이 같은 세계 제국 건설이 가능했던 이유는 칭기즈칸의 용맹한 몽골 기병 때문입니다. 기병은 말을 타고 싸우는 전사를 뜻하는데요. 당시 몽고의 말은 유럽인의 것보다 크기도 작고 힘도 약했습니다. 그러나 말을 모는 기술만큼은 몽고인들을 따라갈 수 없었죠. 유목 민족인 몽고인들은 걷기와 함께 말 타기를 시작했으니까요. 특히 몽골 기병의 가장 큰 강점은 세상의 어떤 군대보다 빨랐다는 것입니다.

예를 들어, 적의 척후병이 200~300km 떨어진 곳에서 몽고군의 이동을 감지하고 영지로 돌아와 보고를 하면 성 안에선 그때부터 전쟁준비를 시작합니다. 당시 통념으로는 일주일 정도는 있어야 군대가 도착할 거라고 예상했죠. 세계대전 당시 독일의 전차부대가 하루 30~40km씩 진군했던 걸 생각하면 12~13세기 당시로서는 충분히 예상 가능한 기간이었습니다.

하지만 몽고군은 일주일은커녕 다음날이면 성에 도착해 공격을 시작했습니다. 칭기즈칸을 비롯한 몽고의 명장들은 당시 상식으론 상상할 수 없는 위험한 전투를 많이 벌였는데 이를 가능케 한 것은 압도적인 전투 속도 때문이었습니다. 전투에서 불리할 때는 적의 추격 속도보다 훨씬 빨랐기 때문에 적이 쫓아올 수 없었죠.

그런데 몽고군이 이처럼 뛰어난 기동성을 보일 수 있던 건 단순히 말을 잘 탔기 때문일까요. 그것보다 더욱 중요한 이유가 있습니다. 바로 칭기즈칸의 군대에는 보급부대가 따로 없었다는 점입니다. 오늘날엔 간편한 전투식량이 많아져 보급부대의 역할이 크지 않지만, 과거의 전쟁에선 '보급'이 전쟁의 8할을 차지했다고 해도 과언이 아닙니다. 진군하는 중간중간 진을 치고 밥을 지어야 했기 때문이죠. 《삼국지》와 같은 소설을 보면, 적의 보급로를 차단하는 작전이 많이 등장하는데, 그만큼 전쟁에선 보급이 중요했습니다.

임진왜란에서 이순신 장군의 승리가 위대한 이유도 이 때문입니다. 왜란 당시 육지에선 이미 왜군이 모든 걸 점령하다시피 했죠. 1592년 4월 부산포로 쳐들어 온 왜군은 도성한양 함락까지 불과 20일밖에 걸리지 않았습니다. 또 당시 임금인 선조는 전쟁이 시작되자마자 제일 먼저 궁을 버리고 북쪽으로 도망쳤습니다. 그럼에도 불구하고 왜군은 조선을 완벽히 손에 넣을 수 없었습니다.

그 이유는 두 가지입니다. 첫째 당시 조선은 나라 살림이 엉망이라 비축된 곡식이 거의 없었습니다. 임진왜란이 발발하기 몇 년 전 사망한 율곡은 왕에게 올리는 마지막 상소문에서 "조선엔 1년치 곡식도 없는데 이게 나라인가. 마치 대들보가 썩어 무너져 내려가는 기와집과 같다."라고 했습니다. 그리고 왜란 발발 직후 전쟁의 총책임자였던 도체찰사 류성룡은 왜군의 행군로에 있는 관아의 식량을 모두 불태워 없었습니다.

프롤로그
기술혁명과 인간공학

I. 미래를 향한
빅 체인저

II. 포스트 휴먼의
시대

III. 미래의 국가안
사회, 기업

IV. 조게이트 지능
협예고 인간

V. 라이프를 바꾸는
기술혁명

VI. 우리는 무엇을
해야 하나

에필로그

그 결과 왜군은 본토에서 식량을 조달해 와야 했죠. 이것이 두 번째 이유입니다. 보급 작전을 펼치기 위해선 본토에서 출발한 배가 쓰시마를 돌아 남해에서 서해를 거쳐 제물포로 들어와야 했습니다.[2] 그런데 배가 지나는 길목마다 이순신이 지키고 있었죠. 해전에서 이순신에게 참패를 당한 왜군은 전쟁을 오래 지속하기 어려웠습니다. 보급로가 끊긴 왜군은 난항을 겪었고 마침 명나라까지 개입하며 전세가 꺾였죠.

이처럼 보급은 과거 전쟁에서 핵심적인 부분을 차지했습니다. 하지만 칭기즈칸의 군대엔 앞서 설명한 것처럼 보급부대가 없었죠. 그렇다면 병사들은 무엇을 먹었냐고요? 칭기즈칸의 기병들은 개개인이 육포와 가루우유, 말 젖 등을 휴대하고 다녔습니다. 안장 밑에 깔아둔 고기는 말이 달리면서 발생하는 열과 땀으로 부드럽게 절여졌죠. 가루우유는 물에 타 마시면 오늘날의 요거트와 같은 든든한 음식이 됐습니다.

《세상을 바꾼 음식 이야기》의 저자 홍익희 세종대 교수는 "가루를 낸 육포를 물에 타 마시면 한 끼 식사로 충분했다. 바싹 마른 육포가 뱃속에서 불어 공복을 채웠기 때문이다. 육포 한 봉지로 일주일치 식량이 됐다."라고 말합니다. 몽고군은 기동성이 매우 뛰어난 데다 전쟁 중 불을 피울 일도 별로 없었기 때문에 적에게 거의 노출되지 않았습니다.

이처럼 칭기즈칸은 자신들에 익숙한 육포라는 음식을 전투식량으로 사용하며, 이때까지 존재했던 '전쟁=보급'이라는 통념을 완벽히 깨버립니다. 별도의 보급부대가 후미에서 따라오고, 또 이들을 사방

---

2) 명나라 공격이라는 명분을 가진 왜군은 조선의 육로는 쉽게 점령했다. 그러나 계속 진군하기 위해선 식량이 필요했고, 보급 항구는 도성인 한양으로 직송할 수 있는 제물포항이 적격이었다. 부산포에서 한양까지는 조령(문경새재) 등 험준한 산을 넘어야 했기에 보급로로 적절하지 않았기 때문이다.

에서 호위하는 진군이 필요 없던 거죠. 보급전이 전쟁의 승패를 갈랐던 중세 역사에서 보급부대를 없앤 건 당시로선 엄청난 혁신이었던 셈입니다. 이 같은 칭기즈칸의 '창조적 파괴'는 몽고를 세계 최대의 제국으로 만드는 데 큰 영향을 끼쳤습니다.

모든 혁신에는 리더의 '창조적 파괴'가 필요합니다. 새로운 무언가를 만들기 위해선 기존의 것들을 과감하게 떨쳐내야 하는 거죠. 20세기 최고의 경제학자 중 한 명인 조셉 슘페터는 "혁신으로 낡은 것을 파괴하고, 기존의 것을 도태시켜야 새로운 게 창조된다. 이윤이란 '창조적 파괴'를 성공적으로 이끈 기업이 얻는 정당한 대가"라고 말했습니다.[3] 혁신은 '새가 알을 깨고 나오는 것'에서부터 시작한다는 이야깁니다.

하지만 국가와 기업, 모든 조직의 흥망사를 보면 현실에 안주해 '창조적 파괴'를 하지 못한 사례가 많습니다. 과거의 성공과 영광에 심취해 변화를 거부하는 거죠. 모두가 새로운 것을 향해 앞으로 나갈 때 움직이지 않고 가만있는 건 현상을 유지하는 게 아니라 뒤로 처지는 일입니다. 흐르는 물에서 헤엄을 치지 않으면 뒤로 떠밀려 가는 것과 같은 이치죠.

대표적인 사례가 20세기 최고의 기업 중 하나인 코닥Kodak입니다. 1888년 이스트만이 설립한 코닥은 100년 동안 업계의 최강자였습니다. 전성기였던 1970년대 중반 코닥의 미국 시장점유율은 필름 90%, 카메라 85%에 달했죠. 그 당시엔 '코닥 모멘트'[4]란 말이 유행할 정도로 '카메라는 곧 코닥'이었습니다. 물론 모든 카메라는 필름을 사용했고요.

---

3) 《자본주의, 사회주의 그리고 민주주의》(1942).
4) 사진을 찍는 순간을 뜻하는 말.

원래 코닥도 처음엔 혁신 기업이었습니다. 설립자 이스트만은 지속적인 투자로 새로운 상품을 개발하는 데 고삐를 늦추지 않았습니다. 당시 이스트만은 기술 개발 책임자에게 다음과 같은 두 가지 당부를 했다고 합니다. 첫째 원하는 모든 것을 연구하라. 둘째 사진 기술의 미래가 되라는 것이었죠. 그 때문에 코닥은 특허를 가장 많이 가진 기업 중 하나였습니다.

그러나 영원히 일등일 것 같던 코닥도 중대한 실수를 범합니다. 1975년 코닥의 젊은 엔지니어 스티브 세손은 세계 최초로 디지털 카메라를 개발합니다. 사진을 필름이 아닌 카세트에 기록하고 이를 텔레비전 이미지로 출력하는 기술이었습니다. 카메라 무게만 3kg이 넘어 상용화하기엔 어려움이 있었지만 필름을 쓰지 않는 매우 혁신적인 카메라였죠.

하지만 세손의 연구 결과를 보고 받은 당시 경영진은 시큰둥한 반응을 보입니다. 무겁고 기괴한 카메라를 누가 쓰겠냐는 거였습니다. 특히 필름 시장의 독점 업체인 코닥 입장에서 필름이 없는 카메라는 제 살 깎아 먹기라는 생각이 많았습니다. 3년 후 경영진은 다시 '2010년 디지털 카메라 시대가 열린다'는 보고를 받았지만 묵살하고 말죠. '카메라=필름'이란 고정관념을 깨지 못했던 것이었습니다.

반면 후발주자인 후지필름은 코닥의 '신기한' 발명품을 보고 뒤늦게 디지털 카메라 연구를 시작합니다. 그리고 1988년 첫 상용 제품을 내놓죠. 물론 디지털 카메라가 시장의 대세가 되기까진 10여 년이 더 걸렸지만 한번 시장에 자리 잡은 '디카'는 무섭게 필름 카메라를 내몰았습니다. 결국 수십 년이 지난 지금 코닥은 파산 신청2012년 후 재

프롤로그 기술혁명과 인간문명

I. 미래를 향한 빅 체인지

II. 포스트 휴먼의 시대

III. 미래의 국가와 사회, 기업

IV. 체제예측과 인간의 삶

V. 문명을 바꾸어놓을 기술혁명

VI. 우리는 무엇을 해야 하나

에필로그

기를 노리고 있고, 후지필름은 연 매출 2조 4,916억엔2016년의 건실한 회사로 성장했습니다.

코닥의 사례에서 알 수 있는 것처럼 변하지 않으면 도태하기 마련입니다. 요즘처럼 변화의 속도가 빠른 세상에서 혁신은 선택이 아니라 의무입니다. 아이러니하게도 과거의 누적된 성공은, 자기 확신을 낳고 결국엔 실패의 원인이 되는 경우가 많습니다. 기존의 생각과 방식만 고수하다가는 한 번에 '훅' 갈 수 있습니다. 물론 '잘나가는' 상태에서 이런 인식을 하기란 어려운 일입니다.

하지만 조직이 작고 크든 리더라면 무릇 새로운 것에 대해 목말라 있어야 합니다. 정체성을 버리지 않되 끊임없는 혁신을 해야 하죠. 그 시작은 기존의 통념을 벗어던지고 매일 같이 리셋하는 것입니다. 생전의 존 F. 케네디는 "삶의 가장 큰 법칙 중 하나는 변화다. 어제와 오늘만 생각하는 사람은 미래를 놓친다."라고 말하기도 했습니다.

그 때문일까요. 지금 세계 시장에선 익숙했던 개념을 벗어던지는 새로운 시도들이 많이 이뤄지고 있습니다. 대표적인 게 알리바바입니다. 인터넷 상거래 업체인 알리바바는 자율주행차 사업에도 손대고 있습니다. 자율주행 시스템에 필요한 AI 개발에 투자를 시작했죠. 마윈 회장은 "미래의 자율주행차는 최고의 인터넷 공간"이 될 거라고 말합니다. 머지않아 저절로 움직이는 자동차 안에서 쇼핑하고 영화도 보는 삶이 펼쳐질 거란 이야기죠. 즉 '자동차=교통'이란 개념을 벗어던지고 '자동차=인터넷'이라는 새로운 정의를 내린 것입니다.

산업 분야에서뿐 아니라 우리가 일상에서 흔히 접하는 직업의 역할과 개념도 달라질 것입니다. 예를 들어, 미래에도 의사는 지금처럼 의학 지식이 많고 집도를 잘하는 사람일까요. 아니면 방대한 임상 기록을 가진 AI 의사 왓슨과 수술 로봇 다빈치를 잘 다루며 환자의 아픔에 공감을 잘할 수 있는 사람일까요.

변호사 역시 지금처럼 법률과 판례 지식이 많은 사람이 대접받는 시대는 아닐 것입니다.[5] 대신 아니면 AI를 활용해 정확한 대응 전략을 짜고, 의뢰인의 감정과 상황을 잘 헤아릴 수 있는 컨설턴트가 각광받을 것입니다. 지식과 정보를 전달하는 교수, 교사의 역할도 달라지면서 대학의 존재 이유도 바뀌어 갈 것이고요. 물론 지금과 같은 교육과 학습의 개념도 변할 것입니다.

이처럼 모든 것이 변화하고 있습니다. 이런 시대엔 코닥처럼 과거에 안주하면 도태될 수밖에 없습니다. 반대로 보급부대를 없앤 칭기즈칸처럼 기존의 통념을 뒤흔들고 변화에 성공한다면 기존엔 생각지도 못했던 큰 기회를 얻게 될 것입니다. 혁신은 리더의 창조적 파괴에서 나온다는 것, AI가 인간 일자리의 상당 부분을 대체하고 일상 삶의 모습과 문화가 혁명적으로 바뀌게 될 미래에 잊어선 안 되는 교훈입니다.

---

5) 서구 국가들의 법조계 일각에서는 이미 인공지능 변호사 로스가 사용되고 있다.

2

캡틴이 어벤져스의 리더인 이유

"고귀한 자만이 묠니르 Mjolnir를 들 수 있지."

영화 〈어벤져스 The Avengers〉의 원작 만화에선 이런 장면이 나옵니다. 거대한 산도 한 번 내리치면 곧바로 평지로 만들어 버리는 토르의 망치 '묠니르'를 놓고 어벤져스 멤버들이 내기를 합니다. 힘깨나 쓴다고 생각하는 히어로들이 나서 신비의 망치를 들어 보려 하죠. 그러나 괴력을 가진 헐크도, 최첨단 기술로 무장한 아이언맨도 꿈쩍조차 못 합니다.

그때 토르가 웃으면서 말합니다. "묠니르는 신만이 사용할 수 있는 무기"라고요. 토르는 북유럽 신화에서 신들의 왕인 오딘의 아들로 천둥의 신입니다. 그때 어벤져스의 리더인 스티브 로저스 캡틴 아메리카

마블로그
기술철학과 인간본성

I. 미래를 향한
빅 픽처

II. 포스트 휴머니
시대

III. 미래의 국가와
사회, 기업

IV. 슈퍼 지능
로봇과 인간

V. 맞춤형 인간을 바
꾸는 기술철학

VI. 우리는 무엇을
해야 하나

에필로그

가 망치를 움켜쥡니다. 그리고 모두가 놀랄 상황이 벌어지죠. 로저스가 묠니르를 드는 데 성공한 것입니다.

로저스의 고결한 인품을 알아본 묠니르가 자신을 사용할 수 있도록 허락한 것이었습니다. 다만 영화의 설정은 조금 다릅니다. 로저스가 묠니르를 완전히 들진 못하고 살짝 움직이는 데 그칩니다. 하지만 토르는 미동도 않던 묠니르가 로저스에 반응하는 것을 보면 깜짝 놀라는 장면이 나옵니다.

이처럼 로저스는 고매한 인격과 바른 품성으로 많은 팬을 보유하고 있습니다. 그런데 왜 하필 로저스가 어벤져스의 리더가 됐는지 조금 의아한 부분이 있습니다. 잘 아시는 것처럼 어벤져스는 사상 최고의 히어로들만 모아 놓는 팀 '쉴드 Shield'의 이야기입니다. 쉴드에는 아이언맨, 헐크, 스파이더맨, 토르 등 이름만 들어도 쟁쟁한 영웅들이 있고, 이들이 한 팀이 돼 지구를 지킵니다.

그런데 로저스는 사실 다른 멤버들에 비하면 매우 '평범한' 인물에 가깝습니다. 레이저를 쏘며 하늘을 나는 아이언맨이나 불사의 체력과 강력한 힘을 가진 헐크, 천둥의 신 토르 등과 비교했을 때 전투 능력은 그들에게 훨씬 못 미칩니다. 그럼에도 불구하고 로저스가 어벤져스의 리더가 될 수 있었던 비결은 뭘까요.

원래 로저스는 키가 작고 깡마른 허약한 체질의 젊은이였습니다. 처음엔 너무 몸이 왜소해 군대에서도 받아 주지 않았죠. 그러나 그의 바른 품성과 올곧은 신념이 눈에 띄어 '슈퍼 솔저 프로젝트'에 참여하게 됩니다. 이를 통해 일반인보다는 몇 배 강한 힘과 스피드를 얻게 됩니다. 이후 냉동인간이 돼 잠들었다가 70만에 깨어나 어벤져스의 일원이 되죠.

어벤져스의 멤버들은 각기 개성이 강하고 모두 한 '성깔' 하는 캐릭터들입니다. 이들을 하나로 모아 줄 리더는 가장 똑똑하거나 힘센 사람이 아니었습니다. 가장 올곧은 생각을 갖고 있으면서 친절하고 마음이 따뜻한 로저스만이 이들을 조화시킬 수 있었습니다. 그 덕분에 어디로 튈 줄 모르는 개성 강한 히어로들도 로저스만큼은 믿고 따르게 된 것입니다.

로저스는 비속어를 입에 달고 사는 아이언맨에게 고운 말을 쓰라며 매일 같이 잔소리합니다. 헐크의 화를 잠재울 수 있는 것도 그가 좋아하는 여성인 블랙 위도우와 캡틴인 로저스뿐입니다. 로저스는 싸우는 방식도 남다릅니다. 다른 히어로와 달리 아무리 악당이라도 웬만해선 살상을 하지 않고 때려서 기절시키는 경우가 많습니다. 심지어 그의 무기는 방패 하나가 전부입니다. 어떨 때는 보는 사람이 답답할 만큼 공격도 방어 위주로 합니다. 또 전투 장면에선 상당 부분 다른 히어로들이 빛날 수 있게 도와주는 역할을 합니다.

만약 어벤져스에 로저스가 없었다면 팀 '쉴드'는 매번 어디로 튈지 모르는 '꼴통' 집단이 됐을 확률이 큽니다. 바른 품성을 가진 로저스가 팀을 조화롭게 이끌지 못했다면 지금과 같은 팀워크를 보이지 못했을 것이란 뜻입니다.

어벤져스처럼 우리 사회엔 각자의 분야에서 훌륭한 능력을 갖춘 '히어로', 즉 전문가들이 많습니다. 그리고 미래 사회에는 전문성이 더욱 깊어지고 분화되겠죠. 이처럼 사회가 복잡해지고 다원화될수록 머리를 맞대고 협업을 해야만 풀 수 있는 문제들이 더욱 많아집니다. 특히 '초연결성'을 특징으로 하는 4차 혁명 시대에는 다양한 가치를 조율

하고, 개성이 다른 사람들을 조화시키는 능력이 필수로 여겨집니다.

2016년 다보스 포럼도 미래 사회의 인재가 갖춰야 할 핵심 역량 5가지 중 하나로 협업 능력을 꼽았습니다. 아울러 사람들 사이의 조화를 끌어내고 원활하게 커뮤니케이션하는 사람 관리 능력도 핵심 역량으로 제시했습니다. 이주호 교육부 장관은 "4차 혁명 시대에는 상호 의존과 연결이 심화되기 때문에 여러 사람과 팀을 이뤄 새로운 것을 만들어 내는 능력이 더욱 중요해진다."라고 말합니다.

이를 가장 잘 보여 주는 사례가 구글입니다. 구글은 미래에 가장 가까이 가 있는 기업으로 꼽히기도 하죠. 이런 구글에는 매년 입사 지원서를 내는 사람이 전 세계에서 300만 명이 넘습니다. 이 중 0.23%만 채용되죠. 매번 다른 질문과 평가로 질문자를 심사합니다. 라즐로 복 구글 인사담당 수석부사장은 언론 인터뷰에서 구글은 영리하기만 한 게 아니라 겸손하고 성실한 지원자를 원한다고 강조합니다.

실제로 구글은 인재를 뽑을 때 바른 품성을 가장 중시합니다. 복은 2014년 2월 뉴욕타임스와의 인터뷰에서 '지적 겸손' 등 구글이 중시하는 5가지 인재상을 제시했습니다. 단순히 머리가 좋거나 스펙이 뛰어난 사람보다는 책임감 있고, 문제 해결을 위해 적극적으로 노력하면서, 다른 사람의 아이디어를 존중할 줄 아는 사람이 구글이 원하는 인재라는 것이죠.

그러면서 "5가지 기준 중 전문 지식은 가장 덜 중요하다. 머리에 있는 지식보다 필요한 정보를 한데 모으고 새로운 것을 배우는 학습 능력이 우선"이라고 강조했습니다. 특히 '나도 틀릴 수 있다'는 생각, 타인의 의견을 받아들이는 '지적 겸손'이 매우 중요하다고 강조합니다.

만일 똑똑한 사람이 '지적 겸손'을 갖추지 못한다면, 실패할 경우 그 책임을 다른 팀원이나 상사 탓으로 돌리는 경우가 많기 때문입니다.

자신의 분야에서 전문성을 갖추는 것도 중요하지만, 이보다 중요한 건 다른 사람과 협업하고 시너지를 내는 일입니다. 그러기 위해선 마음이 열려 있어야 하고 상대를 존중·배려할 줄 알아야 합니다. 즉 '바른 인성'을 갖추는 것이 지금의 사회, 나아가 4차 혁명 시대엔 필수 능력이라는 것입니다.

사실 최근까지도 인성은 '있으면 좋고 없어도 그만'인 것처럼 치부됐습니다. 대학 입시에서 또는 기업 채용에서 인성은 중요한 평가 요소가 아니었기 때문이죠. 성적과 필기시험, 스펙 중심으로 사람들을 줄 세워 뽑다 보니 인성은 뒷전인 경우가 많았습니다. 그러나 앞으로 다가올 사회에선 똑똑함·스펙보다 협업과 공감, 예절과 같은 인성 역량이 대세가 될 것입니다.

우리가 흔히 똑똑하다고 정의하는 것들, 예를 들어 논리와 추론 능력, 수학적 사고력 등은 앞으로 인간이 AI인공지능를 따라갈 수 없습니다. 아울러 주입식 교육과 일방적으로 습득한 지식은 더 이상 쓸모없어지게 되죠. 대신 AI가 할 수 없는 것들, 옳고 그름을 판별하고 타인에게 공감할 줄 아는 인성 역량은 인간 고유의 것이기 때문에 더욱 강조될 수밖에 없습니다. 앞으로 인성은 권장만 하고 마는 가치·덕목이 아니라 필수로 갖춰야 할 '실력'이 될 것이라는 이야기입니다.

대표적인 인물이 페이스북의 창업자인 마크 저커버그입니다. 오픈된 사무실에서 직원들과 함께 근무하는 저커버그는 수평적 커뮤니케이션으로 유명하죠. 미국의 경제 전문지 포춘은 저커버그의 리더십

유형을 '스타플레이어'가 아닌 '코치'라고 평가했습니다. 그는 수평적으로 권한을 배분하고 팀 단위로 책임 있게 프로젝트를 추진할 수 있도록 자율성을 부여합니다. 각 선수가 일을 잘할 수 있도록 영감을 불어넣는 역할에 충실하며 선수들의 '협업'을 이끌어 내는 것이죠.

그는 이미 자기 재산의 99%를 사회 환원하겠다고 선언하기도 했습니다. 덕분에 저커버그는 빌 게이츠 마이크로소프트 창업자와 함께 착한 부자로 불립니다. 이처럼 저커버그가 출중한 능력뿐 아니라 바른 품성까지 갖추게 된 것은 그의 타고난 성품보다는 어릴 적부터 그가 받은 교육의 영향이 컸다고 생각합니다. 특히 저커버그가 졸업한 필립스 액시터 고교[6]가 그랬습니다.

이 학교의 수업과 생활의 밑바탕에는 모두 인성교육이 깔려 있습니다. "지식이 없는 선함은 약하고, 선하지 않은 지식은 위험하다."라는 학교의 철학이 이를 잘 설명해 주고 있죠. 이는 1781년 존 필립스 박사가 건학 이념으로 삼은 이후 한 번도 바뀐 적이 없습니다. 학교 곳곳에는 '자신만을 위하지 않는'이란 뜻의 라틴어인 'Non Sibi'라는 단어가 쓰여 있죠. 교사들은 늘 "항상 타인을 존중하고 배려하는 이타적 인재가 되라."라고 가르칩니다.

이 학교는 또 공부에 대한 정의부터 남다릅니다. 공부는 '남에게서 뭔가를 배우는 게 아니라 지식을 함께 나누며 지혜를 키우는 것'이라는 거죠. 교사가 미리 주제를 정해 주면 학생들은 자료를 조사해 발제하고 의견을 나눕니다. 교사는 수업 진행의 최소한 역할만 할 뿐

---

6) 필립스는 '고교판 하버드'로 불리는 미국 최고의 명문고 중 하나다.

미래를 위한 기술역량과 인간역량

I. 미래를 향한 내 비전 찾기

II. 미래와 함께하는 미디어

III. 미래의 국가와 사회, 기업

IV. 경제에 대한 인간의 영향

V. 인류의 미래를 바꿀 기술

VI. 우리는 무엇을 해야 하나

에필로그

일방적 강의는 하지 않고 학생들이 팀을 짜 발표와 토론을 합니다.

이런 그의 공부법은 대학에서도 계속됩니다. 저커버그는 하버드대 1학년 2학기 중간고사 때 로마예술사 수업을 듣던 친구들에게 특별한 제안을 했습니다. 그가 만든 웹사이트에 작품 사진과 글을 올려 공유하자는 것이었죠. 다수 학생은 저커버그의 반응에 시큰둥했습니다. 그러나 몇몇 학생이 저커버그와 함께 게시판에 댓글을 달고 토론을 벌이며 함께 공부했습니다.

시험이 끝나고 결과는 어땠을까요. 도서관에서 혼자 책에 파묻혀 있던 학생들보다 함께 토론했던 친구들이 더 높은 점수를 받았습니다. 이후에 저커버그는 친구들과 함께 사용했던 웹사이트를 일반 시민도 이용할 수 있게 업그레이드했고, 고교 시절 자기 학교의 출석부 명칭을 따 '페이스북'[7]이라고 이름 붙였습니다. 이쯤 되면 그의 고교생활이 저커버그의 삶에 얼마나 많은 영향을 미쳤는지 알 수 있죠.

어린 시절 우리는 학교에서건, 가정에서건 '공부해서 남 주냐'는 말을 많이 듣고 자랐습니다. 공부의 목적이 자기의 자아실현, 본인의 성공과 출세에 있다는 뜻이었죠. 그러나 저커버그가 학교에서 체득한 공부의 목적은 '배워서 남 주는 것'입니다. 공부의 방식 자체도 협업을 하지 않으면 불가능했죠. 협동을 하며 자연스럽게 타인을 존중하고 배려하는 법을 배웠고요. 4차 혁명 시대에 가장 중요한 창의성도 협동하지 않고선 이뤄질 수 없다는 걸 잘 아는 그였기에 페이스북 경영도 협업을 최우선 가치로 내세우고 있습니다.

---

7) 출석부 명단에 얼굴 사진이 함께 붙어 있어 '페이스북'이라고 불렸다.

이처럼 앞으로의 사회에선 저커버그와 로저스 같은 인성 역량이 더욱 중시되고 있습니다. 그렇기 때문에 우리 교육도 인성 역량을 키우는 방식으로 달라져야 합니다. 그러나 현실은 여전히 주입식 수업과 줄 세우기 입시가 판을 치고 있습니다. 미래에 필요한 건 인성 역량인데, 오히려 인성을 깎아 먹는 교육을 하고 있는 것이죠.

이제 우리는 교육의 방식부터 근본적으로 바꿔야 합니다. 지금과 같은 19세기 교육 시스템으론 미래에 대한 아무런 준비도 할 수 없기 때문입니다. 교육 방식을 바꾸는 것과 함께 또 한 가지 필요한 고민은 교육의 목표를 어떻게 설정할 거냐 하는 거죠. 지금처럼 '나 혼자 잘 먹고 잘 살기 위한' 교육을 계속할지, 아니면 그 이상의 무엇을 하도록 할 것인지 진지한 고민과 성찰이 필요하다는 뜻입니다.

늘 세계 최고의 대학으로 꼽히는 하버드에는 우리처럼 웅장한 모습을 한 정문이 따로 없습니다. 마을과 통하는 조그만 문들이 여러 개 있을 뿐인데요, 그중에서도 '덱스터 게이트'란 곳이 가장 유명합니다. 그 이유는 문의 맨 위에 쓰인 문구가 하버드의 교육 철학을 가장 잘 나타내 주고 있기 때문입니다.

학교 밖에서 안으로 들어갈 때는 'enter to grow in wisdom', 나갈 때는 'depart to serve better thy country and thy kind'라고 쓰여 있죠. '대학에 와서는 지혜를 배우고, 졸업한 뒤엔 더 나은 세상과 인류를 위해 봉사하라'는 의미입니다. 실제로 하버드는 성적과 스펙뿐 아니라 인성과 리더십이 뛰어난 학생들을 선별해 뽑죠. SAT미국 대학입학자격시험 만점을 받고도 떨어지는 학생들이 많은 이유도 그 때문입니다. 우리 교육의 목표가 어떻게 바뀌어야 할지 한 번쯤 고민하게 만드는 사례입니다.

미래읽기 기술혁명과 인간윤리

I 미래를 향한 빅 퀘스천

II 포스트휴먼의 시대

III 미래의 국가와 사회, 기업

IV 컨베이 신 인간

V 금융생활을 바꿔놓은 기술혁명

VI 우리는 무엇을 해야 하나

에필로그

3

세종에게 배워야 할 것은

한국 역사에서 가장 훌륭한 인물을 꼽으라고 한다면 대다수가 세종대왕을 이야기합니다. 그런 세종의 제일 큰 업적은 바로 한글 창제이고요. 1446년 반포된 한글은 세계 어느 문자보다 과학적이고 편리합니다. 온 국민이 가장 자랑스럽게 여기는 문화유산이며 "세계에서 가장 훌륭한 문자"[8]이죠. 그런데 우리는 한글에 대해 모르는 게 많습니다. 대표적인 것이 집현전 학자들이 한글을 만들었다는 통념입니다. 그러나 역사의 많은 증거는 한글을 만든 이는 집현전 학자들이 아니라 세종 개인이었다는 가설을 뒷받침하고 있습니다.

---

8) 미국 작가 펄 벅이 한 말.

실제로 《세종실록》의 1443년 12월 30일자 기록을 보면 "임금께서 친히 언문 28자를 지으셨다."라고 표현돼 있습니다. 그 이전엔 한글에 대한 어떤 기록도 찾아볼 수가 없습니다. 만일 나라의 공식 기관인 집현전 학자들이 주도해 한글을 만들었다면 창제 과정이 실록에 소상히 적혀 있어야 하지 않을까요?

유사 이래 처음으로 우리만의 독창적인 문자를 만드는 일인데 아무런 기록이 남아 있지 않다는 건 매우 의아한 일입니다. 더욱이 임금의 사소한 언행까지 실록에 남겼던 당시의 사관을 보더라도 이해하기 힘든 일이죠.

그 이야기는 곧 세종이 한글을 비밀리에 만들었다고 추론할 수 있는 근거가 됩니다. 실제로 당시 상황을 보면 조선의 지식인들은 명나라에 대한 사대주의가 뿌리 깊었습니다. 훈민정음 반포를 가장 격렬하게 반대했던 이는 집현전의 실세였던 부제학 최만리였습니다. 그는 신석조, 정창손, 하위지 등 집현전 학자들과 함께 상소를 올려 훈민정음 사용을 반대했습니다.

"이번 언문은 새롭고 기이한 재주에 지나지 않습니다. 학문에 방해되고 정치에도 유익함이 없습니다. 아무리 생각해도 옳은 점이 없습니다. 어찌 예부터 써 오던 폐해 없는 글자를 고쳐, 따로 낮고 천하며 속된 말인 글자를 새로 만들어 쓰겠습니까?"[9]

이처럼 부정적 여론이 심각한 상황에서 새로운 글자를 만드는 일을 집현전에 맡겼더라면 최만리와 같은 학자들의 반대에 부딪혀 시

---

9) 최만리의 상소문 일부.

작도 못 해 보고 끝났을 것입니다. 또 한글 창제는 한자 문화권을 벗어나려는 움직임으로 비쳐 명나라와의 외교 문제로 비화될 가능성도 있었기 때문에 국가적 사업으로 추진하기 어려운 면도 있었죠.

결국 세종은 그가 가장 아꼈던 집현전 학자들조차 모르게 비밀리에 한글을 만들었다고 볼 수 있습니다. 다만 창제 과정에서 아들인 문종과 딸인 정의공주 등이 참여했을 가능성은 있습니다. 실제로 《훈민정음 해례본》에는 "왕과 왕자가 즐겁게 일을 했다."라는 기록이 남아 있기도 합니다. 또 정의공주가 시집간 죽산 안씨의 대동보★同譜[10]에도 공주가 한글 창제에 참여한 기록이 있다고 하죠.

이처럼 우리의 자랑스러운 문화유산인 한글은 세종 개인의 치밀한 준비와 노력이 없었다면 세상에 존재하지 않았을 것입니다. 이런 업적 때문인지 만 원권 지폐에 그려진 세종의 옷깃에는 한글 자모가 조그맣게 쓰여 있기도 합니다. 물론 위조 방지라는 실용적 목적도 있긴 하지만요.

그렇다면 세종은 어떻게 세계 최고의 과학적 문자로 불리는 한글을 만들 수 있었을까요? 역대 임금 중 유일하게 '성인聖人·saint'[11]이란 뜻의 '성군聖君'으로 추앙받는 세종은 어질고 인자한 것도 모자라 똑똑하기까지 했습니다. 세계인들도 그를 레오나르도 다빈치에 비견하며 세종의 놀라운 업적을 기리고 있죠. 그의 천재성은 과연 타고난 것일까요.

많은 역사가는 그의 창의성이 학습을 통해 길러진 것이라고 생각합니다. 그가 역사상 가장 뛰어난 임금일 수 있던 건 '공부하는 임금'

---

10) 같은 본관을 지닌 성씨의 모든 파를 엮은 족보.
11) 국내 위인 중 '성인(聖人·saint)'이란 호칭이 붙은 대표적 인물은 세종과 이순신이다. 보통 성군 세종, 성웅 이순신이란 명칭으로 불린다.

이었기 때문이라는 점입니다. 임금과 신하가 함께 공부하는 '경연' 횟수만 봐도 알 수 있습니다. 선대인 태종 때는 재위 기간 18년 동안 60여 회에 불과했지만, 세종은 32년간 1,898회나 진행했습니다. 세종은 성리학뿐 아니라 천문, 지리, 역법에도 통달해 집현전 학사들을 가르치기도 했습니다.

그가 이처럼 공부하는 습관이 몸에 밸 수 있던 건 왕이 되기까지의 독특한 경험 때문입니다. 1418년 8월 태종의 뒤를 이어 조선의 4대 임금으로 즉위했지만, 원래 그는 왕세자가 아니었습니다. 그가 왕세자로 책봉된 건 불과 두 달 전인 6월의 일이었죠. 보통 십수 년씩 세자로서 왕위 수업을 받는 조선 시대의 다른 왕들과 비교하면 이례적인 일입니다.

원래 세종^{충녕대군}에겐 위로 두 형이 있었습니다. 첫째인 양녕은 일찌감치 세자에 책봉됐습니다. 그러나 어린 세자를 등에 업은 외척들의 위세를 곱게 보지 않은 태종은 세자의 외삼촌, 즉 자신의 처남들을 일찌감치 제거합니다. 이를 본 세자는 큰 충격을 받고 방탕한 길로 빠져듭니다. 둘째인 효령은 불교에 심취해 승려들과 어울리기 일쑤였습니다. 결국 태종은 양녕을 폐하고 충녕을 세자로 책봉하고 얼마 지나지 않아 왕위를 이양합니다. 이때 충녕의 나이 21세였습니다. 지금으로 치면 30~40대의 완전한 성년의 나이인 셈이죠.

그때까지 충녕은 무엇을 했을까요? 자신이 6세 때 세자로 책봉된 큰형이 있었기에 일찌감치 왕권에 대한 욕심을 버려야 했습니다. 특히 태종이 왕권을 얻기 위해 무자비한 살육을 벌였던 것을 익히 잘 알고 있었기에 섣부른 야망을 품기 힘들었습니다. 그 때문인지 둘째 형인 효령도 권력과는 거리가 먼 종교 활동에 매진했죠. 충녕이 할 수 있는 건

프롤로그
기술혁명과 인간문명

I. 미래를 향한
빅 퀘스천

II. 포스트휴먼의
시대

III. 미래의 국가와
'인간, 기업'

IV. 스트레이트
과학에서 인공

V. 문명을 바꿔놓은
기술혁명

VI. 우리는 무엇을
해야 하나

에필로그

학문에 힘을 쏟는 일이었습니다. 성인이 될 때까지 권력 관계에서 오는 중압감에서 자유로울 수 있었고 오직 공부에 충실할 수 있었습니다.

충녕이 학문에 심취할 수 있던 또 하나의 이유는 그가 갖고 있는 특유의 기질 때문입니다. 어릴 적부터 유난히 호기심이 많았고 탐구 정신이 강했죠. 유학의 경전인 사서삼경을 비롯해 농업, 과학 등 다양한 분야의 책들을 고루 읽었습니다. 질문이 많아 스승을 귀찮게 하는 경우도 다반사였습니다. 임금이 된 후에도 마찬가지였죠. 왕위 수업을 전혀 받지 못한 채 임금에 올랐기 때문에 늘 신하들의 의견에 귀를 기울였습니다. 궁금한 것은 찾아보고 물어보며 공부를 게을리하지 않았습니다.

이 같은 '세종의 공부법'을 요약하면 '토론'입니다. 1만 800여 페이지에 달하는 《세종실록》에서 임금의 표현 중 가장 많이 나오는 말 중 하나는 "경들은 어찌 생각하시오."입니다. 질문을 던져 상대방의 생각을 이끌어 내고 토론을 통해 지혜를 모으는 방식입니다. 국가의 중대사를 논할 때도, 집현전 학사들과 격의 없는 토론을 벌일 때도 세종은 가장 먼저 신하들에게 질문을 던졌습니다.

박현모 세종리더십연구소장의 분석에 따르면, 세종의 의사 결정은 회의를 통한 것이 63%, 명령이 29%였습니다. 반면 그의 아들인 세조는 명령이 75.3%, 회의가 20.9%였죠. 박 소장은 "강력한 왕권을 가진 군주였지만 모든 결정을 신하들과 의논해 내렸다."라고 설명합니다. 세종은 전분 6등법[12]과 연분 9등법[13]으로 나눈 토지조세 제도를 실

---

12) 토지의 질에 따라 6등급으로 구분해 조세를 부과하는 제도. 1444년부터 실시했다. 종래의 상중하 3등전품제를 체계적으로 바꿨다. 비교적 객관적인 방식이었으나 지역별로 전품의 등급을 나누는 방식이 난립했고, 이를 바탕으로 한 양전 역시 객관적 실정을 제대로 반영하지 못했다.

13) 농작물의 풍년과 흉년을 9등급으로 구분해 조세하는 제도. 조선 후기에 이르러 각 도

행하기에 앞서 무려 17년 동안 일반 백성 16만 명의 의견을 조사하기도 했습니다.

이처럼 토론하며 경청하는 그의 공부 스타일은 그를 역사상 가장 위대한 임금의 반열에 올려놓았습니다. 이 같은 세종의 공부법은 과거뿐 아니라 미래 사회에 더욱 절실하게 필요합니다. 인공지능AI으로 대표되는 4차 혁명 시대에는 공부의 개념 자체가 완전히 달라지기 때문입니다.

지금까지의 공부는 지식과 정보를 습득하고 이를 전달하는 것이 주였습니다. 나보다 더 많이 아는 누군가로부터 무언가를 배우는 것을 공부라고 생각했죠. 이때의 지식은 일종의 탑을 쌓는 것과 같았습니다. 자연과 사회의 무질서 속에 보이는 무수한 정보들 사이에서 패턴과 규칙을 찾아내 그들 사이의 인과관계를 조사하고, 이들을 체계화해 견고한 탑을 쌓는 것이죠. 탑이 높아지고 규모가 커질수록 전문가로 칭송받았습니다.

그러나 미래 사회에선 그 많은 지식을 모두 안다는 게 불가능한 일이기도 하지만, 그렇게 알아야 할 필요도 없습니다. 또 지식의 분야는 더욱 세분화되고 반감기가 짧아지면서 평생을 쌓은 탑이 어느 한 순간 쓸모없이 무너져 내릴 수도 있습니다. 네이버와 구글에 키워드만 치면 웬만한 전문 지식까지 모두 쏟아져 나오는 시대엔 탑을 얼마나 높이, 크게 쌓느냐는 과거처럼 중요하지 않은 거죠.

결국 앞으로의 공부는 지식과 정보를 쌓는 일이 아닙니다. 자신의

의 관찰사가 올린 작황 보고에 따라 수세액을 정하는 비총법(比總法)으로 바뀌었다.

I. 미래를 향한 뉴 패러다임
II. 포스트 휴먼의 시대
III. 미래의 국가와 사회, 기업
IV. 경계에 선 인간
V. 담론을 바꿔 놓을 기술혁명
VI. 우리는 무엇을 해야 하나

분야에서 기존의 정보를 취합해 인과관계를 만들고, 다른 분야와 융합해 새로운 가치를 창출해 내는 과정입니다. 달리 말하면 과거엔 쌓은 탑의 높이와 크기가 중요했다면, 4차 혁명 시대엔 탑의 도면을 얼마나 빠르게 잘 그린 후 탑을 적절하게 쌓을 수 있는지, 그 '축성' 능력이 중요해진다는 것입니다.

이는 무엇을 가르치고 배워야 하는가에 대한 오랜 통념을 뒤흔들게 될 것입니다. 지식의 재생산이 목적이었던 교육, 즉 고정된 지식의 체계를 습득하고 이를 현실에 적용하는 전통적인 교육 시스템은 곧 붕괴할 것입니다. '학교의 종말'이 다가오는 시대에 우리는 새로운 교육을 추구하고, 이전과는 다른 공부법을 터득해야 합니다.

이러한 4차 혁명 시대 배움에 가장 가까이 가 있는 것은 '세종의 공부법'입니다. 언제 없어질지도 모를 현재의 직업과 그 안에서 비롯된 전문 지식들을 주입하는 공부는 그만두고 스스로 지식의 탑을 쌓을 수 있는 역량을 키워 내야 합니다. 국어·영어·수학 등과 같은 교과목 중심의 교육 시스템을 버리고 문제 해결력과 창의성, 협업 능력 등을 키우는 '역량' 교육이 필요한 때입니다.

20세기 최고의 미래학자 앨빈 토플러는 생전에 한국의 교육 현실에 대해 이렇게 조언했습니다. 모든 학생이 미래에는 쓸모 없어질 지식을 외우고 암기하는데 많은 시간을 쓰고 있고, 미래엔 사라질지 모를 직업을 준비하기 위해 애쓰고 있다고 말이죠. 그의 진단에 따르면 제일 먼저 우리가 바꿔야 할 것은 학교와 교육입니다. 더 이상 국어·영어·수학 등과 같은 교과 지식을 주입하는 교육 방식을 바꿔야 한다는 것이죠.

더욱이 앞으로 인간은 무수한 정보를 취합하고 통계를 활용해 산술적으로 조합하는 능력에서 AI를 따라갈 수 없습니다. 대신 인간은 AI가 할 수 없는 더욱 창의적이고 인간적인 일을 해야 합니다. 세종처럼 새롭게 질문을 던지고, 타인과 교감하며 통섭할 줄 아는 힘을 기르는 것이 미래 교육의 핵심이 돼야 합니다.

다시 세종의 한글 창제 이야기로 돌아보면, 그가 처음 훈민정음을 반포할 때 조정의 신료들과 양반 계층이 크게 반발했던 이유는 조선 시대에는 '문자'가 곧 '권력'이었기 때문입니다. 문자는 지식을 습득하는 주된 수단이었고, 지식을 독점해야만 당시의 신분 질서를 쉽게 유지할 수 있었죠. 백성 누구나 쉽게 쓸 수 있는 한글이 널리 퍼져 지식이 대중화되는 것을 막고 싶던 것이었습니다.

그러나 세종의 생각은 정반대였습니다. 백성들도 글을 깨우쳐 억울한 일을 겪지 않도록 했고, 학문을 익혀 자신의 재주를 펼칠 수 있도록 권장했습니다. 노비였던 장영실이 명나라 유학까지 다녀와 최고의 과학자가 된 것도 이 같은 세종의 뜻이 있었기에 가능했습니다.

미래는 지금까지 우리가 견고하다고 믿어 왔던 많은 지식이 붕괴되는 시대입니다. 이런 시대에는 전문가들이 쌓아 왔던 지식의 장벽도 허물어지고, 학문 간 경계도 사라집니다. 이때 우리의 리더들은 어떤 생각을 가져야 할까요. 문득 세종의 생각이 궁금해집니다.

"백성들이 무지해서 억울한 일을 당하거나 잘못된 행동을 하지 않도록 돕는 것이 왕의 역할이요. 농사짓는 사람들은 근심과 탄식이 없게 하는 것 또한 왕의 역할이다. 왕을 보좌하는 신하는 백성을 위해,

프롤로그
기술혁명과 인간의용

I. 미래를 향한
빅 퀘스천

II. 포스트 휴먼의
시대

III. 미래의 국가와
사회, 기업

IV. 조메이션 그 후,
불완전한 인간

V. 인류의 운명을 바꿔 놓는
기술혁명

VI. 우리는 무엇을
해야 하나

에필로그

후대를 위해 열심히 공부하고 성과를 내야 한다."[14] 그 어느 때보다 변화의 파고가 높고 속도가 빠른 시대입니다. 이런 시기일수록 리더는 더 많은 고민과 공부를 해야 하지 않을까요.

14) 세종이 집현전 학자들에게 한 말.

4

르네상스와 노블레스

미래로 가기
기술혁명과 인간문명

I. 미래를 향한
빅 퀘스천

II. 포스트 휴먼의
시대

III. 미래의 국가와
사회, 기업

IV. 전쟁과 군사
혁명에서 인간

V. 생명공학이
기술혁명

VI. 우리는 무엇을
해야 하나

에필로그

최후의 중세인이자 최초의 르네상스인인 단테는 "혈통이 노빌레nobile·귀족를 결정하는 게 아니라 고귀한 정신과 인품이 노빌레를 결정한다."라고 말했습니다. 제아무리 부귀영화를 모두 가진 부모 아래 태어났다고 하더라도 성품과 인격이 뛰어나지 못하면 '노블레스'를 가질 수 없습니다. 사회적으로 성공하고 돈을 많이 번다고 해도 노블레스가 없다면 사람들로부터 존경을 받을 수 없습니다. 즉 노블레스에 걸맞은 오블리주를 실천할 때 진정한 노블레스를 갖게 되는 것이죠. 그런 대표적인 이들이 메디치 가문의 사람들입니다.

중세 유럽에서 메디치는 금융업을 통해 당시 시장에 유통되던 현금의 대다수를 끌어모으다시피 했습니다. 그 때문에 한때는 시기와 질투의 대상이 되기도 했고요. 하지만 재산의 상당 부분을 어려운 이들에게 나눠 주고, 문인과 예술가를 후원하는 데 쓰면서 시민들로부터 큰 존경을 받았죠.

《로마인 이야기》의 작가 시오노 나나미는 로마 제국부터 르네상스까지 이탈리아를 지탱한 힘이 이와 같은 '노블레스 오블리주'였다고 말합니다. "지성은 그리스인보다, 체력은 게르만족보다 못하다. 기술은 에트루리아인보다, 경제력은 카르타고인보다 뒤떨어졌다. 하지만 로마는 지도층의 솔선수범으로 찬란한 문명의 꽃을 피웠다."라는 것이죠. 높은 공공의식과 시민의 교양을 갖춘 사회 지도층이 있었기에 '2000년 로마'가 가능했던 겁니다.

중세 말기에는 성직자와 귀족 등 지배층의 타락이 공고했던 사회 질서에 균열을 냈고, 새롭게 지배 세력으로 등장한 상인 계층이 계급 구조를 깨뜨리며 새 시대가 열렸습니다. 특히 상인들은 2500년 전 철기혁명에 준하는 상업혁명을 통해 물질적 부를 이루고 피렌체와 같은 도시국가가 발전했습니다. 상인들은 귀족들이 갖고 있던 품격을 갖추기 위해 학문과 예술을 중시하며 지식혁명을 이끌었죠. 이때 지식혁명의 중추가 메디치였습니다.

평범한 농민층이었던 메디치가는 14세기 상업혁명 초기 은행업에 뛰어들었습니다. 《베니스의 상인》에 나오는 고리대금업자 샤일록과 비슷한 일을 한 것이죠. 메디치가가 이탈리아의 사회 지도층이 되기 시작한 건 조반니 디 비치 데 메디치1360~1429가 피렌체에 메디치 은행을 세우면서부터입니다. 피렌체 은행 길드[15] 회장을 맡은 조반니는

---

15) 상인들의 조합.

피렌체 금융업과 인간존엄

I. 미래를 향한 여행 시작

II. 포스트휴먼의 시대

III. 미래의 국가와 개인, 사회

IV. 경제의 진화와 인간

V. 인공 성욕의 미래와 기술 혁명

VI. 우리는 무엇을 해야하나

에필로그

피렌체 금융계의 거물로 성장하고 교황의 자금을 관리하며 막대한 부를 쌓았습니다.

금융업이 발달한 피렌체는 당시 이탈리아의 도시국가 중 가장 부유한 나라였습니다. 유럽의 모든 돈이 모이는 곳이었죠. 조반니가 죽고 그의 아들 코시모 메디치1389~1464가 가업을 물려받았을 때 메디치 은행은 유럽 곳곳으로 퍼져 나갔습니다. 혹자는 당시 유럽의 부 중 절반이 메디치 은행에 속해 있었다고도 하죠.

시민들로부터 덕망까지 높았던 코시모는 1435년 피렌체 공화국의 실질적 통치자인 '곤팔로니에레 Gonfaloniere'16)가 됐습니다. 메디치가는 부와 권력, 명예를 모두 손에 쥐게 된 거였죠.《군주론》의 저자 니콜로 마키아벨리는 코시모에 대해 "매우 사려 깊은 사람이다. 예의 바르고 덕망이 높다. 부자이면서도 검소하고 소탈했다. 국정에도 통달해 어지러운 피렌체를 평화롭게 지배했다."라고 평가했습니다.

이후에도 메디치가는 3명의 교황과 각국의 왕비를 배출하며 왕족에 준하는 지배층이 됐습니다. 이처럼 메디치가가 시민들로부터 큰 지지를 받고 훌륭한 가문으로 기억될 수 있는 이유는 두 가집니다. 첫째는 이들의 성공 신화가 모든 평민들의 꿈이었다는 거죠. 귀족이 아니지만, 스스로의 노력과 열정으로 사회 지도층으로 성장한 일종의 '롤 모델'이었습니다. "혈통이 노빌레nobile를 결정하는 게 아니라 고귀한 정신과 인품이 노빌레를 결정한다."라는 단테의 말을 몸소 실천해 보여 준 사례였습니다.

---

16) 최고 행정관.

둘째는 가문 대대로 이어져 내려오는 '노블레스 오블리주' 정신입니다. 메디치가는 단순 갑부가 아니라 문화·예술·학문을 사랑하는 메세나[17]의 아이콘이었습니다. 재능과 열정이 있는 사람들을 전폭적으로 지원했죠. 레오나르도 다빈치와 미켈란젤로 부오나로티, 갈릴레오 갈릴레이 등 당대 최고의 예술가와 과학자, 지식인 등이 메디치가의 후원으로 성장했습니다. 스스로가 그러했듯 혈통이 아니라 능력만으로 출세할 수 있는 시대정신을 만들며 르네상스를 이끌었죠.

특히 코시모가 피렌체 외곽의 별장에 만든 '아카데미아 플라토니카accademia platonica'는 인문·예술 연구의 산실이었습니다. 최초의 교육기관인 플라톤의 '아카데미아'에서 이름을 따왔듯 이곳은 그리스 고전에 대한 연구가 주를 이뤘죠. 메디치가가 유럽 전역에서 사 모은 예술품과 고전 문헌 등은 모두 이곳에 모였고, 당시 내로라하는 지식인들의 해석으로 새롭게 태어났습니다. 유럽 문명의 심장부였던 셈이죠. 이처럼 메디치는 르네상스를 부흥시킨 주역이었습니다.

르네상스가 굳이 이탈리아에서 일어났던 이유는 크게 세 가지입니다. 첫째는 금융업의 발달로 이탈리아 도시국가에서 상업혁명이 일어나 물질적 성장이 크게 이뤄졌다는 것이고요. 둘째는 지배 세력이 성직자와 귀족에서 상인들로 교체되며 능력 중심의 사회 풍토가 만들어졌다는 점입니다. 셋째는 메디치가와 같은 지배층의 사회 공헌으로 인문 정신이 꽃피우기 시작했습니다. 특히 이때 발명된 구텐베르크의 인쇄술은 르네상스를 유럽 전역으로 확대하는 지식혁명의 불쏘시개 역할을 했죠.

---

17) 베르길리우스, 호라티우스 등 문화·예술인에게 지원을 아끼지 않은 로마 제국의 정치가 마에케나스(Maecenas)의 이름에서 유래한 용어.

지금 우리 앞에도 새로운 물질혁명이 놓여 있습니다. AI로 대표되는 4차 산업혁명은 우리의 삶을 송두리째 바꿔 놓을 것입니다. AI와 로봇의 자동화는 생산력을 크게 높이고 이전과는 비교가 안 될 정도로 높은 잉여가치를 만들어 낼 겁니다. 기존에 우리가 경험해 보지 못한 엄청난 물질적 성장이 눈앞에 놓여 있단 이야기죠.

그러나 기술혁명이 곧바로 문명의 발전으로 연결되는 건 아닙니다.[18] 우리가 르네상스와 같은 인문의 꽃을 피우기 위해선 두 가지가 더 필요합니다. 첫째는 노력한 만큼 보상받고, 최선을 다하면 성공할 수 있는 공정 사회를 만드는 일입니다. 둘째는 이 같은 사회를 만들기 위해 몸소 실천하는, '노블레스 오블리주' 정신을 가진 사회 지도층이 더욱 많아지는 일입니다.

미국이 여전히 슈퍼파워를 자랑하는 강대국일 수 있는 이유는 경제력과 군사력 때문만이 아닙니다. 이런 하드파워를 떠받치는 강력한 소프트파워가 존재하기 때문입니다. 그것이 바로 노블레스 오블리주입니다. 세계 3대 부자 중 한 명인 워런 버핏 버크셔 해서웨이 회장은 '오마하의 현인'이라는 별칭으로 불립니다. 빌 게이츠마이크로소프트, 제프 베조스아마존 등과 함께 세계 최고의 부자로 꼽히는 그이지만 실제 삶은 평범하기 그지없습니다. 고향인 오마하에서, 지금 같은 갑부가 되기 이전인 1958년에 3만 달러를 주고 구매한 2층짜리 단독주택에서 60년째 살고 있기 때문이죠.

---

18) 18세기 산업혁명도 엄청난 기술적 발전을 가져왔지만, 곧장 문명 진보로 이뤄진 건 아니었다. 각국의 수많은 어린이·청소년이 노동 착취의 대상이 됐고, 빈부의 격차를 더욱 키웠다. 자본주의의 내적 모순을 타국으로 돌리며 식민지 건설과 제국주의 확대로 이어졌다.

기술혁명과 인간문명

I. 미래를 향한 시선

II. 이데올로기의 표류

III. 미래국가와 '기후, 생태'

IV. 경계와 경계 사이의 인간

V. 기술혁명 이후 인류 삶의 방향

VI. 무엇을 해야 하나

에필로그

그는 2017년 미국 PBS 방송과의 인터뷰에서 "돈을 많이 버는 게 행복은 아니다."라고 말했습니다. "10만 달러를 벌면 100만 달러를, 100만 달러를 벌면 1,000만 달러를 벌고 싶은 게 사람의 마음"이기 때문이라는 것이죠. 그 대신 버핏은 "돈을 버는 과정을 즐기고, 의미 있게 돈을 쓰는 것이 행복"이라고 말합니다. 즉 얼마나 돈을 많이 버느냐보다 어떻게 벌고 무엇을 위해 쓸 것이냐가 더욱 중요하다는 이야깁니다.

실제로 버핏은 돈을 '잘 쓰기'로 유명합니다. '잘 쓴다'는 것은 그의 말대로 가치 있게 쓰는 걸 뜻합니다. 매년 버핏이 전 세계에 기부하는 금액은 수억에서 수십억 달러에 달합니다. 이미 자신의 재산을 모두 사회에 환원하겠다고 밝힌 버핏은 2006년부터 현재까지 약 300억 달러가 넘는 돈을 기부했습니다. 앞으로도 그만큼의 재산을 더 사회에 내놓을 계획이고요.

더욱 놀라운 것은 그 많은 돈을 기부하면서도 자신의 이름이 생색나게 하지 않는다는 것이죠. 그는 기부금의 대부분을 교육·문화·예술 사업에 집중 지원하는 빌&멜린다 게이츠 재단에 맡기고 있습니다. "사회 공헌 활동은 나보다 게이츠가 더 잘 하기 때문"이라는 이유입니다. 한 기업 안에서도 설립자와 2세, 또 그 가족들의 이름을 딴 여러 개의 재단이 있는 것과 대조적이죠.

게이츠는 버핏의 뜻을 따라 주로 청소년의 교육과 젊은 인재 양성 등 미래를 준비하는 데 쓰고 있습니다. 물론 게이츠 역시 지금껏 버핏 못지않은 돈을 사회에 환원했습니다. 버핏과 게이츠 외에도 미국의 갑부들은 사회 공헌에 적극적입니다. 세계 갑부 1·2위를 다투는 제프 베조스 역시 사회 환원에 큰 의지를 보이고 있습니다.

이처럼 사회 지도층의 '노블레스 오블리주'는 사회를 발전시키는 큰 원동력입니다. 문명이 한 단계 높이 발전하려면 물질적 성장도 중요하지만 사회 지도층의 이런 의식이 꼭 필요하죠. 앞서 가는 이들이 모범을 보이고 실천을 해야만 사회 전체의 교양과 의식 수준이 높아지기 때문입니다.

하지만 안타깝게도 우리에겐 이런 모습이 부족해 보입니다. 연일 뉴스의 헤드라인을 장식하는 이슈들 중엔 권력과 부를 가진 자들의 부패와 비리가 다수를 차지합니다. 또 한 편에선 '노오력' 해도 성공할 수 없고 '열정페이'로 제때 보상조차 못 받는 청년들의 자조 섞인 이야기들이 이제는 일상적인 이야기처럼 덤덤하게 여겨지고 있죠.

기술의 발전으로 화성과 지구를 왕복하는 시대가 열리고, 인간의 수명이 150세까지 늘어나는 일이 벌어지는 건 더 이상 꿈속의 이야기가 아닙니다. 하지만 모든 사람이 기술의 혜택을 나눠 갖고, 기회를 얻는 것에서 차별받지 않으며 노력한 만큼 정당한 보상을 받는 사회를 만드는 일은 여전히 꿈같은 이야기로 들립니다.

꿈을 현실로 만드는 일, 그것은 언제나 인류의 가장 큰 도전 과제였고 문명의 역사이기도 했습니다. 이제 우리가 꿈꿔야 할 것은 기술이 아니라, 그 기술을 누구를 위해 쓸 것인가 하는 겁니다. 그리고 그 꿈의 시작점은 메디치와 같은 '노블레스 오블리주'를 할 수 있는 사람들이 많아지는 일입니다. 버핏과 게이츠, 저커버그 같은 이들을 우리 사회에서도 자주 볼 수 있어야 한다는 것이죠.

지금의 우리의 현실을 살펴보면 양극화가 너무 심해 나라는 둘로 쪼개져 있고, 신분의 대물림으로 계층 이동 가능성 또한 크게 줄어 있습니다. 노력한 만큼 보상받지 못하고 출생과 신분에 따라 쉽게 사회

4. 르네상스와 노블레스   **293**

적 성취를 얻는 사람들이 많아지면 그 사회는 곧 파멸로 치닫습니다.

자신의 노력으로 성공의 탑을 쌓아 올리지 않은 사람은 이를 얻기까지 필요한 피와 땀의 의미를 모릅니다. 안락하고 평화롭게 살 수 있는 것에 대해 사회에 감사하는 마음도, 자신보다 형편이 어려운 이들을 위해 배려하는 온정도 갖지 못하죠.

원래 노블레스가 된다는 것은 어려운 일입니다. 고전 작품 〈양반전〉에서 양반 신분을 돈으로 샀다 곧바로 무르는 장면이 나오죠. 이 작품은 양반의 허세를 비판하기 위한 것이었지만, 바꿔 말하면 한 사회의 지도층이 된다는 것은 지켜야 할 규칙이 많아진다는 것을 뜻하기도 합니다. 또 해선 안 되는 제약들에 둘러싸여 남들보다 더욱 엄격한 삶을 살아야 된다는 것을 의미하고요.

한 사회의 지도층, 즉 노블레스의 지위에 오른 것은 단순히 사회경제적 기득권을 갖는다는 뜻이 아닙니다. 돈과 권력만 가진 자들은 그저 부귀만 누리는 '천민'일 뿐입니다. 진짜 노블레스는 자신의 명예에 걸맞은 오블리주를 실천하고 사람들로부터 존경을 받는 사람입니다.[19] 기술혁명으로 문명의 전환이 일어날 가까운 미래엔 노블레스의 역할이 무엇보다 중요합니다. 르네상스를 이끌었던 메디치 가문처럼 말이죠.

고려말 '민民'이라는 가치를 바탕으로 지배층의 솔선수범을 강조했던 정도전과 정몽주처럼 우리 사회에도 새로운 사회 지도층이 나와 '노블레스 오블리주'를 실천해 보면 어떨지 간절한 꿈을 꿔 봅니다.

---

19) 송복 연세대 명예교수는 《특혜와 책임》에서 200년 이상 선진 국가의 비결을 노블레스 오블리주로 봤다. 진짜 사회 지도층이 되려면 당대의 성공뿐 아니라 누대에 걸친 책임의식의 실천이 있어야 한다고 했다.

5

창의적이고 주체적인
세계시민

$\int$

THE FUTURE HUMANITIES　1만 2,000년 전 농업혁명부터 최근의 정보혁명까지 혁명의 모든 베이스는 물적 토대 위에서 이뤄졌습니다. 농업혁명에서는 토지를 바탕으로 곡물을 재배하고 가축을 사육하며 정착 생활을 시작했고, 산업혁명 시대에는 화석 에너지를 운동 에너지로 전환하며 현대 기술혁명의 기초를 닦았습니다. IT 기술로 대표되는 정보혁명은 컴퓨터라는 혁명적 도구가 나오긴 했지만 기본적으로 산업혁명 시대의 자원과 하드웨어를 기반으로 했습니다.

그러나 우리 앞에 놓은 미래혁명은 인적 자원이 핵심입니다. 또 눈부시게 발전하는 과학 기술에 맑은 영혼을 불어넣는 것은 사람의 역할입니다. 그러므로 미래의 혁명은 '인간혁명'입니다. 이런 시대에 대한민국은 큰 기회를 얻게 됩니다. 한국전쟁 반세기 만에 선진국 반열에 오른 것은 오직 인재의 힘이었습니다. 기름 한 방울 나지 않는 나라에서 교육이 키워 낸 인재와 또 이들이 만들어 낸 기술과 제도, 문화가 사회의 발전을 이끌었습니다.

하지만 이것은 기회이기도 하지만 또 다른 의미에선 큰 위험 요소이기도 합니다. 한국은 그야말로 산업화 시대의 모범생이었죠. 누군가 혁신적인 기술을 만들면 열심히 모방해 싼 값으로 시장에 내놓고, 가격 경쟁력으로 시장의 우위를 점했습니다. 행복과 여유, 삶의 낭만을 저당 잡힌 채 남들보다 몇 배 더 열심히 일하며 1위의 자리에 올라서기도 했습니다.

그런데 앞으론 이런 경쟁이 무의미합니다. 최첨단을 자랑하는 실리콘밸리의 기술은 한 달, 또는 일주일 단위로 새롭게 업그레이드됩니다. 1등이 아니면 시장을 선점할 수도 없고 진입조차 불가능하기도 합니다. 이런 시대에 우리는 더 이상 20세기 모델로 경쟁할 수 없습니다. 산업화 시대의 모범생이란 타이틀만 갖고는 미래 사회를 대비할 수 없다는 뜻입니다. "문제를 냈던 사고방식으로는 해결책을 얻을 수 없다."라는 아인슈타인의 말처럼 이제 전혀 새로운 방식으로 생각해야 합니다. 20세기가 남긴 과제를 풀고 21세기로 나아가기 위해선 지금과는 전혀 다른 생각을 해야 한다는 것이죠.

결국 우리는 20세기와는 다른 21세기의 다른 '무엇'을 고민해야 합니다. 그리고 그 핵심은 우리의 질문을 바꾸는 것입니다. 그동안 우리

프롤로그
기술혁명과 인간의 삶

I. 미래를 향한
빅 퀘스천

II. 휴먼로이드의
시대

III. 미래의 국가와
사회, 기업

IV. 존재의 궁극,
우주에 서 인간

V. 생명을 바꿔놓을
기술혁명

VI. 우리는 무엇을
해야 하나

에필로그

가 중시해 왔던 가치, 삶의 목적, 공동체의 지향점 등에 대해 본질적인 문제 제기를 해야 한다는 것이죠.

예를 들어 과거엔 '좋은 대학에 들어가기 위해 무엇을 해야 할까요'라고 질문했다면, 이제는 '학위를 따는 데 꼭 4년이나 걸려야 할까요'라고 질문을 바꿔야 합니다. 요즘처럼 변화의 속도가 빠른 시대에 4년씩 대학에 다니는 것이 아깝다면 그 시간을 자신에 맞게 쪼개어 효율적으로 쓸 수도 있을 것입니다.

자신에게 당장 필요한 것부터 선택해 3개월 과정의 마이크로 칼리지를 다닐 수도 있습니다. 한 대학에 4년씩이나 몸담는 게 낭비라고 생각되면 모든 수업은 온라인으로 진행하고, 3년간 6개국을 돌며 그 나라의 삶과 문화를 체험하는 미네르바 스쿨, 이를 본뜬 한국의 태재대학교[20]에 입학할 수도 있습니다.

이제 미래엔 남들이, 또는 사회가 정해 놓은 방향으로 가선 안 됩니다. 왜냐고요? 사회의 규칙과 제도를 만드는 사람들 또한 앞으로의 미래가 어떻게 펼쳐질지 모르고 있기 때문입니다. 초중고교의 교사, 대학의 교수 등 어떤 누구도 자신의 학생들에게 미래에 어떤 역량을 갖춰야 한다고 자신 있게 조언해 줄 수 없습니다. 그동안 우리는 모두 정답을 찾는 것에만 골몰해 있었지 질문하는 것엔 익숙하지 않았습니다. 그러므로 틀린 질문에도 올바른 정답을 대답할 수 있는 기막힌 교육을 받으며 살아온 것이죠.

우리가 해야 할 것은 의외로 간단합니다. 스스로에게 물어보는 것

---

20) 한샘 창업주 조창걸 회장이 개인 돈 3,000억 원을 들여 설립한 미래형 대학교. 2023년 4월 교육부의 설립 인가를 받았고, 염재호 전 고려대학교 총장이 초대 총장을 맡았다.

이죠. 그리고 모든 것에 대해 질문하고 답변하기 위해 고민하는 일입니다. 그렇지 않고선 변화의 속도가 매우 빠른 미래를 살아나가기 어렵습니다. 과거엔 남이 만들어 준 길을 잘 따라가는 사람이 높은 사회적 성취를 이루고 또 안정적으로 살 수 있었다면, 이젠 스스로에게 질문하지 않고 그 답을 찾기 위해 궁리하지 않은 사람은 미래를 힘들게 살아가야 합니다.

어느 고등학교에 공부를 가장 잘하는 학생이 있다고 예를 들어보죠. 이 친구는 열의 아홉은 의대를 진학할 것입니다. 왜냐고요? 이유는 간단합니다. 전교 1등이기 때문이죠. 입시 성적에서 의대가 가장 커트라인이 높기 때문입니다. 요즘처럼 직업의 안정성이 중시되는 시대에 전문 자격증을 가진 의사는 평생 직업을 영위할 수 있을 것이라고 생각합니다. 그래서 공부깨나 한다는 학생들은 대부분 부모님과 교사의 주입으로 의대를 택하게 됩니다.

그런데 미래에도 지금처럼 의사의 지위가 높고 평생 직업적 안정을 가져다줄까요? 앞에서 자세히 살펴봤지만 이미 인공지능 의사 왓슨이 의료계에서 광범위하게 쓰이고 있습니다. 앞으로 그 분야는 더욱 확대될 것이고요. 그렇게 되면 미래엔 당연히 인간 의사의 역할은 크게 줄겠죠.

또 의사 자격증만 있으면 평생 직업을 가질 수 있다는 점은 장점이기도 하고 단점이기도 합니다. 다른 일반적인 직업군과 달리 '은퇴' 시점이 불분명하다는 것이죠. 즉 의사로 진입하는 사람들은 매해 늘어나지만 의사를 그만두는 사람들은 갈수록 줄어들겠죠. 지금보다 평균수명이 10~20세씩 늘어난다면 이런 불균형은 더욱 심해질 것이고요. 정말 의사라는 일이 좋아서 한 사람이라면 이런 위험도 감수할 수 있겠지만,

적성에 맞지 않으면서 남들이 다 좋은 길이라고 해 무작정 따라간 사람이라면 먼 미래에 느낄 허탈감을 무엇으로 보상할 수 있을까요.

이처럼 우리가 질문하지 않고 사회가 만들어 놓은 관습대로 따라가며 살다 보면 미래의 어느 날 분명히 후회를 하게 될 것입니다. 그러므로 우리에게 제일 중요한 것은 스스로의 삶을 선택하는 일입니다. 질문하고 궁리하고, 자신이 결정을 내리는 훈련이 어릴 적부터 몸에 배어 있어야 합니다. 단단한 사고의 힘이 내재해 있어야만 미래를 잘 살아나갈 수 있다는 것이죠.

그렇기 때문에 자신의 삶을 스스로 결정한다는 것은 매우 중요합니다. 존 스튜어트 밀의 설명을 빌리자면, 모든 사람은 자기 방식대로 인생을 살아가는 것이 가장 옳습니다.[21] 그 방식이 제일 좋기 때문이어서가 아니라, 자기 방식대로 사는 것이기 때문에 옳은 것입니다. 즉 자신의 자유의지로 만들어 낸 삶이 아름답고 빛난다는 이야기죠.

그렇다면 우리는 지금까지 해 왔던 모든 교육 방식을 바꿔야만 합니다. 미래는 인재가 곧 절대 자원이 되는 시대이기 때문에 인재를 키우는 교육이야말로 가장 핵심적인 기술이고 발전 동력입니다. 제일 먼저 우리의 낡은 생각을 변화시켜야 하고, 이를 위해선 교육의 철학과 방식을 송두리째 리셋해야 합니다. 국어, 수학, 영어를 중심으로 가르치는 지금의 초중고 교육 시스템은 더 이상 존재해선 안 되는 것이죠.

사실 우리가 학교에서 배우는 것들의 상당 부분은 삶의 도구적 지식들입니다. 그러나 삶의 목적이 되는 것들, 이를테면 이웃과 함께 더

---

21) 《자유론》(1859).

불어 사는 가치, 자연과의 어울림, 문학·미술·음악처럼 행복을 구현하는 예술은 학교에서 경시됩니다. 대학 입시에 큰 도움이 안 되기 때문이죠. 나아가 취업에도 큰 영향을 안 미치기도 합니다.

그러나 이런 가치들이야말로 삶을 윤택하고 행복하게 해 주는 것들입니다. 니체의 신은 왜 죽어야 했는지 스스로에게 물어보고, 콜럼버스는 왜 대서양을 건너 바다로 나아갔는지 고민해 보는 것이야말로 자신의 사고력을 높이고 의사 결정 능력을 강화하는 의미 있는 경험이 될 것입니다. 이런 경험과 반복된 질문이 쌓였을 때 자신의 의지대로 인생을 설계하고 주체적으로 살아나갈 수 있는 역량을 갖게 되는 것이고요.

그다음 우리가 해야 할 것은 공동체의 가치가 얼마나 중요한지 깨닫는 일입니다. 지금 당장은 북극의 빙하가 녹아 곰이 살 집을 잃어버리는 것이, 아마존의 열대 우림이 파괴돼 기후 변화에 영향을 미치는 것이 피부에 와닿지 않을 것입니다. 하지만 이것이 우리의 일이며, 나아가 후손들의 문제라는 걸 인식한다면 파리기후변화 협약을 탈퇴한 미국의 트럼프 대통령을 비판적으로 바라볼 수 있을 것입니다.

공공선과 공동의 이익을 생각하는 것은 자기 자신을 위해서도 매우 중요한 일입니다. 누가 뭐래도 우리 삶의 목적은 행복입니다. 그리고 그 행복을 얻기 위해선 두 가지가 필요합니다. 첫째는 앞서 살펴본 것처럼 자율 의지를 토대로 자신의 삶을 아름답게 가꿔 나가 자아실현을 하는 것입니다. 둘째는 자아실현의 성과가 공동체로부터 인정받고 사람들이 나를 필요로 하는 것입니다. 이 두 가지가 충족돼야만 사회적 존재로서 인간의 삶이 행복해질 수 있습니다.

그런 의미에서 본다면 공동체의 가치를 체화하고 실천하는 것은 남을 위한 게 아니라 자신을 위한 일이 됩니다. 이런 가치를 내면화하고 삶의 준칙으로 받아들여 사는 사람을 우리는 진정한 시민이라고 부를 수 있을 것입니다. 다시 강조하지만 이를 통해 우리가 이루고자 하는 것은 개인의 이익과 공공의 이익, 공동선이 합치되는 부분을 키우는 것입니다. 개인의 희생을 강요하는 것이 아니라 개인의 행복을 키우면서 동시에 공동선과의 교집합을 크게 만들어 나가는 일이 필요한 것이죠. 결국 우리 삶의 최종 목표는 시민이 되는 것이고, 인류의 최종 목적은 우리 모두가 세계시민으로 성장하는 것입니다.

프롤로그 기술혁명과 인간의 삶

I. 미래를 향한 시계 제로

II. 포스트휴먼의 시대

III. 미래의 국가와 기업, 교회

IV. 존재에 근원적인 물음이 닥친다

V. 문명을 바꿔놓은 기술혁명

VI. 우리는 무엇을 해야 하나

에필로그

에필로그

1

문명의 두 가지 발전 방식

고령화와 인간유일 기술혁명

I. 미래를 향한 상상력

II. 호모 루덴스의 시대

III. 미래의 국가안보, '힘', 기술

IV. 젠테크와 로봇, 그리고 여성의 몸

V. 기술혁명 바벨탑을 넘어

VI. 우리는 무엇을 해야하나

에필로그

THE FUTURE HUMANITIES 인간의 모든 역사에는 언제나 두 가지 발전 방식이 있습니다. 바로 보수와 진보죠. 그런데 보수와 진보는 문명 발전의 각 단계마다 그 내용이 달랐습니다. 예를 들어, 미국의 민주당은 19세기 남북전쟁 때 노예제 폐지를 주장하는 링컨의 공화당에 맞섰습니다. 하지만 지금도 민주당이 노예제를 옹호하거나 인종차별을 지지하진 않습니다. 세상이 변하면 보수·진보라는 그릇에 담기는 내용물도 달라지기 마련이죠. 과거 우파의 자유방임에 맞서 좌파가 주장했던 복지 국가 모델이 이제 보수·진보를 떠난 모든 민주 국가의 핵심 정책이 된 것처럼 말입니다.

그렇다면 보수와 진보는 도대체 무엇이냐고요? 이들은 그 자체가 특정 이데올로기라기보다 세상을 바라보는 일종의 '성향과 태도 attitude'를 의미합니다.[1] 이를 명쾌하게 구분한 사람이 영국의 정치인·철학가 에드먼드 버크 1729~1797입니다. 그에 따르면 역사와 사회를 바라보는 관점은 크게 두 가지입니다. 첫 번째는 소수의 엘리트가 미래를 설계하고 그들의 의지에 따라 세상을 바꿔 갈 수 있다는 시각입니다. 인간이 상상해 낸 유토피아를 제시하고 이를 실현하기 위해선 다소 급진적 방법론이 동원될 수 있습니다.

두 번째는 이와는 반대로 세상은 설계도대로 움직이지 않으며 그 어떤 유능한 개인도 인류의 집단 유산인 전통과 문화를 뛰어넘을 수 없다는 것입니다. 그러므로 사회 변화는 점진적인 개선을 통해서만 이뤄질 수 있습니다. 쉽게 말해 오랜 시간 인류가 그러한 방식을 사용해 온 것은 그만큼 타당한 이유가 있기 때문이라는 거죠. 이에 대해 영국 정치철학자 로저 스크러튼은 "보수는 훌륭한 유산은 쉽사리 창조되지 않는다는 믿음"이라고 표현합니다. 《합리적 보수를 찾습니다》

이 같은 두 가지의 성향과 태도 중에서 앞에 것을 우리는 진보라고 부르고, 뒤의 것을 보수라고 칭합니다. 버크가 이런 생각을 하게 된 이유는 1789년 바스티유 감옥 습격으로 시작된 프랑스 혁명 때문입니다. 1790년 그가 쓴 《프랑스 혁명에 관한 성찰》에서 버크는 급진적 사회 변혁으로 오히려 갈등과 혼란만 초래할 것이라고 경고했습니다. 그러면서 혁명 사상이 종교적 색체를 띠게 되고, 이런 광신적 믿음 때문에 개인의 자유를 억압하는 독재 정부가 나올 수 있다고 주장했습니다.

---

1) 윤석만(2018). 《리라이트》. 가디언.

실제로 버크의 책이 출간되고 3년 후인 1793년 혁명 세력은 루이 16세와 마리 앙투와네트를 단두대에서 처형하며 부르봉 왕조를 몰락시킵니다. 그러면서 혁명의 주동자였던 로베스피에르가 집권해 '공포정치'를 시작하죠.[2] 그다음에 권력을 장악한 사람은 프랑스의 정복 군주 나폴레옹입니다. 혁명군 사령관에서 황제의 자리까지 오른 그는 잦은 침략 전쟁을 벌이며 유럽을 공포에 떨게 했습니다. 이러한 19세기 프랑스의 암울하고 혼란스러웠던 사회상은 빅토르 위고의 《레미제라블》에 잘 묘사돼 있죠.

이처럼 프랑스 혁명에 대한 버크의 '예언'이 상당 부분 적중하면서 버크는 급진적이고 혁명적인 변화보다는 안정적이며 점진적인 개선을 더욱 강조합니다. 특히 영국의 민주주의 발전 과정은 급진적인 프랑스와 달리 매우 조용하게 일어났죠. 피 한 방울 흘리지 않고 시민의 권리를 명문화한 명예혁명 같은 사례가 사회 발전의 롤 모델이라고 본 것입니다.

하지만 역사의 모든 주체가 보수적인 사람들로만 꾸려져 있다면 문명의 진보는 일어나기 어려울 것입니다. 세상에는 점진적인 개선도 필요하지만, 한 순간에 '앙시엥 레짐'을 깨뜨리는 혁명적인 변화도 필요하기 때문입니다. 예를 들어, 독재 정권에 항거해 시민들이 거리에 나섰던 4·19 혁명이나, 대통령 직선제를 이끌어 낸 1987년 민주항쟁 등이 대표적인 예입니다. 18세기 미국의 독립선언도 혁명과 전쟁이 아니었다면 성공하기 힘들었을 것입니다.

---

2) 아이러니하게도 로베스피에르 역시 얼마 가지 않아 자신이 세운 단두대에서 생을 마감했다.

2

최초의 진보주의자
플라톤

그러므로 인간의 모든 문명과 역사는 보수와 진보의 양 날개로 날아간다고 볼 수 있습니다. 보수와 진보가 각자의 역할에 충실해 제 능력을 발휘할 때 인간은 뒤로 물러서지 않고 앞으로 나아갈 수 있는 것이죠. 이를 위해선 먼저 진보가 과거에 없던 새로운 세상을 설계할 수 있어야 합니다. 인간 문명의 설계자 중 대표적인 사람이 플라톤입니다.

앞서 보수와 진보는 특정 이데올로기 자체가 아니라 철학과 가치 체계를 담는 그릇이라고 설명했습니다. 이런 관점에서 본다면 플라톤은 매우 진보적인 사람이었습니다. 당시 아테네는 모든 시민이 정치에 참여하는 직접민주주의 국가였습니다. 물론 당시 시민은 경제력

프롤로그
기술혁명과 인간생존

I. 미래를 향한
빅 퀘스천

II. 포스트휴먼의
시대

III. 미래의 국가와
사회, 기업

IV. 경제에서의
공존과 삶의 변화

V. 기술혁명 시대의
일과 삶의 변화

VI. 우리는 무엇을
해야 하나

에필로그

을 가진 성인 남성으로 한정돼 있었지만, 원시 공동 사회 이후 직접민주주의가 이뤄진 최초의 사회였죠.

그런 시대에 플라톤은 당시의 정치 체제를 '중우정치'라고 비판합니다. 조금 거칠게 말하면 멍청한 대중이 나라를 '말아먹고 있다'고 생각했습니다. 교양과 지혜가 부족한 개개인이 모여 정치를 펼치다 보니 올바른 의사 결정을 못 내리고 아테네가 갈수록 쇠락해 간다는 것이었죠. 실제로 이런 중우정치의 가장 큰 피해자는 플라톤의 스승인 소크라테스였습니다. 그는 중우정치의 희생양으로 독배를 들고 생을 마감했죠.[3]

결국 플라톤은 모순된 사회를 바로잡기 위해 새로운 세상에 대한 설계도를 그립니다. 세상을 현실과 이데아로 나누고, 이데아를 깨달은 지혜로운 자, 즉 '철인'이 왕이 돼 세상을 다스려야 한다는 것이었죠. 프롤로그에서 살펴봤던 아틀란티스의 이야기도 그의 철학이 투영된 가상의 나라였습니다. 플라톤은 평생토록 그의 사상이 실현될 수 있도록 많은 노력을 했지만 결국 받아들여지지 않았습니다.

그러나 플라톤이 설계한 이상 세계의 꿈은 후대로 이어져 역사 발전의 원동력이 됩니다. 이런 의미에서 플라톤은 최초의 진보주의자였

---

3) 기원전 399년 아테네 재판정에선 소크라테스에 대해 배심원 500명 중 280명이 첫 평결에서 유죄를, 360명이 다음 평결에서 사형을 언도했다. 신에 대한 불경 및 청년들을 타락시켰다는 죄목이었다. 이 재판은 젊은 시인 멜레토스의 고발로 열렸는데, 그 배후는 30인 참주정을 무너뜨린 민주정의 권력자 아뉘토스였다. 정치적 반대파인 소크라테스를 제거하려던 의도였다. 시민들은 아뉘토스가 퍼뜨린 '가짜뉴스'를 진실로 생각해 '불경'이라는 추상적 죄목으로 사형을 내렸다. 당시 스승의 죽음을 지켜본 28세의 청년 플라톤은 어리석은 대중을 증오하게 됐다. 훗날 그가 민주주의를 중우정치로 비판하고 '철인정치'를 내세우게 된 결정적 사건이었다.

다고 볼 수 있죠. 버크가 말한 것처럼 소수의 엘리트가 세상을 설계하고, 계획대로 사회를 바꿔갈 수 있다고 믿는 이데올로기의 창시자였기 때문입니다. 비록 살아생전엔 그의 뜻이 이뤄지지 못했지만 그의 설계도는 지금까지도 빛을 발하고 있습니다. 토머스 모어의 《유토피아》부터 마르크스의 공산주의 사회까지 새로운 세상을 꿈꿨던 많은 이가 그로부터 영감을 받았습니다.

이처럼 진보적 상상력과 창의성이 가장 필요한 시기는 세상이 빠르게 변할 때입니다. 플라톤이 살았던 BC 4세기 그리스도 엄청난 혼돈의 시대였습니다. 역사적 최고의 전성기를 구가했던 폴리스들이 점차 쇠락해 가던 시기였죠. 끊임없는 외세의 침략으로 그리스는 풍전등화의 위기를 겪고 있었습니다. 실제로 그가 죽고 11년이 지난 뒤 마케도니아의 왕이 된 알렉산더는 순식간에 그리스를 정복하고 인류 역사 최초로 동서양 문명을 잇는 헬레니즘을 태동시킵니다.

반면 '암흑기'로 불리는 중세는 급진적인 변화도, 이렇다 할 혁명도 없었습니다. 지나치게 보수화된 중세 사회는 앞으로 진전하기는커녕 문명이 뒤로 후퇴하는 수구의 시대를 겪었습니다. 하지만 중세가 끝나가면서 유럽 사회는 상업의 발달과 고대 그리스·인문 정신의 부흥으로 르네상스라는 문명의 전환기를 맞이합니다. 이때도 플라톤과 같이 새로운 세상을 설계하고 이를 실천하려는 사람들이 많았고, 이를 토대로 인간의 역사가 한 단계 발전할 수 있는 단초가 마련됩니다.

이처럼 변화의 속도가 빠른 세상에선 진보의 역할이 중요합니다. 즉 새로운 상상력과 창의성으로 미래의 청사진을 그려야 하기 때문입니다. 앞서 우리가 살펴본 것처럼 미래는 많은 것들이 변할 것입니다.

AI의 상용화로 인간의 일자리와 역할이 달라지고, 평균 100세 이상을 살면서 가족과 사회 구조가 바뀔 것입니다. 또 기계와 신체를 연결한 새로운 포스트휴먼이 등장하면서 인간의 개념도 변할 것이고요.

이런 세상에 필요한 제도와 문화는 어떤 것들이 있을까요. 물론 그 누구도 이런 미래를 겪어 본 적이 없기 때문에 지금으로선 오직 상상력과 창의성만이 그 열쇠입니다. 즉 문명 발전의 두 날개 중 하나인 진보가 주도해 제대로 된 설계도를 내놓아야 한다는 것이죠. 과거 어느 때보다 기술혁명의 파고가 높고 거센 미래 사회엔 그 역할이 더욱 중요해질 것이고요.

그렇다면 이와 같은 세상에서 가장 필요한 것은 무엇일까요. 제일 먼저 모든 사람이 자유롭게 자신의 생각을 이야기하고, 그 생각들이 존중받으며 합리적인 대안으로 발전시킬 수 있는 문화적 토양이 필요합니다. 비록 아테네가 멸망 직전에 이르러 중우정치로 흐르긴 했지만, 당시 폴리스는 다양성과 관용이 인정받는 사회였습니다. 만일 당시 정치 체제에 반하는 철인정치를 이야기한 플라톤을 잡아 가두고 처벌했다면 오늘날 우리는 그의 사상을 접할 수 없었을 것입니다.

또 마르크스와 엥겔스의 사회주의 이론이 '반공'이 서슬 퍼렇던 시절에 나왔다면 곧장 국가보안법에 걸려 쇠창살에 갇혀야 했을 것입니다. 만약 마르크스주의가 나오지 않았다면 시장경제의 모순을 바로 잡고 자본주의를 더욱 성숙시켜 복지국가로 나아갈 수 있는 초석을 다지지 못했을 것입니다. 또 18세기 신생 독립국인 미국이 유럽처럼 신분 질서를 공고히 유지하고 종교에 대한 엄격한 믿음으로 사회를 통제했다면 서부 개척 시대의 '아메리칸 드림'도 없었을 것이고요.

따돌리기 기술혁명과 인간문명

I. 미래를 향한 빅 퀘스천

II. 포스트휴먼의 시대

III. 미래의 기업, 사회, 국가와

IV. 전대미답의 길 앞에 선 인간

V. 인공물과 바꿔놓은 기술혁명

VI. 우리는 무엇을 해야 하나

에필로그

17~18세기 네덜란드도 마찬가지입니다. 만일 네덜란드가 강대국인 영국·프랑스·이탈리아에서 종교적 박해를 피해 도망 온 수많은 지식인과 예술가 등을 포용하지 않았다면 눈부신 성장을 할 수 없었을 것입니다. 당시 네덜란드는 다양성과 자율성을 중시하는 개방적인 문화로 영국·프랑스 등 국민보다 몇 배 더 잘살게 됐죠.[4] 이처럼 변화의 속도가 빠른 세상에선 자유주의가 그 사회의 문화적 바탕이 돼야 합니다. 이런 토양 아래 진보는 새로운 세상을 더욱 맘껏 설계할 수 있어야 하고요.

---

4) 1581년 스페인에서 독립한 네덜란드는 다양한 인재를 받아들여 신문물을 빠르게 흡수했다. 교육 투자를 대폭 늘려 네덜란드의 대학 수는 유럽 전체 대비 1600년 1%대에서 1700년 6%대로 증가했다. 출판물 비중도 같은 기간 1%대에서 8%대로 급증했다. 교육의 발전으로 지식수준이 높아졌고 국부가 증대했다. 경제사학자인 앵거스 매디슨은 네덜란드의 1인당 GDP가 1600~1700년 1,381달러에서 2,130달러로 증가했다고 설명한다(매디슨 프로젝트). 1700년 네덜란드의 경제력은 영국(1,250달러), 독일·프랑스(910달러)를 압도했다. 미국의 전설적 투자가 레이 달리오는 "네덜란드는 세계 무역의 3분의 1을 차지했고, 길더화는 최초의 기축통화였다."라고 했다(《변화하는 세계질서》).

3

미래 인문학의 역할

프롤로그 기술혁명과 인간문명

I. 미래를 향한 빅 퀘스천

II. 포스트 휴먼의 시대

III. 미래의 국가와 사회, 기업

IV. 존재의 근원, 물에서 온 인간

V. 문명을 바꾸는 기술혁명

VI. 우리는 무엇을 해야 하나

에필로그

THE FUTURE HUMANITIES ● 그러나 진정한 인간 문명의 진화를 이루기 위해선 설계도만으론 불가능합니다. 즉 도면을 가다듬고 이를 현실화할 수 있는 보수의 역할이 중요합니다. 마르크스의 이론이 실패한 것은 인간의 설계도를 지나치게 맹신했기 때문입니다. 버크가 말한 것처럼 소수의 엘리트가 문명을 바꿀 수 있다는 생각을 과도하게 믿었던 것이죠.

무엇보다 마르크스주의는 인간 사회에서 자연스럽게 형성된 사유재산과 같은 과거의 전통과 유산을 부정했습니다. 최고의 건축학과를 나와 혁신적인 설계도를 그렸지만, 실제 골조를 쌓고 건물을 올리는 데 필요한 현실적 감각과 경험이 없었던 것이죠. 그렇기 때문에 진보의 계획을 실천하고 그 내용물을 채우기 위해선 보수의 역할이 무엇보다 중요합니다.

르네상스도 처음엔 진보로 시작했습니다. 르네상스의 문을 연 중세 최후의 인간 단테는 당시 유명 작가 중 처음으로 라틴어가 아닌 이탈리아 지역 방언으로 《신곡》을 썼습니다. 또 대중에게 《신곡》을 강의하며 당대 최고의 지식인으로 명성을 쌓던 보카치오는 엄숙한 사회 질서를 통렬하게 비판하는 《데카메론》을 세상에 내놓습니다. 인간의 욕망을 적나라하게 드러낸 《데카메론》은 엄숙했던 당시 사회에 파란을 일으키며 훗날 르네상스의 서막을 알린 혁신적 작품으로 기록됩니다.

이처럼 르네상스의 시작은 혁명과도 같았습니다. '새가 알을 깨고 나와 아프락사스에게로 날아가듯'[5] 새로운 문명은 구체제를 깨부수는 것으로 시작합니다. 하지만 폐허가 된 터전 위엔 새로운 문명의 씨앗을 뿌려야 하고 그 역할은 보수의 몫입니다. '창조적 파괴'로 시작된 르네상스가 훗날 내실을 다질 수 있던 것은 당시 이탈리아를 중심으로 한 유럽인들이 고대 그리스·로마의 인문 고전을 부흥하자는 움직임을 보였기 때문입니다.

새로운 혁신도 인간 문명이 쌓아온 전통의 토대 위에 섰을 때 견고하게 발전해 나갈 수 있습니다. 만일 과거의 문화유산과 완전히 단절돼 있다면 그 생명력은 길지 않습니다. 그렇기 때문에 르네상스인들도 천년을 넘게 내려온 문화적 유산과 전통의 가치를 중요하게 여긴 것이죠. 그들은 과거의 유산을 토대로 당대의 현실에 맞게 문화를 재창조하며 또 한 번 인간 문명의 전성기를 열었습니다.

---

5) 《데미안》에 나오는 문구. 주인공 싱클레어가 신과 악마가 결합된 아프락사스의 존재를 깨달으면서 진정한 자신을 마주해 가는 과정을 이와 같이 묘사했다.

요컨대 인간은 신의 피조물 중 유일하게 환경에 적응하지 않고 세상을 바꾸며 살아갑니다. 자신의 의지로 역사를 더 나은 방향으로 발전시킬 수 있는 능력을 갖고 있는 것이죠. 이렇게 인간의 능력이 뛰어난 것은 사실이지만, 불완전함을 완전히 이겨낼 수는 없습니다. 앞날의 모든 것을 예측하고 완벽하게 설계할 수 없다는 뜻입니다. 오히려 부실한 설계는 미래를 더욱 혼란과 갈등으로 몰아넣습니다.

오늘날처럼 혁신과 변화가 삶의 습관처럼 여겨지는 사회에서 과거의 유산은 때로 극복해야 할 인습으로 여겨지기도 합니다. 그러나 전통과 문화, 오랫동안 인간이 중요하다고 여겨왔던 과거의 인문적 가치와 관념 등이 지금까지 이어져 오는 이유는 그만큼 정당성과 효용성을 인정받았기 때문입니다. 그러므로 우리가 미래를 준비하는 데 있어 가장 좋은 방법은 진보와 보수가 균형을 갖추고 함께 머리를 맞대는 것입니다.

바로 그 지점에서 '미래 인문학'의 역할이 중요합니다. '미래 인문학'은 고전의 지혜와 현재의 상상력이 결합된 지식 체계입니다. 상상을 통해 미래를 설계하되 그 안의 내용을 채우는 것은 전통의 지식과 경험들입니다. 진보와 보수가 함께 어깨를 맞대야만 미래를 스케치하고, 그 안의 내용물을 채울 수 있는 것이죠.

다시 말해 재기발랄한 창의성으로 미래의 설계도를 그리되, 그 내용을 채우는 것은 인류가 오랫동안 쌓아온 학문과 문화, 전통과 관념에 따른 것이어야 합니다. 이런 것들이야말로 수백, 수천 년의 시간 동안 다수의 사람이 켜켜이 쌓아온 집단지성이기 때문입니다. 그리고 이를 우리는 인문 고전이라고 부릅니다.

프롤로그
기술혁명과 인간성

I. 미래를 향한
빅 퀘스천

II. 포스트휴먼의
시대

III. 미래의 국가와
사회, 기업

IV. 경제의 급변
앞에 선 인간

V. 인류의 오랜 꿈,
기술혁명

VI. 우리는 무엇을
해야 하나

에필로그

수년 전부터 우리 앞의 기술혁명을 '4차 산업혁명'이라고 부르고 있지만, 이는 매우 위험한 말입니다. 그렇게 표현하는 순간 다가올 내일을 그저 과학과 기술, 산업의 테두리 안에만 가두기 때문입니다. 제 아무리 과학 기술이 발달해도 그 안에 영혼의 숨결을 불어넣는 것은 인간입니다. 그 기술을 만드는 것도 인간이며, 이를 올바르게 사용하는 것도 인간의 몫입니다.

그런 의미에서 우리는 다가올 내일을 '사이언스 픽션science fiction' 만이 아니라 '소셜 픽션social fiction'의 측면에서도 바라봐야 합니다. 단순히 자율주행차와 드론이 도시 전체를 활보하게 될 것이며, 사회 곳곳에 AI 노동자들이 생겨날 것이라고 예측만 해선 안 됩니다. 이런 기술의 변화가 시민 개인의 삶과 공동체의 문화를 어떻게 바꿀 것인지, 그 시대엔 어떤 갈등과 혼란이 생겨날 수 있는지를 고민하고 인문적 관점에서 해결책을 모색해야 합니다. 이때 진보와 보수가 머리를 맞대고 좋은 청사진과 해법을 내놔야만 우리는 또다시 문명의 진전을 이룰 수 있을 것입니다.

우리가 미래를 예측하고 그에 필요한 대안을 모색하는 것은 단지 세상을 바꾸기 위한 것만이 아닙니다. 더욱 궁극적인 목표는 인간의 삶을 행복하게 만들기 위한 것입니다. 이를 위해선 바꿔야 할 게 있고, 바꾸지 말아야 할 게 있습니다. 만일 인문적 가치와 철학을 갖고 있지 않다면 버리지 말아야 할 것까지 버리는 우를 범할 것입니다. 그렇기 때문에 과학과 기술이 발전된 사회일수록 인간적인 고민들이 더욱 필요합니다. '미래 인문학'이 필요한 이유도 그 때문이고요.

2,500년 전 그리스에서, 또 같은 시기 중국에서 인류의 선배들이 그랬던 것처럼 우리도 잘해 낼 수 있을까요? 비록 현대의 개개인이 그들보다 알고 있는 지식의 총량은 훨씬 많을지 몰라도 우리가 그들보다 더욱 지혜로울지 모르겠습니다. 지식을 얻고 지혜를 잃는 것만큼 어리석고 위험한 일은 없습니다. 이 책을 읽는 모든 독자 여러분께서는 인간과 자신의 삶을 위한 지혜의 열쇠를 '미래 인문학'이라는 키워드 속에서 찾아낼 수 있길 기대합니다.

프롤로그
기술혁명과 인간운명

I. 미래를 향한
빅 퀘스천

II. 포스트휴먼의
시대

III. 미래의 국가와
사회, 기업

IV. 쓰레기로 끝날
운명에 선 인간

V. 운명을 바꿔놓는
기술혁명

VI. 우리는 무엇을
해야 하나

에필로그

참고문헌

- 김재인(2023). 〈AI 빅뱅〉. 동아시아.
- 김종서, 정인지(1451). 高麗史. 탁양현 역(2018). 〈고려사〉. e퍼플.
- 맹성렬(2019). 〈아틀란티스 코드〉. 지식여행.
- 윤석만(2018). 〈인간혁명의 시대〉. 가디언.
- 윤석만(2018). 〈리라이트〉. 가디언.
- 윤석만 외(2023). 〈시그널 코리아 2024〉. 광문각.
- 이재열 외(2020). 〈인간을 위한 미래〉. 클라우드나인.
- 홍익희(2017). 〈세상을 바꾼 음식 이야기〉. 세종서적.
- 카이스트 문술미래전략대학원(2018), 〈인구전쟁 2045〉. 크리에이터.
- Adam Smith(1759). The Theory of Moral Sentiments. 김광수 역(2016). 〈도덕감정론〉. 한길사.
- Adam Smith(1776). The Wealth of Nations. 김수행 역(2007). 〈국부론〉. 비봉출판사.
- Alexis de Tocqueville(1835). De la democratie en Amerique. 은은기 역(2013). 〈미국의 민주주의〉. 계명대학교출판부.
- Antonio Negri(2000). Empire. 윤수종 역(2001). 〈제국〉. 이학사.
- Aristotle. Rhetoric. 이종오 역(2015). 〈수사학〉. HUEBOOKs.
- Aristotle. Politica. 천병희 역(2009). 〈정치학〉. 숲.
- Benjamin Lee Whorf(1964). Language, thought, and reality. The MIT Press. 신현정 역(2010). 〈언어, 사고, 그리고 실재〉. 나남.
- Bernard Werber(1991). Les Fourmis. 이세욱 역(1997). 〈개미〉. 열린책들.
- Bernard Werber(2012). Troisième Humanité. 이세욱 역(2013). 〈제3 인류〉. 열린책들.
- Charles-Louis de Secondat Montesquieu(1748). The Spirit of Laws. 이재형 역(2015). 〈법의 정신〉. 문예출판사.
- Daniel Kahneman(2013). Thinking, Fast and Slow. Farrar, Straus and Giroux. 이창신 역(2018). 〈생각에 관한 생각〉. 김영사.
- Edmund Burke(1790). Reflections on the Revolution in France. 이태숙 역(2017). 〈프랑스혁명에 관한 성찰〉. 한길사.
- Friedrich Wilhelm Nietzsche(1883). Also sprach Zarathustra: Ein Buch für Alle und Keinen. 장희창 역(2004). 〈차라투스트라는 이렇게 말했다〉. 민음사.
- George Orwell(1949). Nineteen eighty-four. 김기혁 역(2009). 〈1984〉. 문학동네.
- Guy Standing(2011). Precariat: The New Dangerous Class. 김태호 역(2014). 〈프레카리아트: 새로운 위험한 계급〉. 박종철출판사.
- Jacob Bronowski(1956). Science and Human Values. 우정원 역(1994). 〈과학과 인간가치〉. 이화여자대학교출판부.
- Jared Diamond(1991). The Third Chimpanzee. 김정흠 역(2015). 〈제3의 침팬지〉. 문학사상.
- Jared Diamond(1997). Guns, Germs, and Steel. 김진준 역(2005). 〈총, 균, 쇠〉 문학사상.
- Jared Diamond etc(2018). 未來を讀む. 오노 가즈모토 엮음. 정현옥 역(2019). 〈초예측〉. 웅진지식하우스.
- Jean-Jacques Rousseau(1755). Discourse on the Origin and Basis of Inequality Among Men. 김중현 역(2015). 〈인간 불평등 기원론〉. 펭귄클래식코리아.
- Jeremy Rifkin(1995). The End of Work. 이영호 역(2005). 〈노동의 종말〉. 민음사.

- John Locke(1689). Two Treatises Of Government. 강정인, 문지영 역(2017). 〈통치론〉. 까치.
- John Milton(1644). Areopagitica. 임상원 역(2013). 〈아레오파지티카〉. 나남.
- John Rawls(1971). Theory of justice. 황경식 역(2003). 〈정의론〉. 이학사.
- John Stuart Mill(1859). On Liberty. 서병훈 역(2018). 〈자유론〉. 책세상문고.
- Jonathan Swift(1726). Gulliver's Travels. 신현철 역(2000). 〈걸리버 여행기〉. 문학수첩 | 2000년 05월 31일
- Joseph E. Stiglitz(2012). The price of inequality: how today's divided society endangers our future. W.W. Norton & Company. 이순희 역(2013). 〈불평등의 대가〉. 열린책들.
- Joshua Greene(2014). Moral Tribes. 최호영 역(2017). 〈옳고 그름〉. 시공사.
- Karl Raimund Popper. The open society and its enemies. 이한구 역(2006). 〈열린사회와 그 적들〉. 민음사.
- Ludwig Andreas von Feuerbach(1841). The Essence of Christianity. 강대석 역(2008). 〈기독교의 본질〉. 한길사.
- Kevin Warwick(2002). I Cyborg. 정은영 역(2004). 〈나는 왜 사이보그가 되었는가〉. 김영사.
- Ludwig Josef Johann Wittgenstein(1921). Tractatus Logico-Philosophicus. 이영철 역(2020). 〈논리철학논고〉. 책세상.
- Michael Bentley(2012). The Life and Thought of Herbert Butterfield: History, Science and God. Cambridge University Press.
- Michael J. Sandel(2010). Justice: What's the Right Thing to Do? Farrar, Straus and Giroux. 김명철 역(2014). 〈정의란 무엇인가〉. 와이즈베리.
- Peter Brannen(2017). The Ends of the World. 김미선 역(2019). 〈대멸종 연대기〉. 흐름출판.
- Platon. Apology of Socrates. 김세나 역(2015). 〈소크라테스의 변론〉. 소울메이트.
- Platon. Timaios. 김유석 역(2019). 〈티마이오스〉. 아카넷.
- Platon. Kritias. 박종현(2023) 역. 〈크리티아스〉. 서광사.
- Ray Dalio(2021). Principles for dealing with the Changing World Order. 송이루 역(2022). 〈변화하는 세계질서〉. 한빛비즈.
- Ray Kurzweil(2005). The Singularity Is Near. 김명남 역(2007). 〈특이점이 온다〉. 김영사.
- Richard Toye(2013). Rhetoric. Oxford University Press. 노승영 역(2015). 〈수사학〉. 교유서가.
- Roger Scruton(2014). How to be a conservative. 박수철 역(2016). 〈합리적 보수를 찾습니다〉. 더퀘스트.
- Stefan Bollmann(2007). Die Kunst des Langen Lebens. 유영미 역(2008). 〈길어진 인생을 사는 기술〉. 웅진지식하우스.
- Thomas Hobbes(1651). Leviathan. 신재일 역(2007). 〈리바이어던〉. 서해문집.
- Thomas More(1516). Utopia. 주경철 역(2021). 〈유토피아〉. 을유문화사.
- Thomas Paine(1775). Common sense. 남경태 역(2012). 〈상식〉. 효형출판.
- Thomas Piketty(2013). Capital in the Twenty-First Century. 장경덕 역(2015). 〈21세기 자본〉. 글항아리.
- Thomas Piketty(2020). Capital and Ideology. Harvard University Press. 안준범 역(2020). 〈자본과 이데올로기〉. 문학동네.
- Umberto Eco(1980). Il nome della rosa. 이윤기 역(2009). 〈장미의 이름〉. 열린책들.
- Vladimir Lenin(1917). The state and revolution. 문성원, 안규남 역(2015). 〈국가와 혁명〉. 돌베개.
- Vladimir Lenin(1917). Imperialism:the Highest Stage of Capitalism. 이정인 역(2018). 〈제국주의: 자본주의의 최고 단계〉. 아고라.
- Xenophon. Memorabilia. 천병희 역(2018). 〈소크라테스 회상록〉. 숲.
- Yuval Noah Harari(2015). Sapiens: A Brief History of Humankind. 조현욱 역(2015). 〈사피엔스〉. 김영사.
- Yuval Noah Harari(2017). Homo Deus. RANDOM HOUSE UK. 김명주 역(2017). 〈호모 데우스〉. 김영사.

미래지향 현대인을 위한

미래 인문학

초판 1쇄 인쇄　2024년　5월　16일
초판 1쇄 발행　2024년　5월　25일

저자　　　윤석만
펴낸이　　박정태
편집이사　이명수　　　　　　　감수교정　　　정하경
편집부　　김동서, 박가연
마케팅　　박명준, 박두리　　　온라인마케팅　박용대
경영지원　최윤숙

펴낸곳　　주식회사 광문각출판미디어
출판등록　2022. 9. 2 제2022-000102호
주소　　　파주시 파주출판문화도시 광인사길 161 광문각 B/D 3층
전화　　　031-955-8787　　팩스　　　031-955-3730
E-mail　　kwangmk7@hanmail.net
홈페이지　www.kwangmoonkag.co.kr

ISBN　　　979-11-93205-26-6　03300
가격　　　20,000원